云南师范大学学术精品文库资助项目

中国社区心理学实践与研究中心资助项目

国家社会科学基金一般项目《我国社会主义民族关系的巩固与发展研究
——以青少年民族团结心理与教育为视点》（09BMZ006)成果。

联大学术文库

云南青少年民族团结心理与教育

尹可丽　尹绍清　龙肖毅◎著

中国社会科学出版社

图书在版编目（CIP）数据

云南青少年民族团结心理与教育/尹可丽，尹绍清，龙肖毅著. —北京：
中国社会科学出版社，2018.3
ISBN 978 - 7 - 5203 - 2094 - 8

Ⅰ.①云…　Ⅱ.①尹…②尹…③龙…　Ⅲ.①民族团结—云南—青少年
读物　Ⅳ.①D633 - 49

中国版本图书馆 CIP 数据核字（2018）第 033689 号

出 版 人　赵剑英
责任编辑　刘　芳
特约编辑　刘利召
责任校对　张依婧
责任印制　李寡寡

出　　版　中国社会科学出版社
社　　址　北京鼓楼西大街甲 158 号
邮　　编　100720
网　　址　http://www.csspw.cn
发 行 部　010 - 84083685
门 市 部　010 - 84029450
经　　销　新华书店及其他书店

印　　刷　北京明恒达印务有限公司
装　　订　廊坊市广阳区广增装订厂
版　　次　2018 年 3 月第 1 版
印　　次　2018 年 3 月第 1 次印刷

开　　本　710×1000　1/16
印　　张　20.75
字　　数　301 千字
定　　价　89.00 元

序 一

幸福进取地做好民族心理研究

民族问题自古以来是多民族国家治国理政的大事，关系国家的长治久安和民族的繁荣昌盛。中国是一个多民族国家，由于历史的积淀和选择，中国最终形成了各个民族你中有我、我中有你，谁也离不开谁的多元一体格局。党的十八大提出到 2020 年全面建成小康社会的宏伟目标。全面小康是中国 56 个民族共同的全面小康，全面小康宏伟目标的实现需要 56 个民族共同团结奋斗。十八大以来，习近平总书记对民族工作做出了一系列重要指示，充分体现了新的中央领导集体对于民族工作，对于民族心理与民族精神建设问题的高度重视。中央民族工作会议暨国务院第六次全国民族团结进步表彰大会指出，民族团结是我国各族人民的生命线。做好民族工作，最关键的是搞好民族团结，最管用的是争取人心。

国家对建设健康民族心理的需求，向心理学工作者提出了新的研究课题，我国心理学家积极响应。以尹可丽教授为首的云南民族地区的心理学家，对我国云南省少数民族聚居地的汉族、彝族、藏族、佤族、傈僳族、白族、傣族、壮族、哈尼族、苗族、纳西族 11 个不同民族的 10967 名中小学生和 1270 名中小学教师为研究对象，采用量化和质性研究方法，取得了丰硕的研究成果，完成了《云南青少年民族团结心理与教育》一书。这本书对于当前我国探讨民族问题的理论和实践是相当有价值的。

《云南青少年民族团结心理与教育》是一项创新性的研究成果，其主要创新表现为以下四个方面。第一，从理论和操作层面上对民族团结心理概念做了界定。该项研究将民族团结心理定义为包括中华民族认同和本族认同的民族认同、民族团结知识、民族间友好交往行为等内容，突破了以往用某一个与民族团结有关的心理学概念来解释民族团结问题的局限性。这一理论创新将有助于学者对我国民族团结心理的研究。第二，该项研究以云南省11个民族的青少年为样本对民族团结心理与教育问题做了深入的研究，为今后在我国学校开展民族团结教育，促进青少年心理健康发展提供了两个数据库。一个数据库包含了近年来云南省中小学开展民族团结教育的基本状况，包括中小学对此项教育的需求、实施情况，教育教学内容，活动内容与方式、考核方式等。另一个数据库包含了云南多个民族青少年对民族团结知识的认知水平、民族认同、民族间友好交往、民族间冲突行为表现等现状，可以满足有需要的教育工作者查阅研究所涉及的11个民族学生的情况。第三，该项研究对以宁洱民族团结碑签字代表方有富等人所做的心理传记学研究，描述了特定时期民族团结意识与态度的形成过程，为民族团结心理研究提供了一份宝贵的心理个案。第四，这项研究编制了一系列具有一定信效度的问卷，可供了解学校民族团结教育和学生民族团结心理的调查之用。

应当看到，民族心理与教育的研究在我国目前尚属于刚刚起步阶段，这是一个十分繁难的研究领域。要做好这个领域的研究，我有两点建议。

第一，要进一步加强基础理论学习的深度和广度。我们研究民族心理和教育，其最终目的是点燃心灵的真善美，提升民族的福祉。当今世界是走向全球化与互联网的时代。全球化包含两层意思：一是市场的一体化，二是命运的一体化。互联网加快了文化一体化的进程。快捷的交流方式把人们的距离拉近了，五大洲变成了一个地球村。经济的紧密联系、生态环境的紧密联系、文化交流日益频繁，使人类各地区各民族更加休戚相关了。因此，要想在民族心理学研究上取得成就，不仅应该在该专业范围内有深入的研究和造诣，而且还应有广博的知识，例如懂得一点文化学、考古学、语言学、经济学、政治学、社会学、宗教学、教育学等的知识。因为当今不少民族心理的研究课题往往是综合性的、复杂的，甚至涉及许多学科的问题，特别是像民族团结心理与教育这样的大课题，如果专业理论基础过于狭窄，同时又缺乏广博的知识，面对这样的问题，你就会感到束手无策。而跨学科的边缘科学问题通常是最有希望做出好成果的。

第二，要把量化研究与质性研究结合起来进行探讨。民族心理学家不只是在于描述该民族人们的心理和行为，而且还要说明各种心理和行为各方面的相互关系。如果只依靠量化研究方法如实验和问卷，不仅研究结果的效度存在问题，而且往往难以做深入的探讨。但是如果采用质性研究，例如通过参与观察（participant observation），即与该民族的人们同吃、同住、同劳动，说他们的语言，亲身体验他们的风俗习惯，我们就能够比较深入地了解他们的心理和行为是怎样与他们的文化体系中的社会、经济、教育、宗教以及历史的种种相互联系而表现出来。尹可丽教授等的这项研究成果尝试综合采用了问卷、焦点小组访谈、心理传记、故事完成测验等各种量化和质性研究方法，对云南省青少年的民族团结及其教育做了深入细致的分析，取得了可喜的成绩。这也说明把量化研究与质性研究结合起来探讨民族心理和教育问题是可行的，我们今后应当坚持去做。

万事开始难。现在该项研究的作者已经有了一个好的开端，但是在学术研究的征途上还会遇到各种各样的困难。任何困难都有这样的特性，就是欺软怕硬。你软它就硬，你进取它就被战胜。只要养成幸福进取的品格，幸福就是对幸福的期待，自信会取得好成果，坚毅有恒、百折不回地进取，踏踏实实地克服困难，今后一定会取得更多更好的成果。养成幸福进取的品格，将终身受益，不仅在学习和科研中，而且在工作和生活中，都会是有益处的。

黄希庭

二〇一六年九月于重庆西南大学

学府小区有容斋

序 二

民族团结心理研究的
一项创新性探索

中国是一个统一的多民族国家。在中国，除了占人口绝大多数的汉族外，还有 55 个少数民族。2010 年人口普查结果显示，中国内地（不包括香港、澳门和台湾）共有汉族 12.26 亿人，少数民族 1.14 亿人。其中，少数民族人口在 1000 万以上的有壮族、满族、回族和维吾尔族；人口在 500 万—1000 万的有苗族、彝族、土家族、藏族和蒙古族；人口在 100 万—500 万的有侗族、布依族、瑶族、白族、朝鲜族、哈尼族、黎族、哈萨克族和傣族；人口在 10 万—100 万的有畲族、傈僳族、东乡族、仡佬族、拉祜族、佤族、水族、纳西族、羌族、土族、仡佬族、锡伯族、柯尔克孜族、景颇族、达斡尔族、撒拉族、布朗族和毛南族；人口在 10 万以下的有塔吉克族、普米族、阿昌族、怒族、鄂温克族、京族、基诺族、德昂族、保安族、俄罗斯族、裕固族、乌孜别克族、门巴族、鄂伦春族、独龙族、赫哲族、高山族、珞巴族和塔塔尔族。除此之外，还有 60 多万未识别的民族人口。在这样一个多民族国家中，如何正确处理各民族之间的关系，实现各民族之间的团结，确保国家的统一，就成为一个十分重要的问题。

民族团结不是一个简单的政治口号，而是一个事关中国发展的全局性问题。早在 1957 年毛泽东就明确指出：国家的统一，人民的团结，国内各民族的团结，这是我们的事业必定要胜利的基本保证。① 在毛泽东的领导下，中国共产党采取了一系列增进民族团结的措施，如开展民族识别，确认民族种类；坚持民族平等，反对两种民族主义；实行民族区域自治，培养少数民族干部；帮助少数民族发展经济和文化；保障少数民族使用和发展本民族的语言文字；尊重少数民族的风俗习惯等，彻底改变了中国历史上的民族压迫和民族剥削状况，建立了平等、团结、互助的社会主义民族关系，使中国的民族关系发生了根本性变化。但需要指出的是，社会主义民族关系的建立并不是一件一劳永逸的事情，它需要随着时代的发展变化而不断地加以巩固和提高。自实行改革开放以来，中国的政治、经济、文化、社会都发生了较大的变化，经济利益成为一些人处理问题的唯一标准，难免影响到平等、团结、互助的社会主义民族关系，使社会主义民族关系中出现一些过去没有碰到的问题。特别是由于国内外民族分裂主义和恐怖主义的干扰破坏，使平等、团结、互助的社会主义民族关系受到严重的威胁。因此，如何进一步加强民族团结，巩固和发展社会主义民族关系仍然是一个十分重要的问题。

要加强民族团结，巩固和发展社会主义民族关系，不仅需要国家继续执行过去行之有效的民族政策，坚决打击民族分裂主义和恐怖主义势力，更需要在全社会开展对民族团结的宣传教育，使人们形成民族团结的意识、态度和行为。为此，国务院从 1988 年开始，先后 6 次举行民族团结表彰大会，对在民族团结工作中做出贡献的集体和个人进行表彰鼓励。1988 年召开的第一次表彰大会共表彰 1166 个先进集体和先进个人；1904 年召开的第二次表彰大会共表彰 1255 个先进集体和先进个人；1999 年召开的第三次表彰大会共表彰 1254 个先进集体和先进个人；2005 年召开的第四次表彰大会共表彰 1318 个先进集体和先进个人；2009 年召开的第五次表彰大会共表彰 1488 个先进

① 毛泽东：《关于正确处理人民内部矛盾的问题》，《建国以来毛泽东文稿》第 6 册，中央文献出版社 1992 年版，第 316 页。

集体和先进个人；2014 年召开的第六次表彰大会共表彰 1496 个先进集体和先进个人。这对构建民族团结的社会氛围取到了关键的作用。教育部从 1990 年开始多次发文部署在中小学开展民族团结教育活动；2008 年正式在中小学开设民族团结教育课程；《中华大家庭》《民族常识》《民族政策常识》和《民族理论常识》审订教材已投入使用；民族地区学校开展了丰富多彩的民族团结教育活动。这些教育活动对青少年民族团结意识的形成和发展发挥了重要的作用。

如果从 1990 年教育部办公厅正式发出《关于在中小学进一步大力推进民族团结教育工作的通知》算起，我国对青少年开展系统的民族团结教育工作已经历时 25 年，迫切需要有人对青少年民族团结教育中经验、教训进行全面总结，以便更好地开展对青少年民族团结教育工作。从现有的研究文献看，大多数研究者都是从教育学的角度出发，把研究的重点放在青少年民族团结教育的意义、原则、方法、内容上；或者从民族学的角度出发，把研究的重点放在民族团结教育与民族认同、中华民族认同和国家认同的关系上。事实上，要对青少年民族团结教育问题展开深入研究，只有把心理学、教育学和民族学有机地结合起来开展研究，才能完整地反映我国青少年民族团结教育的成就、经验和问题，为进一步加强对青少年民族团结教育，巩固和发展社会主义民族关系提供科学的理论支持。

令人高兴的是，尹可丽、尹绍清和龙肖毅合著的《云南青少年民族团结心理与教育》一书从心理学、教育学和民族学的综合视角出发，以云南少数民族聚居区的汉族、彝族、藏族、佤族、傈僳族、白族、傣族、壮族、哈尼族、苗族、纳西族等民族的 10967 名中小学生和 1270 名中小学教师为研究对象，运用问卷法、访谈法、传记法和测验法等多种方法对青少年民族团结教育与民族团结心理进行了系统、深入的研究，取得了丰硕的成果。

首先，该书采用自编问卷对云南省青少年民族团结教育的整体情况做了全面的调查，内容广泛涉及中小学教师对民族团结教育的认识、实施和作用，重点探讨了民族团结教育的教学内容、活动现状、考核方式及存在的问题和困难。这对正确评估当前中小学民族团结教育的现状和问题具有重要的参考价值。

其次，该书从理论上对民族团结心理概念做了界定，并采用自编问卷对 11 个民族的青少年的民族认知、民族情感、民族认同、族际交往、族际冲突以及影响民族团结心理的因素等问题做了深入的研究。作者对民族团结心理的界定和研究，打破了学界用某一个与民族团结有关的心理学概念解释民族团结问题的局限，创造了一个具有本土特色的心理学概念。这对民族心理学研究的本土化具有重要的理论意义。

再次，该书采用心理传记法和焦点小组访谈法对还健在的普洱"民族团结誓词碑"签字代表方有福（哈尼族）进行了研究，生动地再现了民族团结先进人物的人格特征及心理成长历程。普洱"民族团结誓词碑"是由参加"普洱区第一届兄弟民族代表大会"的 26 种民族（或族群）的代表于 1951 年元旦按照少数民族盟誓文化的仪轨所立的一方石碑，素有"中国民族团结第一碑"的美誉。作者对该碑签字代表方有富所做的研究，为民族团结心理研究提供了一份极为珍贵的心理个案，也为全书严谨的量化氛围增添了一丝灵动的气息。

最后，该书在对云南青少年民族团结心理与教育研究的基础上，对青少年民族团结心理的发展规律做了抽象和概括，并对如何培养青少年民族团结心理提出了切实可行的教育建议。这些规律和建议对进一步开展青少年民族团结教育，培养青少年民族团结心理，巩固和发展社会主义民族关系具有重要的实践意义。

总之，尹可丽、尹绍清和龙肖毅合著的《青少年民族团结心理与教育》一书是对青少年民族团结心理与教育问题研究的一项创新性成果，值得从事心理学、教育学和民族学研究的学者学习研究，也可供政府相关部门作为决策参考。

韩忠太

云南民族大学民族研究所

二〇一五年八月十五日

目　录

第一章

绪　论

　　中国是一个统一的多民族国家，一亿多人口的少数民族分布在全国各地，民族自治地方占国土面积的64%，西部和边疆绝大部分地区都是少数民族聚居区。如何正确处理各民族之间的关系，实现各民族之间的团结，确保国家的统一，是多民族国家中的一个十分重要的问题。在中国共产党的领导下，新中国彻底改变了历史上的民族压迫和民族剥削状况，建立了平等、团结、互助的社会主义民族关系，使中国的民族关系发生了根本性变化。但社会主义民族关系需要随着时代的发展变化而不断地加以巩固和提高。中国的政治、经济、文化、社会自实行改革开放以来都发生了较大的变化，致使社会主义民族关系中出现了一些新的问题。尤其是由于国内外民族分裂主义和恐怖主义的干扰破坏，使平等、团结、互助的社会主义民族关系受到严重的威胁。因此，如何进一步加强民族团结，巩固和发展社会主义民族关系仍然十分重要。在全社会开展对民族团结的宣传教育，使人们形成民族团结的意识、态度和行为，是中国加强民族团结，巩固和发展社会主义民族关系的重要措施。从1990年开始，教育部多次发文部署在中小学开展民族团结教育活动，至今中国对青少年开展学校民族团结教育工作已经历时20多年，迫切需要对青少年民族团结教育中的经验、教训进行全面总结，以便更好地开展对青少年民族团结教育工作。

　　民族关系是中国至关重要的政治和社会关系。"平等、团结、互助、和谐"是中国社会主义民族关系的特征。民族团结这一词语在当代中国家喻户晓，早已成为中国现实存在的一个社会现象。问题的关键在于，对现实中鲜活的民族团结心理，我们所知不多。有学者曾提出民族团结由民族之间的相互认识、友谊情感和合作意志3种心理成分构成，又分为表层、中层和深层的民族团结三个水平。① 也有人指出，人们对民族团结的认识、态度及行为的形成，受到多方面的影响，从心理方面来看，民族认同、需要与动机、人际互动与交往策略等都是影响现实生活中民族团结的因素。② 然而，对于民族团结心理这样一个中国社会独特而鲜明的问题，仅有少数的理论性探讨是远远不够的。当前对民族团结问题的研究大多数集中于青少年民族团结教育的意义、原则、方法、内容上，或集中在民族团结教育与民族认同、中华民族认同和国家认同的关系上。这些研究所使用的方法多数为理论分析。本书拟以心理学角度为主，结合教育学和民族学，对青少年民族团结心理及教育问题展开深入的实证研究，以完整地反映我国青少年民族团结心理状况，掌握学校民族团结教育的成就、经验和问题，为进一步加强对青少年民族团结教育，巩固和发展社会主义民族关系提供科学的理论支持和实证的数据资料。

一 青少年民族团结心理与教育的研究意义

世界上任何一个多民族国家都需要解决民族问题。民族问题解决不好，导致如苏联、南斯拉夫等一些主权国家的分裂或解体。而民族矛盾激化，使许多国家和地区出现了大规模的民族冲突、民族仇杀甚至民族战争，如非洲的部族仇杀、中东的阿拉伯—以色列冲突、斯里兰卡的僧伽罗—泰米尔冲突、俄罗斯的车臣战争等。我国周边的缅

---

① 李善凯：《民族的群体心理》，载张世富《民族心理学》，山东教育出版社1996年版，第332—333页。
② 尹可丽、尹绍清：《民族团结心理的研究内容与方法建构》，《云南民族大学学报》（哲学社会科学版）2008年第3期。

甸、泰国、菲律宾、印度等国的国内民族冲突一直没有停止。①

　　民族团结是中国共产党解决民族问题的基本政策原则和价值取向。中国共产党在中国革命中，运用马克思主义的民族理论，从中国的历史出发，结合中国社会的实际，特别是领导多民族的中国进行革命的实际，创造性地提出了"民族团结"的口号。② 自 1922 年中国共产党在《中国共产党第二次全国代表大会宣言》中提出民族联合（团结）的主张，民族团结已在中国实践了 90 多年的时间。"民族团结"已从一个政治的主张深入到中国民众的心中，逐渐变为当代中国人最熟知的政治术语之一。

　　开展民族团结教育，是新中国实现民族团结的重要途径。20 世纪四五十年代，新中国的成立，使各民族翻身做主，获得了新生，中国的民族凝聚力空前强大，团结互助、共同进步的民族政策被各民族高度认同和实践。随着社会的发展、时间的推移，当前复杂的国际竞争和对敌斗争中，维护、巩固和发展民族团结，成为一项十分现实而又十分重要的工作，对新生代加强民族团结教育就显得十分重要，因此，从 1990 年起教育部多次发文部署中小学民族团结教育工作。③2012 年，党的十八大要求"全面正确贯彻落实党的民族政策，坚持和完善民族区域自治制度，牢牢把握各民族共同团结奋斗、共同繁荣发展的主题，深入开展民族团结进步教育，加快民族地区发展，保障少数民族合法权益，巩固和发展平等团结互助和谐的社会主义民族关系，促进各民族和睦相处、和衷共济、和谐发展"④。党的十八大提出要深入开展民族团结进步教育，在"民族团结教育"这一概念上

---

　　① 肖宪：《从民族团结走向民族融合——对云南建设"民族团结进步示范区"的几点思考》，《思想战线》2012 年第 4 期。

　　② 徐杰舜：《民族团结论》，《中国民族报》2005 年 8 月 12 日第 6 版。

　　③ 教育部办公厅、国家民委办公厅：《关于在中小学进一步大力推进民族团结教育工作的通知》。

　　④ 胡锦涛：《坚定不移沿着中国特色社会主义道路前进，为全面建成小康社会而奋斗——在中国共产党第十八次全国代表大会上的报告》，2012 年 11 月 8 日，http：//www. seac. gov. cn/art/2012/11/18/art_ 3_ 170857. html。

加上"进步"二字，是在以往倡导"三个分不开"（即汉族离不开少数民族，少数民族离不开汉族，各少数民族之间也相互离不开）教育的基础之上，对"共同团结奋斗，共同繁荣发展"主题的强调。

从1994年试点、2000年正式开展中小学民族团结教育活动，到2008年国家正式发文在中小学试行开设民族团结教育课程，学校民族团结教育的发展已历经10多年。国家对中小学民族团结教育力度的加强，说明当前对青少年进行有计划、有课程保障的民族团结教育是十分重要和紧迫的。在此情况下，需要对民族团结教育在中小学的开展、实施的情况进行跟踪调查，需要对接受民族团结课程教育之后，学生的民族团结心理的形成情况进行研究。

对青少年民族团结教育及民族团结心理的形成进行实际的调查研究十分重要。原因之一是目前我国对学校民族团结教育开展情况的实际调查研究很少。这种欠缺使得各级教育部门在部署、指导此项工作的开展时，可能因缺乏对实际情况的掌握，不能在已有的民族团结教育工作基础之上提出更有针对性、指导性、前瞻性的要求。也使已经持续承担此项工作的教师、学校积累的先进经验和方法不能得到较好的推广和运用。

原因之二是如果实际的调查数据能够说明，中小学长期开展的民族团结教育，已经在哪些方面对青少年的某些方面的心理和行为发展发挥了积极的作用，这将为国家长期实施此项教育提供有力的支持证据。另外，研究结果有可能为国家审视中小学民族团结教育的内容、途径等提供实证依据。除学校教育之外，研究还有哪些因素影响到青少年民族团结心理的形成，也是中国促进民族团结需要解决的问题。

总之，研究青少年的民族团结心理及教育问题，其目的是从理论上把握青少年的民族团结心理形成的一般规律，为改进和提高民族团结教育质量提供心理学的理论基础和支持。对建设平等、团结、互助、和谐的社会主义民族关系有现实意义。

二 青少年民族团结心理与教育研究现状

社会主义民族关系一直是我国民族问题研究者们关注的重点和热点。其中，对社会主义民族关系的本质和特征的探讨，[1][2] 对社会主义和谐民族关系的建立等，[3][4] 都是备受研究者关注的重要问题。胡锦涛同志把我国社会主义民族关系的特征概括为"平等、团结、互助、和谐"，并明确指出："平等是社会主义民族关系的基石，团结是社会主义民族关系的主线，互助是社会主义民族关系的保障，和谐是社会主义民族关系的本质。"这是对现阶段我国民族关系本质的最准确的表述。[5] 中国特色社会主义民族关系是"和而不同""求同存异""和合有同""和合而治"的有机统一。[6]

巩固和发展我国社会主义民族关系，需要不断改进和完善民族政策，不断促进和发展民族地区的经济文化等，而对民众进行宣传教育，使之形成牢固的民族团结意识和行为，是发展和巩固我国社会主义民族关系的心理基础。

目前，以民族团结的心理与教育问题为视点来研究我国社会主义民族关系的巩固与发展，尤其是实证的研究很少。相关的研究有以下一些：

（一）民族团结的心理学分析

有学者对民族团结的含义、心理结构进行了初步的理论分析，认

---

[1] 卢贵子、金炳镐：《改革开放以来我国社会主义民族关系基本特征理论的丰富和发展》，《中国民族教育》2008 年第 7—8 期。

[2] 赵学先：《我国社会主义民族关系本质特征新解》，《西南民族大学学报》（人文社会科学版）2007 年第 9 期。

[3] 王希恩：《发展和谐的民族关系与完善民族政策的和谐取向》，《民族研究》2008 年第 5 期。

[4] 赵野春、马太江：《论民族关系和谐发展的实现条件》，《中央民族大学学报》（哲学社会科学版）2008 年第 3 期。

[5] 巴玉玺：《不断深化对和谐民族关系价值的认识》，《光明日报》2008 年 6 月 4 日理论版。

[6] 廖业扬：《中国特色社会主义民族关系内涵之论说》，《贵州社会科学》2012 年第 1 期。

为民族团结有表层、中层和深层的团结三个水平，并提出了加强民族团结的心理学依据。① 也有对民族团结心理的研究内容及方法建构问题进行的理论分析与探讨，认为对民族团结心理的研究，可以围绕民族团结的认知、态度、情感、策略等进行，在研究方法上应重视采用实证方法，并根据研究需要恰当运用质性方法。②

本课题组③曾于2007年采用举例法，要求138名中小学生举出几个关于民族团结的例子、有损民族团结的例子。结果发现，学生所举的例子反映出他们对民族团结的认知有两个视角，一是国家层面，二是各民族层面。从国家层面列举的事例，比如抗日战争等，占总频次的15%；从各民族层面列举的民族团结的事例，比如各民族共庆泼水节，占71.4%。被试回答的有损民族团结事例中，从国家层面来理解的，比如"台独"等，占总频次14.5%；从各民族层面理解的频次占71.4%。④

本课题组2009年还采用故事完成法，要求2069名中小学生在云南的22种民族图案中选择2种以上的民族（至少2种），自由安排这些民族人物的性别，然后为自己选择的人物编个小故事。结果发现，被试编写的故事中，反映民族间和睦行为的百分比为56.6%，从冲突到和解的行为占18.9%，从冲突到分离的行为占12%，民族之间无关联行为占12.6%。被试在故事中表达的民族人物之间的友情最多，占情感总频次的25.7%；民族情感占24%；情感表现不明显为23.3%；恋情占12.1%；排斥性情感占11.4%；亲情占3.5%。⑤

---

① 李善凯：《民族的群体心理》，载张世富《民族心理学》，山东教育出版社1996年版，第332—338页。

② 尹可丽、尹绍清：《民族团结心理的研究内容与方法建构》，《云南民族大学学报》（哲学社会科学版）2008年第3期。

③ 本课题组指尹可丽主持的国家社科基金项目组（09BM2006）。

④ 数据来源于课题组2008年完成的云南省教育厅科研基金项目《青少年民族团结观的研究》结题报告，项目批准号：07Y20933。

⑤ 数据来源于课题组2009年完成的云南省哲学社会科学规划项目《云南青少年民族团结心理与教育》结题报告，项目批准号：云宣通2008［29］号。

（二）民族认同方面的研究

本课题提出，积极的民族认同是中国青少年民族团结心理的构成要素。目前中国民族认同研究的内容主要集中在民族认同的内涵、民族认同与国家认同的关系、民族认同与文化适应、心理健康的关系等方面。[①]

第一，对民族认同的概念界定。由于中国汉语对"民族"概念的理解与国外对"民族"的理解存在不同，因此，在民族认同内涵的研究方面，我国学者除了借鉴国外对民族认同的界定之外，提出了符合中国情况的概念界定，并对此进行了实证性研究。

国外对民族认同的理解主要是指单一民族认同，即本族认同。比如，Carla 等指出民族认同是指个体对本民族的信念、态度以及对其民族身份的承认。[②] Phinney 等人认为民族认同就是个体参加该民族的文化实践和活动，对该民族的积极态度、归属感，并为自己的民族而自豪。[③] Laroche 等将民族认同界定为对个人原有文化特征的接纳，这种接纳表现在态度、价值或者行为。[④]

汉语"民族"概念，首先是指单一民族。56 个民族，即中国各民族；其次，指复合民族。56 个单一民族的集合体称为"中华民族"。再次，人们还往往把民族内部的支系也称为民族。[⑤] 中华民族是包括中国境内 56 个民族的民族实体，并不是把 56 个民族加在一起的总称。56 个

---

① 万明钢、高承海、吕超、侯玲：《近年来国内民族认同研究述评》，《心理科学进展》2012 年第 8 期。

② Carla J.，Reginald J.，Racial identity，"African self-consciousness, and career decision making in African American college women"，*Journal of Multicultural Counseling and Development*，Vol. 26，No. 1，1998.

③ Phinney J. S.，Alipuria L. L.，"Ethnic identity in college students from four ethnic groups"，*Journal of Adolescence*，Vol. 13，No. 2，1990.

④ Laroche M.，Kim C.，Tomiuk M.，"A test of nonlinear relationship between linguistic acculturation and ethnic identification"，*Journal of Cross Cultural Psychology*，Vol. 29，No. 3，1998.

⑤ 何叔涛：《汉语"民族"概念的特点与中国民族研究的话语权——兼谈"中华民族""中华各民族"与当前流行的"族群"概念》，《民族研究》2009 年第 2 期。

民族已结合成互相依存、统一而不能分割的整体，是自在的民族。①

正是由于中国人对民族概念的理解存在多样性。因此，在心理学研究中，一些学者对单一民族认同进行研究。比如，民族认同不仅包括个体对本民族的信念、态度和行为卷入，而且还包括个体对他民族的信念、态度和行为卷入情况。② 民族认同是指民族成员在民族互动和民族交往的过程中基于对自己民族身份的反观和思考而形成的对自民族（内群体）和他民族（外群体）的态度、信念、归属感和行为卷入，以及其对民族文化、民族语言和民族历史等的认同。③

另一些人提出双重民族认同概念，比如，史慧颖等人认为民族认同是指在多民族国家中，各民族个体对自己既作为单一民族成员身份，同时也作为国家民族成员身份双重承认的和谐统一。④ 佐斌、秦向荣认为，民族认同就是民族的自识性，是个体对自己民族身份的确认，具体来说，民族认同是个体对自己民族归属的认知、承认和感情依附；认为中华民族认同就是中华民族中的成员对自己中华民族归属的认知和感情归属。⑤

第二，对民族认同的结构，即民族认同包含的要素的研究。无论是国外心理学家还是中国心理学家，对民族认同究竟包含哪些维度并没有达成共识。这也许说明，从不同的侧重点来看，民族认同的确包含不同的要素。

国外学者认为，民族认同包括行为、认知、道德和情感四个要素。其中那些可以观察和记录到的表现和维护民族认同的社会和文化行为属于外显民族认同，如使用本民族的语言、保持本民族的传统、

---

① 费孝通：《简述我的民族研究经历和思考》，《北京大学学报》（哲学社会科学版）1997 年第 2 期。
② 王亚鹏：《少数民族认同研究的现状》，《心理科学进展》2002 年第 1 期。
③ 万明钢、王亚鹏：《藏族大学生的民族认同》，《心理学报》2004 年第 1 期。
④ 史慧颖、张庆林、范丰慧：《西南地区少数民族大学生民族认同心理研究》，《民族教育研究》2007 年第 2 期。
⑤ 佐斌、秦向荣：《中华民族认同的心理成分和形成机制》，《上海师范大学学报》（哲学社会科学版）2011 年第 4 期。

与本族人结交朋友、参加本民族群体的仪式等。认知、道德、情感三个维度为内在民族认同。认知维包括个体对自我形象和对自己民族群体形象的认识及其对本民族群体的起源、历史、价值等知识的了解；道德维是对民族群体义务的知觉；情感维是对自己所属民族群体的依恋。① 民族认同包括民族自我认同、民族守恒（自己属于哪个民族不会随着时间、地点和体貌的变化而改变）、民族知识、民族偏好。② Phinney 于 1992 年提出民族认同的四个要素是：民族自我认同、民族归属感、民族态度和民族行为（社会参与和文化实践）。2007 年，Phinney 在以往研究基础之上，提出民族认同由 7 个主要成分构成：自我分类与标签、承诺与依恋、探求、民族行为、评价与内群体态度、价值与信仰以及民族重要性与凸显性。③

中国心理学者对民族认同包含的要素的认识与国外有不同。一项对藏族大学生的研究认为民族认同主要包括主流文化认同、积极的民族认同以及消极的民族认同三方面。④ 对西南地区少数民族大学生的研究指出，本民族认同包括"社会认同""文化认同""归属感"三个要素。社会认同涉及对民族经济、教育等宏观社会因素的态度；文化认同涉及对民族文化方面的态度；归属感涉及民族群体的归属感和对民族的自豪感等的总体感受。中华民族认同包括"社会文化认同"与"归属感"两个要素。社会文化认同涉及对中华民族的政策、经济，以及文化方面的态度；归属感涉及对中华民族的归属感和自豪感等总体感受。⑤ 11—20 岁的青少年对自己民族认同和中华民族认同都有四个维度：认知维、

---

① Kwan K. K., Sodowsky G. R., "Internal and external ethnic identity and their correlates: A study of Chinese American immigrants", *Journal of Multicultural Counseling and Development*, Vol. 25, No. 1, 1997.

② Bennett M., Lyons E., Sani F., Barrett M., "Children's subjective identification with the group and ingroup favoritism", *Developmental Psychology*, Vol. 34, No. 5, 1998.

③ Phinney J. S., Anthony D. O., "Conceptualization and meas-urement of ethnic identity: Current status and future directions", *Journal of Counseling Psychology*, Vol. 54, No. 3, 2007.

④ 王亚鹏：《少数民族认同研究的现状》，《心理科学进展》2002 年第 1 期。

⑤ 张庆林、史慧颖、范丰慧、张劲梅：《西南地区少数民族大学生民族认同内隐维度的调查》，《西南大学学报》（人文社会科学版）2007 年第 1 期。

评价维、情感维和行为维。[1] 中国大学生的民族认同有探索、肯定和确认三个维度。探索指的是个体积极参与那些能够使他们了解本民族的活动；肯定代表的是个体对民族身份积极感受和评价的程度；确认是指个体感知到民族身份的意义以及其带来的使命感。[2]

第三，在民族认同与国家认同的关系方面。

当前，来自各学科的学者们对这一问题有了越来越多的共识，即民族认同与国家认同之间并没有必然的矛盾，它们是相互依存、长期共存的。[3] 任何试图通过削弱民族认同来构建国家认同的做法不仅没有使民族认同消失，反而为民族分裂埋下隐患，成为矛盾的根源。[4][5] Berry 等人对 13 个接受移民国家的一项大型研究结果表明，移民青少年的民族认同和国家认同之间的关系在不同的国家存在差异，两者的相关系数在 -0.28 至 0.32 之间，也有不相关的。[6] 而我国对回族青少年[7]和维吾尔族青少年[8]的研究结果说明，中国青少年的民族认同和国家认同呈现积极的正相关。中国青少年的民族认同与国家认同之间的积极关系，可能说明，正是因为我国对民族概念的理解是多重的。青少年能够将单一的本民族概念，融合到 56 个民族统一为一体的"中华民族"这一概念之中，从而理解中国的历史，是 56 个民族

---

① 秦向荣、佐斌：《民族认同的心理学实证研究——11~20 岁青少年民族认同的结构和状况》，《湖北民族学院学报》（哲学社会科学版）2007 年第 6 期。

② 高承海、安洁、万明钢：《多民族大学生的民族认同、文化适应与心理健康的关系》，《当代教育与文化》2011 年第 3 期。

③ 万明钢、高承海、吕超、侯玲：《近年来国内民族认同研究述评》，《心理科学进展》2012 年第 8 期。

④ 高永久、朱军：《论多民族国家中的民族认同与国家认同》，《民族研究》2010 年第 2 期。

⑤ 钱雪梅：《从认同的基本特性看族群认同与国家认同的关系》，《民族研究》2006 年第 6 期。

⑥ Berry J. W., Phinney J. S., Sam D. L., Vedder P., Invernizzi F., "Immigrant youth: Acculturation, identity, and adaptation", *Applied Psychology*, Vol. 55, No. 3, 2006.

⑦ 梁进龙、高承海、万明钢：《回族、汉族高中生的民族认同和国家认同对自尊的影响》，《当代教育与文化》2010 年第 6 期。

⑧ 王嘉毅、常宝宁：《新疆南疆地区维吾尔族青少年国家认同与民族认同比较研究》，《当代教育与文化》2009 年第 3 期。

团结奋斗、共同努力创造的结果，进而产生国家认同。而这种观念的产生，正是中国通过学校教育、媒体、文艺宣传、各类社会活动等长期进行民族团结教育的结果。

（三）对民族团结教育实践领域——内容、方法、途径的理论探讨与经验总结

我国十分重视对中小学生进行民族团结教育，将中小学民族团结教育视为实现各民族团结、和睦相处的重要基础。全国各地纷纷涌现出民族团结教育示范学校，这些学校对本校民族教育工作的开展情况，取得的经验做了总结（如云南剑川县民族中学；元阳县民族小学等）。① 一些研究者对民族团结教育的内容、实施途径、方法等进行了探讨。② 有人对 2001 年至 2011 年发表于各类刊物上的 87 篇民族团结教育的研究性论文进行了分析，发现有 5 篇调查报告，占 5.57%。对大学生民族团结教育的研究主题集中在开展此项教育的重要性、面临的挑战、教育内容、实施途径、效果提升；对中小学民族团结教育的研究主题集中在现状、经验总结、课程设计与实施方面。③

本课题组在前期的研究中，对云南楚雄、红河、大理、德宏、保山、临沧共 6 个多民族聚居地 90 所中小学开展民族团结教育的情况进行调查，结果发现：2009 年 6 月以前，大多数小学和少数初级中学在学校的教育目标或计划中设置了民族团结教育的目标，开设了相关课程，探索了考核学习结果的方式、方法，并利用乡土资源等举行了丰富多彩的活动。④ 其中，楚雄州的县市中小学民族团结教育情况总体上是好的，

① 《云南省 434 所"中小学民族团结教育示范学校"挂牌》，《今日民族》2006 年第 12 期。

② 居来提·多来提：《民族团结教育的方法》，《和田师范专科学校学报》（汉文综合版）2004 年第 3 期。

③ 卢守亭：《新世纪我国民族团结教育研究：回顾与展望——基于 87 篇学术论文的文献分析》，《西北民族大学学报》（哲学社会科学版）2012 年第 1 期。

④ 尹绍清、尹可丽：《云南中小学民族团结教育现状调查研究》，《大理学院学报》2011 年第 7 期。

一是小学阶段普遍都开展了民族团结教育，各个小学都注意到了小学生在年龄特征、民族特征、个性特征和生活学习习惯等方面的特点，抓住了民族团结教育的关键期，民族团结教育受到有关部门、学校的重视；二是教育工作者充分利用了小学生没有升学压力的时机，及时开展了民族团结教育；三是每所小学都意识到了开展民族团结教育有利于学生间的交流、沟通与团结，有利于教育教学质量的提高；四是每所学校都很注重结合各地民族节日和传统开展活动，而且生动有效，比如彝族的火把节通过黑板报登载火把节的传说，苗族的花山节开展有趣的游戏活动，有的地方还设有民族团结日等。① 大理州绝大多数小学、少数中学设置了民族团结教育目标，开设了课程，组织了相关活动。市小学与村小学活动次数多、内容广泛、形式多样，且带有许多大理地方特色。② 保山市在少数民族聚居地学校和民族学校民族团结教育目标设置、课程、活动等方面开展了较多的工作，而汉族聚居地学校基本上缺乏明确而具体的民族团结教育。③ 德宏州不同类别小学和乡镇初级中学均设置了民族团结教育目标，但县市初级中学民族团结教育目标在教育教学目标中没有具体的文字表述；小学及乡镇初级中学均开设了民族团结教育课程，而县市初级中学未开设具体的民族团结教育课程；县市小学的民族团结教育活动组织次数最多，且活动方式多样，其次是乡镇小学、村级小学和乡镇中学，最后是县市中学。④ 临沧市10%的中小学设置了民族团结教育目标，30%设置了相关课程；80%开展了活动。没有设置民族团结教育目标和课程的学校最主要的原因是认为学校课业负担较重，没有专门人力和时间的保障；部分学校尽管有民族团结教育目标设置和

① 尹绍清：《楚雄州青少年民族团结教育现状调查及对策思考》，《楚雄师范学院学报》2010年第2期。
② 龙肖毅、尹可丽、杨光：《大理青少年民族团结教育现状调查报告》，《大理学院学报》2010年第5期。
③ 尹康平、尚兴民、田国伟：《保山市青少年民族团结教育现状调查报告》，《保山师专学报》2009年第6期。
④ 赵科、尹可丽、吕静、杨发达：《德宏州青少年民族团结教育现状调查报告》，《德宏师范高等专科学校学报》2010年第2期。

课程，但认为少数民族学生不是太多，没有安排具体的教师完成相关的任务。① 红河州小学民族团结教育开展比中学好。大多数小学设置有明确的民族团结教学目标，并开设了民族团结教育课程，开展了丰富多彩的、具有红河民族特色的教育活动；初级中学没有明确设置民族团结教学目标，没有开设专门的课程，只是把民族团结教育融入各科教学之中，开展了一定的活动。②

在实践经验总结方面，概括起来主要有以下经验：第一，提高认识，营造良好氛围。第二，健全机构，明确职责，切实加强对民族团结教育工作的领导。第三，开展教学研究，优化课堂教学，做好民族团结教育在学科教学中的渗透，发挥好课堂教学主渠道作用，并加强校本课程的研究和建设。第四，开展丰富多彩的课外活动，补充课堂，提高民族团结教育的实效性。第五，抓好师资培训和配备工作，建设高素质的专业的民族团结教育建设队伍。③

在校本课程的开发与设计方面。黄旗萍提出，目前学校通过校本课程进行民族知识教学，是按照民族划分教学单元，即一个教学单元专门介绍一个少数民族。这种教学设计更侧重于知识的学习，在情感的熏陶和民族团结意识的培养方面还有待进一步加强。④

综上所述，在已持续开展、实施民族团结教育许多年的情况之下，目前中国还未对民族团结心理的概念、结构、影响因素等问题开展研究。

虽然有较多的研究在探索民族认同问题，但这些研究还不能告诉我们，青少年的民族认同来自哪里？是什么原因使他们形成了本民族

---

① 陈春莲：《临沧市青少年民族团结教育现状调查报告》，《临沧师范高等专科学校学报》2010年第3期。

② 樊洁、李恋：《红河州青少年民族团结教育现状的调查与分析》，《红河学院学报》2010年第2期。

③ 卢守亭：《新世纪我国民族团结教育研究：回顾与展望——基于87篇学术论文的文献分析》，《西北民族大学学报》（哲学社会科学版）2012年第1期。

④ 黄旗萍：《浅谈民族团结教育校本课程的开发——以"回族"单元的设计与实施为例》，《中国民族教育》2012年第5期。

认同与中华民族认同同时存在的双重民族认同？

虽然有诸多对民族团结教育问题的讨论，但这些研究不能拿出实际的数据告诉我们，民族团结教育的效果如何，即其究竟对学生的心理和行为起到了什么样的作用？

虽然在现实生活中，一些少数民族地区的教师认为当地民族关系良好，不同民族学生之间友好相处，没有族别之分，很少发生民族间的冲突行为。但这种认识目前还停留在经验阶段，并没有实证数据说明学生间因与民族有关的原因而发生的冲突行为究竟有多少？不同民族学生间的友好交往状况究竟表现出何种状态？这种关系的良好和较少发生冲突行为是什么因素作用的结果？对于学校的学生来说，是家庭教育的结果、学校的教育结果，还是他们所生存的社会环境使然？

本书就是对回答上述问题的一个尝试。

三　青少年民族团结心理的概念界定

民族团结心理是指在新中国实施团结互助、共同进步的民族政策影响下，在长期开展民族团结宣传教育的条件下，人们逐渐形成的对于中国民族问题的认知、态度和行为倾向等。这种认知、态度和行为倾向就中国青少年而言，表现为青少年对中国民族特征的认知、对中国民族理论与政策的认知，积极的民族认同，以及民族间良好的交往行为、较少冲突行为等。对青少年民族团结心理的概念进行这一界定，其依据来自国家颁布的《学校民族团结教育指导纲要（试行）》，[1] 也来自相关理论研究结果和实践调查。

第一，在知识的认知层面，青少年民族团结心理主要表现为对中国民族特征的认知、对中国民族理论与政策的认知。

《学校民族团结教育指导纲要（试行）》所规定的民族团结教育

---

[1]　教育部办公厅、国家民委办公厅：《关于印发〈学校民族团结教育指导纲要（试行）〉的通知》，来源于教育部网站，2008 年 12 月 16 日。

的目标、任务和内容，强调了两种重要的信息：民族特征、民族政策与理论。这两类关于民族特征、民族政策与理论的信息对学生的认知方面提出了要求。

第一类信息强调对民族特征的认知。民族特征指民族的文化、历史、语言、风俗习惯等所具有的特点。小学中年级阶段的民族知识启蒙教育、高年级的民族常识教育要求向学生传递关于民族特征方面的信息。这些信息强调整个中华民族的历史文化传统，也重视组成中华民族的各个成员民族的历史文化传统。强调中国各民族缔造伟大祖国的历史，重视各民族优秀文化传统，要求青少年正确认识中华民族和各成员民族的特征，普及民族知识。比如，小学三、四年级的内容要求中明确规定"了解自己所属民族的分布区域、人口数量，以及语言、文字及主要的文化特点和风俗习惯等"；"初步了解56个民族的基本特征"；"知道中华民族是由56个民族共同组成的大家庭，中华民族是我国56个民族的总称"；"了解我国是一个由56个民族组成的统一的多民族社会主义国家"；等等。

第二类信息强调对民族政策和理论的认知。初中阶段的民族政策常识教育，要求学生了解党和国家制定的坚持民族平等、维护民族团结、实行民族区域自治、培养少数民族干部和各类人才、发展民族地区经济和科教文卫事业、各民族有使用和发展本民族语言文字的权利、各民族有保持和改革本民族风俗习惯的权利、依法保障少数民族宗教信仰自由等民族政策。高中阶段的民族理论常识教育要求掌握党关于民族问题的基本理论。比如对我国的民族关系的本质是"平等、团结、互助、和谐"的学习。要求高中生"初步了解世界各国多民族国家进退兴衰的历史和现状，在比较中进一步认识我们党和国家民族政策的优越性，坚定中华民族伟大复兴的信心"等。

第二，在态度、情感层面，表现为积极的民族认同。

民族团结是民族与民族在互动中的认同。[①] 民族认同是衡量民族关

---

① 徐杰舜：《社会科学视野中的民族团结概念》，《中国民族》2004年第6期。

系的一个指标，同时也是影响民族关系的重要因素，它关系到国家的政治稳定与长远发展。中国人对民族身份的认同和国家民族认同是紧密联系在一起的，在现实中，人们能够准确地理解自己既是某种民族，又是中华民族大家庭的一员。中国人的民族认同不仅包括本族认同，即对自己所属单一民族身份的认同，也包括对中华民族的认同，即对自己作为中国人这一国家民族成员身份的认同。一个人在民族认同上能实现本民族认同与国家民族认同这两个层次认同的统一，可能是民族团结的心理基础之一。[1] 民族的平等团结和国家的稳定统一在很大程度上依赖于人们正确的民族认同和国家认同。[2] 因此，青少年民族团结心理在态度、情感层面，表现为本族认同与中华民族认同和谐统一的积极状况。

增进中华民族认同，是民族团结教育的目标之一。纲要指出民族团结教育的目标是，"使各族学生思想认识和行为自觉地统一到党和国家的要求上来，增进对中华民族的认同和历史、文化的了解，促进56个民族优秀文化传统的相互交流、继承和发扬……"由于中华民族认同的意识是多层次的，56个民族是基层，中华民族是高层。[3] 因此，中华民族认同与单一民族认同是分不开的。我国学者提出中国人的民族认同由国家民族成员身份认同和单一民族身份认同构成，即中华民族认同和单一民族身份认同构成的观点，并通过实证研究得到了验证。[4][5][6]

国人普遍认识到中华民族是多元一体格局，这一现象的形成有其

① 尹可丽、尹绍清：《民族团结心理的研究内容与方法建构》，《云南民族大学学报》（哲学社会科学版）2008 年第 3 期。
② 滕星、张俊豪：《试论民族学校的民族认同与国家认同》，《中南民族学院学报》（哲学社会科学版）1997 年第 4 期。
③ 费孝通：《简述我的民族研究经历和思考》，《北京大学学报》（哲学社会科学版）1997 年第 2 期。
④ 高承海、安洁、万明钢：《多民族大学生的民族认同、文化适应与心理健康的关系》，《当代教育与文化》2011 年第 3 期。
⑤ 秦向荣、佐斌：《民族认同的心理学实证研究——11～20 岁青少年民族认同的结构和状况》，《湖北民族学院学报》（哲学社会科学版）2007 年第 6 期。
⑥ 张庆林、史慧颖、范丰慧、张劲梅：《西南地区少数民族大学生民族认同内隐维度的调查》，《西南大学学报》（人文社会科学版）2007 年第 1 期。

深厚的社会历史原因。① 这样一种从小我到大我的认同心理，是符合中国人辩证思维特征的。这种双重认同有机整合为一体的特征，其形成的根源，绝对不是当代中国人与生俱来的，它虽然受到个体的社会生活经验的影响，更重要的是受到社会意识形态，尤其是国家实施相关教育的影响。它与新中国开展民族政策宣传教育分不开，与学校对青少年开展民族团结教育有关。学校民族团结教育的持续开展，是影响青少年学生形成基础层次上的本族属认同和自尊心、自豪感；并在此之上形成高层次的中华民族认同、中华民族自尊心、自豪感；最终促进并巩固了更高层次的国家认同感和自豪感的重要原因。

第三，在行为层面，表现为和谐的民族间交往倾向，这种倾向促使青少年在行为上表现为较多民族间的友好交往行为，较少的冲突和攻击行为。

民族间友好交往、沟通行为，是民族团结心理的行为指标。本课题组 2008 年的调研结果中，一些少数民族聚居地学校的领导和教师认为，各民族学生实际上已经形成良好的民族团结局面。因为，各族学生在交往中几乎不存在本民族的角色意识，大家在学习、生活、交往、活动中就是同学、朋友、伙伴关系。② 普洱地区是新中国民族团结第一碑的所在地，民族团结是当地政府和老百姓的骄傲。对普洱地区从事民族工作的官员的访谈得知，当地衡量民族是否团结的指标是："民族团不团结，就是看这个地方稳不稳定，民族之间有没有械斗。就是有矛盾了，是否能够坐下来，协商解决。现在民族之间的矛盾主要是利益上的矛盾。如果这种问题能够坐下来，以谈的方式解决的话，也不是什么大问题……"③ 可见，民族之间没有冲突、暴力攻击行为，是民族团结的重要指标。

---

① 徐杰舜、韦小鹏：《"中华民族多元一体格局"理论研究述评》，《民族研究》2008年第 2 期。

② 数据来源于作者 2009 年完成的云南省哲学社会科学规划项目《云南青少年民族团结心理与教育》结题报告，项目批准号：云宣通 2008 ［29］号。

③ 摘自课题组在 2010 年 1 月 30 日对宁洱县民宗局局长、普洱市组织部部长的访谈录（人名略）。

　　课程纲要对初中、高中学生提出了一些能力方面的要求，例如，初中七、八年级的内容标准中规定"在日常生活中，能遵循并运用民族政策分析和解决实际问题，进一步树立和巩固促进民族团结、维护国家统一、反对民族分裂的意识"等。运用民族政策分析和解决实际问题，为学生在实际生活中，采取何种行为对待民族问题及民族之间冲突指明了方向。

　　虽然学生通过学习，能够对国家民族团结的原则、方法、价值等形成明确的认识，但由于学生缺乏在实际情境深入体会和运用这些方法的经验，所以，大多数学生对民族团结的认知虽有显性存在形式，但却是浅层次的认知和价值判断。当个体对民族团结既有感性的体验和理解，又能有意识地运用民族团结的相关政策来处理实际生活中存在的问题时，就处于较高层次的政策运用水平。[①]

　　鉴于学生的年龄、社会阅历等情况，显然不能直接采用实际的政策运用能力为指标来衡量学生的民族团结心理。相较而言，采用外显的友好交往行为和冲突行为作为衡量指标更为合适。行为并非心理本身，但行为意向在很大程度上决定着人们会做出某项行为，因此，较多的民族间交往沟通行为，较少的民族间冲突行为，是民族团结心理的指标之一。

　　综上，青少年民族团结心理分为三个层面，第一个层面为知识方面的认知，表现为认知本民族、中华民族的特征；认知民族政策与理论；第二层面为信念、态度和情感层面，表现为本族认同与中华民族认同的和谐统一，这种和谐统一的结果对促进并巩固青少年的国家认同有重要作用；第三层面为行为层面的，表现为友好的民族间交往行为和较少的民族间冲突行为。三个层面是相互渗透的，认知影响着信念、态度和情感的形成，也影响行为表现，而态度和行为也能反过来加深青少年对民族特征、民族政策与理论等方面的认识。

---

　　① 尹可丽、尹绍清：《民族团结心理的研究内容与方法建构》，《云南民族大学学报》（哲学社会科学版）2008 年第 3 期。

四　研究的主要内容

（一）研究思路

本书首先解决两个基本的研究内容，一是把握当前青少年民族团结教育的现状。二是把握青少年民族团结心理的结构及特征。在这两个内容的基础之上，探讨影响青少年民族团结心理的学校教育因素、家庭教育因素、生态因素等，并结合对民族团结典型人物的人格特征及心理成长历程的研究，总结青少年民族团结心理形成的一般规律。最后，在前述研究结果的基础之上讨论塑造青少年民族团结心理的先进教育理念、方法。

（二）研究内容

1. 多民族聚居地中小学实施民族团结教育的状况

从目标设置、课程安排及活动等方面的计划、实施到实效性，调查学校进行的显性民族团结教育情况。

从学校为营造民族团结氛围，塑造学生民族团结心理而采取的好的措施、方法等方面调查学校进行的隐性民族团结教育。

教师在教学中向学生传递的有关民族团结教育的内容。

学校开展民族团结教育活动的情况。

学校民族团结教育的考核方式、进行民族团结教育遇到的困难。

承担民族团结教育的师资情况。

2. 青少年民族团结心理状况

青少年民族团结心理评估工具的心理测量学研究。

青少年的民族团结认知状况。

青少年的民族认同状况。

青少年的民族间交往行为情况。

3. 青少年民族团结心理的影响因素

评估青少年民族团结心理的影响因素的工具。

父母对孩子的民族社会化活动的影响。

学校开展民族团结教育课程、活动的影响。

学校与民族有关的生态因素的影响。

学生人口学变量的影响。

影响青少年民族团结心理的多变量模型探索。

4. 民族团结先进人物的人格特征及心理成长历程研究——以普洱民族团结碑事件人物为个案

民族团结先进人物成长的社会历史脉络。

典型人物的人格特征分析。

典型人物的心理历史回顾。

典型人物对青少年民族团结教育及心理成长的价值和意义。

5. 青少年民族团结心理形成规律与教育的对策

青少年民族团结心理的形成规律。

塑造青少年民族团结心理的先进教育理念、方法。

五 研究方法

（一）研究样本

以云南省多民族聚居地的中小学学生及教师为研究样本。其理由是：云南是我国一个多民族的边疆省份，是我国多民族大家庭中最具有典型性的一个省，是我国民族种类、民族自治地方和特有民族最多的省份，是少数民族人口占全国第二的省份。云南的民族状况和民族关系极富特色，多年来的民族团结进步工作成效显著，不仅可以向全国示范，也完全可以向全世界示范。[①] 2006 年，云南省确立了 434 所中小学作为民族团结教育活动示范学校。[②] 2008 年以来，云南省共有 1221 所中小

---

① 肖宪：《从民族团结走向民族融合——对云南建设"民族团结进步示范区"的几点思考》，《思想战线》2012 年第 4 期。

② 今日民族编辑部：《云南省 434 所"中小学民族团结教育示范学校"挂牌》，《今日民族》2006 年第 1 期。

学被确立为民族团结教育示范学校。① 云南的民族关系是我国平等、团结、互助、和谐社会主义民族关系的一个缩影，云南10多年来持续在中小学开展的民族团结教育是我国民族团结教育工作的典型。

样本来源地为：在云南省迪庆藏族自治州、怒江傈僳族自治州、大理白族自治州、德宏傣族景颇族自治州、楚雄彝族自治州、西双版纳傣族自治州、红河哈尼族彝族自治州、文山壮族苗族自治州等8个少数民族自治州，以及保山市、临沧市、普洱市3个少数民族聚居地级市抽取了86所中小学校的小学五年级至高二年级234个班级，共10967名学生及1270名教师为研究样本。

图1-1用点标出了11个样本来源地。

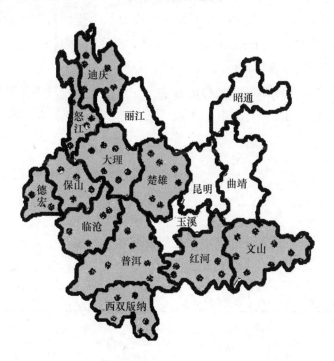

图1-1 样本来源地

---

① 罗嘉福：《在云南省学校民族团结教育行政人员和骨干教师培训会上的讲话》（http://www.ynjy.cn/chn201004051544082/article.jsp? articleId=37292809. 2012. 12. 28）。

抽样方法：

学生样本的抽取方法：由于各地情况不一，因此在抽取学生样本时，选择性地使用下面两种抽样方法：

方法一：采取分层随机整群抽样的方法（见表1-1），按照学校属性（村级小学、乡级小学、市级小学）×年级（小学五、六年级，初中七、八、九年级，高一、二年级）×学校学生的民族构成情况（即当地某种少数民族学生占绝大多数的学校，汉族学生占绝大多数的学校、多民族混合学校。本书将汉族学生占绝大多数的学校，简称为汉族学校、当地某种少数民族学生占绝大多数的学校，简称为少民学校、多民族学生混合的学校，简称为混合学校），在各地州选取中小学10所左右。每所学校以班级为单位抽取学生，对班级的抽取要求是随机抽取。每个年级保证有1—2个班级，抽样人数为100—150人。

方法二：先采取随机抽样的方法，在每个地州中随机抽取1个县级市，然后在此县级市中，选取学校和学生。其余步骤与方法一相同。

表1-1　　　　　　　　　　抽样标准

	小学（五、六年级）			初中（七、八、九年级）			高中（一、二年级）		
	汉族	少民	混合	汉族	少民	混合	汉族	少民	混合
村级	1	1	1						
乡（镇）	1	1	1	1	1	1	★	★	★
县市州	1	★	1	1	★	1	1	★	1

注：★代表如果有这类学校，就调查，如果无，就不做调查。

教师样本的抽取方法：要求每所被调查的学校中，完成学生问卷的班级的班主任、担任《民族团结教育》课程的教师、政治课或思想品德课教师、学校认为与学生民族团结教育教学有关的其他教师、工作人员、领导等完成教师问卷。

分别在 11 个地州抽取了中学 47 所，小学 39 所，高一年级 24 个班，高二年级 23 个班，初一 44 个班，初二 48 个班，初三 5 个班（来自保山、德宏、文山），小学五年级 47 个班，小学六年级 48 个班，共 239 个班级。共发放问卷 14063 份，回收问卷 12142 份。剔除无效问卷（无效问卷情况有：部分问卷装订失误，数据无法使用；问卷缺失项目多；规律性做答问卷等），有效问卷数量为 10967 份。问卷有效率为 90.3%。具体情况见表 1-2。

表 1-2 　　　　11 个地州抽取的学校及各年级的班级数目

地州名称	学校（所）		各年级班级数（个）						发放问卷（份）	回收问卷（份）
	中学	小学	高一	高二	初一	初二	小五	小六		
楚雄	4	3	4	4	4	4	4	4	1210	1095
红河	4	4	1	1	5	6	8	8	1380	1170
文山	3	3	1	1	2	2	4	4	745	726
西双版纳	3	2	2	2	4	4	3	2	1000	950
大理	6	3	2	2	4	4	4	6	1000	785
德宏	5	3			3	4	4	4	1028	773
怒江	5	4	1	1	7	7	4	4	1380	1179
迪庆	7	4	5	5	5	5	5	5	1460	1301
普洱	3	3	2	2	4	4	5	5	1080	743
保山	7	8	3	3	8	8	8	8	2310	2024
临沧	4	6	3	3	4	4	6	6	1470	1396
合计	47	39	24	23	44	48	47	48	14063	12142

学生所属的地州：10967 名学生中，楚雄学生 1094 人，占 10%；红河 1168 人，占 10.7%；文山 225 人，占 2.1%；西双版纳 940 人，占 8.6%；大理 782 人，占 7.1%；德宏 775 人，占 7.1%；怒江 823 人，占 7.5%；迪庆 1301 人，占 11.9%；普洱 742 人，占 6.8%；保山 1703 人，占 15.5%；临沧 1414 人，占 12.9%。见图 1-2。

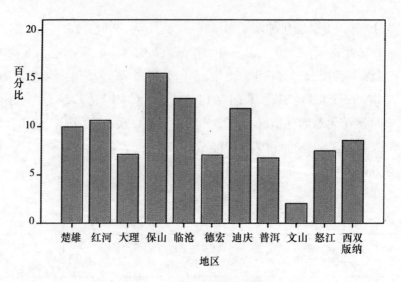

图 1-2　学生所属地州情况

学校类别：来自村小的学生 1247 人，占 11.4%；乡小 1611 人，占 14.7%；县小 1634 人，占 15%；乡中 2411 人，占 22.1%；县中 3939 人，占 36.1%；民办中学 84 人，占 0.8%；未填写学校类别的人数为 41 人，占 0.4%。见图 1-3。

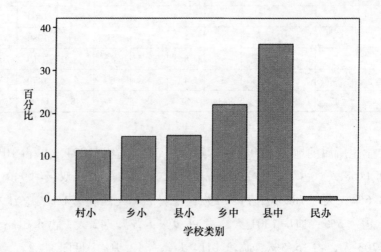

图 1-3　学生所属的学校类别

性别情况：男生4881，占45.6%；女生5827人，占54.4%；性别缺失值为259人，占2.4%。

年级情况：小学五年级学生2222人，占20.3%；六年级2116人，占19.3%；初一2267人，20.7%；初二2023人，占18.4%；初三265人，占2.4%；高一1104人，占10.1%；高二961人，占8.8%；缺失值9人，占0.1%。见图1-4。

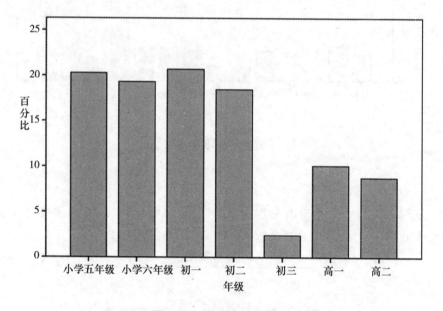

图1-4 学生的年级情况

民族类别：汉族学生4419人，占40.3%；彝族，884人，占8.1%；藏族824人，占7.5%；佤族830人，占7.6%；傈僳族780人，占7.1%；白族765人，占7.0%；傣族658人，占6.0%；壮族381人，占3.5%；哈尼族345人，占3.1%；苗族245人，占2.2%；纳西族178人，占1.6%；回族135人，占1.2%；瑶族100人，占0.9%。其他民族（包括景颇族69人、阿昌族60人、布朗族、布依族、基诺族、拉祜族等）423人，占3.9%。见图1-5。

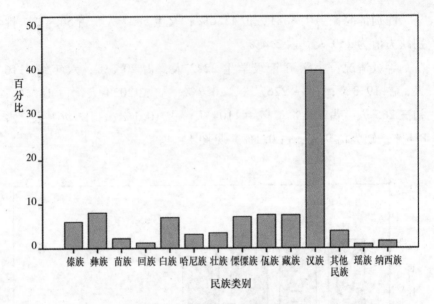

图1-5 学生的民族类别情况

来自三类民族环境的学生情况：来自汉族学校的学生为3565人，占32.6%；少民学校的学生为3784人，占34.6%；混合学校学生3576人，占32.7%；缺失值42人，占0.4%。见图1-6。

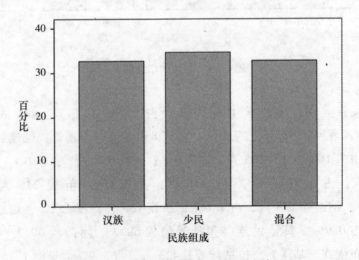

图1-6 来自三类民族环境的学生情况

共有 1271 名教师参与了此次调查。所属地州情况：楚雄教师 96 人，占 7.6%；红河 415 人，占 32.7%；文山 41 人，占 3.2%；西双版纳 39 人，占 3.1%；大理 81 人，占 6.4%；德宏 134 人，占 10.5%；怒江 38 人，占 3.0%；迪庆 190 人，占 14.9%；保山 94 人，占 7.4%；临沧 143 人，占 11.3%。任教学校类别：来自村小的教师 178 人，占 14.0%；乡小 260 人，占 20.5%；县小 165 人，占 13.0%；乡中 214 人，占 16.8%；县级初中 197 人，占 15.5%；县级高中 254 人，占 20.0%。[①] 任教年级情况：任教年级中，部分教师同时教授 2 个年级，统计时采取任选其中一个年级的方式。小学五年级教师 304 人，占 23.9%；六年级 252 人，占 19.8%；初一 160 人，12.6%；初二 162 人，占 12.7%；初三 119 人，占 9.4%；高一 149 人，占 11.7%；高二 101 人，占 7.9%。

性别情况：男教师 436 人，占 36.4%；女教师 788 人，占 62%。女教师占大多数。

20—29 岁 341 人，占 26.8%；30—39 岁 539 人，占 42.4%；40—49 岁 328 人，占 25.8%；50—59 岁 55 人，占 4.3%。30—39 岁教师占多数，50—59 岁教师很少。

教师的民族类别：参与调查的教师有汉、彝、藏族、哈尼、白、壮、傣、纳西、苗、傈僳、佤、回、景颇、瑶、其他（阿昌族 6 人、德昂族 1 人、普米族 2 人、拉祜 4 人、布朗族 1 人、布依 1 人、基诺 1 人）共有 21 种民族。汉族教师占多数。彝族、藏族、哈尼、白族教师也相对多。汉族教师占多数的情况与实情相符，但少数民族教师所占比例可能与抽样有关，也与某种少数民族总人口数量及担任教师的人数多寡有关。

教师的学科方向中，汉语言文学的最多，389 人，占 30.6%；其次是思想品德、思想政治、历史和地理三门学科的教师，323 人，占 25.4%；第三为数学，272 人，占 21.4%。理化科（包括物理、化

---

① 教师人口学资料报告的数据不含缺失值。

学、计算机、科学）91 人，占 7.2%；英语 83 人，占 6.5%；艺术 38 人，占 3%；体育 22 人，占 1.7%；生物 11 人，占 0.9%。有 42 名教师未填写自己的学科方向。

担任课程及班主任情况：1271 名教师中，只有 169 名承担了民族团结教育课程，占 13.3%；1102 人未承担此课程，占 86.5%。

担任班主任的有 676 人，占 53.2%；未担任的 594 人，占 46.7%。

来自三类民族环境的教师情况：来自汉族学校的教师 242 人，占 19.0%；少民学校教师 642 人，占 50.5%；混合学校教师 383 人，占 30.1%。

（二）研究工具

本书使用到的研究方法有问卷调查法、访谈法、心理历史法、故事测试法、观察法等。其中，以问卷调查方法为主。涉及的测量工具是：

（1）学生问卷。包括民族团结教育知识记忆问卷（自编）、民族团结教育活动问卷（自编）、青少年民族社会化问卷（修订）、青少年民族认同问卷（修订）、青少年民族交往行为问卷（自编）、青少年民族间冲突行为问卷（自编）6 个问卷。

（2）教师问卷。问卷包括学校实施民族团结教育的措施及功能评估、学校民族团结教育教学内容、学校开展的民族团结教育活动、学校民族团结教育的考核方式、开展民族团结教育的困难五方面内容。

3. 统计处理

用 SPSS 16.0 进行数据管理和各项统计分析。验证性因素分析采用统计软件 AMOS 16.0。

第二章

云南省青少年民族团结
教育的整体状况

一 青少年民族团结教育现状问卷的编制

（一）问卷编制的思路及过程

学校民族团结教育的开展涉及学校该项教育教学目标的设置、课程及相关活动的内容、时间、人力、物力等安排、学校育人环境建设、师资力量的准备等。因此，遵循问卷编制的科学方法，编制出既符合教育心理测量学要求，又真正反映中小学民族团结教育开展情况的问卷，是能否客观、科学地反映中小学民族团结教育现状的关键。

编制民族团结教育整体状况调查问卷，其目的在于能够通过此问卷全面地、科学地反映中小学开展此项教育的情况。问卷编制的思路是：以国家民族团结教育课程标准为主要理论依据，根据课题组2008年至2009年采用开放式问卷和访谈结合的方法，对云南省楚雄、红河、大理、德宏、保山、临沧共六个多民族聚居地区的90所中小学开展民族团结教育的情况进行的调查结果，设置问卷的内容、维度和条目。然后，通过对问卷的预测初步审视问卷维度和条目的合理性。最后，综合理论分析、访谈和预测问卷的结果，修改问卷维度的理论预设，确定正式问卷。

在问卷编制的过程中，首先分析并参考2008年至2009年课题组设置的开放式调查问卷及结果。

开放式问卷的内容。第一，目标（计划）设置方面的问题如下：（1）学校的教育教学目标中是否有对民族团结教育的安排？① 如果有，为什么要设置此目标？② 这一目标具体体现在学校的什么规定和安排上？请给予具体的描述。③ 此目标的落实情况如何？④ 如果没有设置该目标，原因是什么？

第二，课程方面的问题如下：（1）学校是否开设了民族团结教育的课程？为什么开设？如果没有开设，原因是什么？（2）所开设的民族团结教育的课程名称是什么？在哪些年级开设？开设几个学期？有多少课时？由什么教师承担这方面的课程？（3）课程所使用的教材或资料的名称是什么？编写者及编写单位？课程内容涉及了哪些方面？（3）对这类课程学校是如何考核其教学效果的？

第三，活动方面的问题如下：学校近 3 年来是否组织过民族团结教育方面的活动？如果有组织过，组织过多少次？这些活动的名称是什么？以什么方式开展的？效果如何？

第四，学校有无开展民族团结教育的典型事例或体现民族团结的典型案例？如果有，请描述事例的时间、地点、人物、原因、经过、结果。

第五，为了使不同民族的学生和睦相处，学校有些什么考虑？采取了哪些措施和做法？

开放式调查结果发现，所考查 90 所中小学中，有 65%—77% 的村小、乡小、县小设置了民族团结教育的目标；80% 以上小学设置了相应课程；小学开展民族团结教育活动的比例为 59%—77%。无论是乡（镇）初中还是县市级中学，有目标设置、课程和活动的学校，都远远少于小学。调查的 40 所中学中，有目标设置的学校为 15%，低于小学 55 个百分点，开设课程的学校为 28%，低于小学 54 个百分点，开展了活动的学校为 40%，低于小学 24 个百分点。①

---

① 数据来源于尹绍清、尹可丽《云南中小学民族团结教育现状调查研究》，《大理学院学报》2011 年第 7 期。

学校在教育教学目标中设置民族团结教育的目标或计划的原因主要有两个方面：为了增进民族团结而开设；根据上级主管部门的安排，设置目标。没有设置民族团结教育目标，其原因是：没有时间；上级没有具体教学任务安排及考核评价的标准；学校所在的区域没有突出的民族冲突和矛盾。

活动开展的形式方面，主要包括：组织学生参与节日活动、利用家乡的风土人情、历史文化对学生进行民族团结教育；开展各种文体活动、开展各种知识性活动，以促进学生对国家民族政策、宗教政策知识的掌握等。

在考核评价方面，由于民族团结教育是一项长期性教育，多数受访者认为对学生此项教育的学习结果很难评价，很多学校都没有具体的考核标准。但是，一些学校还是想方设法，采取各种形式对学生的学习效果进行评价。对学生的评价方式大致有如下几种：常规课程考试，主要以思想品德课测评等为主；知识竞赛；问卷调查学生对课程的喜爱程度、谈学习体会等。有的学校将学生在生活中尊重其他民族同学生活习惯、宗教信仰情况纳入学校对班级的年终量化考核等。

（二）正式问卷的编制

参照前期研究结果，正式调查设置的学校民族团结教育问卷分为教师问卷和学生问卷两类。

教师问卷（问卷见附录一）分为六个部分：第一部分调查教师所在学校民族团结教育的需求、措施及作用等情况；第二部分调查教师对学生进行民族团结教育教学的内容；第三部分调查学校开展民族团结教育活动的情况；第四部分调查班级对学生学习民族团结教育的考核情况；第五部分调查教师在开展民族团结教育时遇到的问题和困难；第六部分调查从事此项教师的师资情况。

学生问卷分为两个部分（问卷见附录二）：第一部分调查学生在学校学习的民族团结教育教学的内容；第二部分调查学生参加学校开

展的民族团结教育活动的情况。学生问卷设置的题项与教师问卷的第二、第三部分题项完全相同。

（三）被试

通过 QQ 在线聊天工具，向 23 名德宏州的教师发放了教师初始问卷，征求他们对问卷条目的看法和意见。根据这些意见对问卷进行了修改。共有 1271 名教师参加了正式问卷的调查。1271 名教师的人口学变量情况见第一章。

（四）统计处理

用 SPSS 16.0 进行数据管理和探索性因素分析。

（五）结果

根据研究需要，对教师问卷的第一部分、第二部分和第三部分进行了项目分析、因素分析和信度分析。

1. 学校民族团结教育实施情况问卷的效度及信度分析

此部分问卷要求教师评价 20 个项目是否符合所属学校 2010 年 9 月至 2011 年 11 月这段时间的情况，在相应的数字打上"√"。数字"1、2、3、4、5"分别代表"很符合、比较符合、不清楚、不太符合、很不符合"。

采用临界比值法分析题项的鉴别力。将全部有效被试的总分按从高到低的顺序排列，得分前 27% 者为高分组，得分后 27% 者为低分组。对高低两组被试在每题得分的平均数进行差异显著性检验。20 个题项的临界比率值均达到 0.001 以上的显著性水平，说明 20 个项目的鉴别力良好。

探索性因素分析结果：用 1271 名教师的数据进行探索性因素分析。分析方法为主成分分析法，因子旋转方式为正交旋转。问卷的 KMO 值为 0.93，Bartlett 球度检验值 $\chi^2 = 1088.00$，$df = 190$，$p < 0.001$。根据项目载荷表，对满足以下三个标准中任何一个的项

目进行删除①：（1）项目载荷过低：项目的最大载荷＜0.40。（2）交叉载荷过高：最大的两个交叉载荷绝对值均≥0.40。（3）交叉载荷过于接近：最大的两个交叉载荷绝对值之差＜0.10。删除项目9、10、19后再进行探索，问卷的取样适当性 KMO 值为0.91，Bartlett 球度检验值 $\chi^2 =$ 8744.00，$df = 136$，$p < 0.001$。得到3个特征根大于1的公因子，一共能够解释56.18%的变异。3个因素结构清晰，各项目均在相应因素上具有较大载荷，处于0.51—0.79之间。命名因子1为"措施"，因子2为"作用"，因子3为"需求"。因素分析摘要结果见表2-1。

表2-1　　　学校民族团结教育总体情况问卷因素分析摘要

题号	项目内容	措施	作用	需求	共同度
N11	对民族团结教育课程有明确的安排	0.79	0.22	0.08	0.68
N12	对民族团结教育的活动有明确的安排	0.77	0.29	0.11	0.69
N14	分班时事先考虑各民族学生的人数分布情况	0.74	0.17	0.10	0.58
N15	班主任在安排座位或宿舍时考虑不同民族学生的交叉	0.70	0.18	0.17	0.56
N13	要求教师在合适的教学内容中有意识地对学生进行民族团结教育	0.67	0.37	−0.01	0.59
N16	教师间讨论如何解决少数民族学生存在的问题	0.61	0.36	0.12	0.51
N18	要求教师掌握各民族学生的需要或特点	0.51	0.39	0.06	0.42
N118	进行的民族团结教育增进了各民族学生沟通交流	0.27	0.75	0.01	0.64
N116	进行的民族团结教育促进了当地汉文化与少数民族文化的交流	0.19	0.75	0.02	0.60
N114	开展的民族团结教育对当地社会的稳定起到了积极作用	0.15	0.72	0.07	0.55
N120	开展的民族团结教育加强了学生的爱国意识	0.33	0.65	0.07	0.53
N117	教师之间交流少数民族学生的学习或生活情况	0.32	0.63	0.08	0.51
N112	开展的民族团结教育提高了少数民族学生的学习兴趣	0.35	0.59	0.11	0.48
N115	绝大多数学生是某种少数民族，不存在民族之间不团结问题，因此开展民族团结教育的需求性不高	0.06	−0.07	0.79	0.63

---

① 本书凡涉及探索性因素分析的项目删除标准，都采用此标准。

续表

题号	项目内容	措施	作用	需求	共同度
N113	学生绝大多数是汉族，开展民族团结教育的需求不强	0.09	0.02	0.77	0.61
N111	上级主管部门没有对学校的民族团结教育工作做出要求	0.07	0.17	0.70	0.52
N17	各民族学生已和睦相处，开展民族团结教育的需求不高	0.12	0.09	0.67	0.48
旋转后特征值		3.83	3.46	2.25	——
贡献率（%）		22.54	20.38	13.26	——

信度分析结果：学校民族团结教育实施情况问卷总的 *Cronbach* α 系数为 0.88，措施、作用、需求三个因子的 α 系数分别为 0.87、0.83、0.73。

2. 民族团结教育教学内容问卷的效度及信度分析

此部分列出了教师在教育教学中可能涉及的与民族团结教育有关的内容。

表 2 - 2　　　　民族团结教育教学内容问卷因素分析摘要

题号		项目内容	民族政策理论	本地民族常识	中华各民族常识	共同度
N2336		党和国家民族政策的优越性	0.81	0.18	0.22	0.74
N2337		公民的权利和义务	0.80	0.17	0.19	0.71
N2338		治安管理处罚法等有关法律法规	0.79	0.24	0.16	0.71
N2334	民族政策与理论	中国共产党关于民族问题的基本理论	0.78	0.25	0.22	0.72
N2333		中国民族政策的基本内容	0.77	0.23	0.28	0.72
N2339		如何依法维权	0.77	0.23	0.17	0.67
N2332		促进民族团结、维护国家统一、反对民族分裂的必要性	0.76	0.16	0.24	0.67
N2335		中华民的历史演变、现状及特点	0.72	0.26	0.33	0.69
N2331		中国各民族"平等、团结、互助、和谐"的关系	0.71	0.15	0.20	0.57

续表

题号		项目内容	民族政策理论	本地民族常识	中华各民族常识	共同度
N2312	本地主体少数民族	著名历史人物	0.13	0.72	0.23	0.59
N2311		重大历史事件	0.17	0.71	0.24	0.59
N2314		宗教信仰	0.17	0.69	0.28	0.58
N2315		生活习俗（包括禁忌）	0.20	0.68	0.25	0.57
N2313		节日	0.20	0.65	0.14	0.48
N2316		音乐、舞蹈及美术等艺术形式	0.24	0.64	0.25	0.53
N2318		语言文字	0.17	0.63	0.34	0.55
N2317		社会经济文化的发展变化	0.28	0.58	0.35	0.54
N2319		分布区域和人口	0.31	0.58	0.28	0.51
N2326	本地主体少数民族之外的中华各民族	文化艺术、科技等方面的成就	0.29	0.29	0.75	0.73
N2327		社会经济文化的发展变化	0.32	0.29	0.73	0.71
N2325		生活习俗（包括禁忌）	0.28	0.37	0.72	0.73
N2324		宗教信仰	0.23	0.39	0.71	0.71
N2328		语言文字	0.22	0.33	0.69	0.63
N2323		节日	0.34	0.28	0.66	0.62
N2321		有关国家统一、民族团结的重大历史事件	0.26	0.37	0.61	0.58
旋转后特征值			6.27	5.06	4.51	—
贡献率（%）			25.09	20.22	18.05	—

　　问卷要求教师判断自己向学生谈到这些内容的次数。问卷有27个项目，次数分为：无、很少、少、较少、较多、多、很多，共7个等级。项目分析结果：27个题项的得分与总分的相关系数在0.58—0.77之间，都达到了0.001以上的显著性水平，说明27个项目的鉴别力良好。

　　探索性因素分析结果：用1271人的数据进行探索性因素分析。分析方法为主成分分析法。因子旋转方式为正交旋转。问卷的KMO值为0.95，Bartlett球度检验值$\chi^2 = 2568.00$，$df = 351$，$p < 0.001$。

根据项目载荷表和删除标准，删除了项目 N2322、N2329。之后再次探索，问卷的取样适当性 KMO 值为 0.95，Bartlett 球度检验值 χ^2 = 2312.00，$df = 300$，$p < 0.001$。得到 3 个特征根大于 1 的公因子，一共能够解释 63.36% 的变异。3 个因素结构清晰，各项目均在相应因素上具有较大载荷，处于 0.58—0.81 之间。命名因子 1 为"民族政策与理论"，因子 2 为"本地民族常识"，因子 3 为"中华各民族常识"。因素分析摘要结果见表 2-2。

本地民族常识、中华各民族常识、民族政策与理论三个因子的得分与该问卷总分的相关为 0.88、0.90、0.86。本地因子与中华因子、政策因子的相关为 0.75、0.58；中华因子与政策因子的相关为 0.64。

信度分析结果：学校民族团结教育总体情况问卷总的 $Cronbach\ \alpha$ 系数为 0.95，民族政策与理论、本地民族常识、中华各民族常识三个因子的 α 系数分别为 0.94、0.89、0.92。

3. 民族团结教育活动问卷的效度及信度分析

此部分问卷列出了中小学常开展的一些民族团结教育活动。请教师勾选出任教班级学生 2010 年 9 月至 2011 年 11 月，参与这些活动的次数。问卷有 12 个项目和一个开放式问题。12 个题项的备选次数从 0 次、1 次、2 次、3 次、4 次以上，共 5 个类别。1 个开放式问题请被试对其认为未列出的活动方式做补充。

项目分析结果：12 个题项的得分与总分的相关系数在 0.58—0.78 之间，都达到了 0.001 以上的显著性水平，说明 12 个项目的鉴别力良好。

探索性因素分析结果：用 1271 名教师的数据进行探索性因素分析。分析方法为主成分分析法。因学校开展的民族团结教育活动既包含有知识方面的信息传递，又包含有让学生体验民族文化、产生民族情感的信息，因此，因子旋转方式为斜交旋转。问卷的 KMO 值为 0.92，Bartlett 球度检验值 $\chi^2 = 7633.00$，$df = 66$，$p < 0.001$。得到 2 个特征根大于 1 的公因子，一共能够解释 60.99% 的变异。2 个因素结构清晰，各项目均在相应因素上具有较大载荷，处于 0.42—0.95

之间。命名因子 1 为"知识学习活动"，因子 2 为"体验学习活动"。因素分析摘要结果见表 2－3。

表 2－3　　　　民族团结教育活动问卷因素分析摘要

题号	项目内容	知识学习活动	体验学习活动	共同度
N32	听广播站宣传民族团结知识	0.95	－ 0.24	0.69
N31	观看黑板报宣传的民族团结知识	0.86	－ 0.15	0.61
N33	参加民族团结的主题班会或班队会	0.85	－ 0.09	0.65
N34	听民族文化、宗教政策知识讲座	0.72	0.15	0.66
N36	参加爱我中华、知我中华的读书演讲系列活动	0.67	0.17	0.61
N35	参加民族知识竞赛活动	0.66	0.21	0.64
N37	调查家乡各民族的巨大变化	0.62	0.22	0.58
N310	参加民族歌舞文艺活动	－ 0.10	0.87	0.66
N311	跳课间民族健身操	－ 0.15	0.83	0.57
N39	参加民族节日活动	－ 0.02	0.78	0.60
N312	参加各民族学生结对帮扶手拉手活动	0.23	0.59	0.56
N38	参观民族团结教育基地，如纪念馆、博物馆等	0.31	0.42	0.49
旋转后特征值		5.45	4.43	—
贡献率（％）		49.61	11.39	—

信度分析结果：学校民族团结教育活动问卷总的 $Cronbach\ \alpha$ 系数为 0.91，知识学习活动、体验学习活动二个因子的 α 系数分别为 0.90、0.80。

4. 民族团结教育考核方式问卷的效度和信度分析

问卷的第四部分列出了民族团结教育的六种考核方式。要求教师判断这些情况是否符合 2010 年 9 月至 2011 年 11 月，其所任教班级对学生学习民族团结教育的考核方式。此部分有 6 个题项和 1 个开放式问题。6 个题项备选的符合程度分为很不符合、不太符合、不清楚、比较符合、很符合五类。1 个开放式问题请被试对其认为未列出的考核方式做补充。

项目分析结果：6 个题项的得分与总分的相关系数在 0.66—0.78

之间，都达到了 0.001 以上的显著性水平，说明 6 个项目的鉴别力良好。

探索性因素分析结果：用 1271 人的数据进行探索性因素分析。分析方法为主成分分析法。因子旋转方式为正交旋转。问卷的 KMO 值为 0.81，Bartlett 球度检验值 $\chi^2 = 3170.00$，$df = 15$，$p < 0.001$。得到 2 个特征根大于 1 的公因子，一共能够解释 73.39% 的变异。2 个因素结构清晰，各项目均在相应因素上具有较大载荷，处于 0.79—0.88 之间。命名因子 1 为"操行考核"，因子 2 为"知识考核"。因素分析摘要结果见表 2 - 4。

表 2 - 4　　　　　　民族团结教育考核问卷因素分析摘要

题号	项目内容	操行考核	知识考核	共同度
N46	将学生在生活中尊重其他民族同学的生活习惯、宗教信仰情况纳入班级对学生的操行考核	0.88	0.21	0.74
N47	将各族学生是否团结友爱，互帮互助纳入班级对学生的操行考核	0.83	0.16	0.81
N45	将学生在生活中尊重其他民族同学的生活习惯、宗教信仰情况纳入学校对班级的年终量化考核	0.79	0.35	0.72
N42	采用期末笔试的方法考核学生对相关知识的学习效果	0.12	0.84	0.71
N43	采用口头回答的方式考核学生对相关知识的学习效果	0.33	0.79	0.73
N44	采用问卷调查的方法考核学生对相关课程或活动的态度	0.25	0.79	0.68
旋转后特征值		2.27	2.13	—
贡献率（%）		37.87	35.52	—

信度分析结果：学校民族团结教育考核问卷总的 Cronbach α 系数为 0.82，操行考核、知识考核二个因子的 α 系数分别为 0.82、0.74。

5. 开展民族团结教育存在的困难问卷信度分析

此部分问卷设置了 9 个题项和 1 个开放式问题反映教师在开展民族团结教育中存在的问题和困难。9 个题项的备选符合程度分为很不符合、不太符合、不清楚、比较符合、很符合五类。1 个开放式问题请被试对其认为未列出的问题或困难做补充。

由于探索性因素分析仅析出 1 个因子，所以本部分问卷仅报告 9 个题项的信度。该部分问卷的 *Cronbach α* 系数为 0.91。

6. 对问卷编制结果的讨论

为了科学地分析云南中小学开展民族团结教育的整体状况，本课题组编制了由民族团结教育实施情况、教育教学内容、活动方式、考核方式、存在问题和困难、师资的人口学变量六个部分组成的问卷。这些问卷是否能够考察到研究者试图反映的问题，采用这些问卷收集到的数据是否可靠，即这些问卷的效度和信度如何，是需要首先回答的问题。

在对问卷编制的质量进行分析时，本书采用以下推荐指标来检查问卷的质量：（1）项目分析。该分析是探究高低分的受试者在每个题项的差异或进行题项间同质性检验，其主要目的在于检验编制量表或测验个别题项的适切或可靠程度。采用临界比值法时，如果高低分受试在题项上不存在显著性差异，可以考虑删除该题项。采用同质性检验时，如果问卷总分与问卷题项得分的相关低于 0.40，可以考虑删除该题。（2）建构效度分析。建构效度指态度量表能够测量理论的概念或特质的程度。探索性因素分析是检验量表建构效度的一种常用方法，其目的在于找出量表潜在的结构，减少题项的数目，使之变为一组较少而彼此相关较大的变量。所萃取的共同因素累积解释率能达到 60% 以上就表示共同因素是可靠的，若是在 50% 以上，因素分析结果也是可以接受的。（3）信度分析。信度是指测验或量表工具所测得结果的稳定性及一致性，量表的信度越大，则其测量标准误越小。在社会科学研究领域，量表分层面最低的内部一致性信度系数要在 0.50 以上，最好在 0.60 以上，而整份量表最低的内部一致性信度系数要在 0.70 以上，最好能高于 0.80。

民族团结教育实施情况问卷高低分组在 17 个题项的得分的差异达到了 0.001 以上的显著性水平。萃取的 3 个公因子，一共能够解释 56.18% 的变异。3 个因子结构清晰，各项目均在相应因素上具有较大载荷，处于 0.51—0.79 之间。该问卷总的 *Cronbach* α 系数为 0.88，措施、作用、需求三个因子的 α 系数分别为 0.87、0.83、0.73。

民族团结教育教学内容问卷 27 个题项的得分与总分的相关系数在 0.58—0.77 之间。萃取的 3 个公因子，一共能够解释 62.53% 的变异。3 个因素结构清晰，各项目均在相应因素上具有较大载荷，处于 0.61—0.81 之间。该问卷总的 *Cronbach* α 系数为 0.95，民族政策与理论、本地民族常识、中华各民族常识三个因子的 α 系数分别为 0.94、0.89、0.92。

民族团结教育活动问卷 12 个题项的得分与总分的相关系数在 0.58—0.78 之间。萃取的 2 个公因子，一共能够解释 60.99% 的变异。2 个因素结构清晰，各项目均在相应因素上具有较大载荷，处于 0.42—0.95 之间。该问卷总的 *Cronbach* α 系数为 0.91，知识学习活动、体验学习活动二个因子的 α 系数分别为 0.90、0.80。

民族团结教育考核方式问卷 7 个题项的得分与总分的相关系数在 0.46—0.77 之间。萃取的 2 个公因子，一共能够解释 66.64% 的变异。2 个因素结构清晰，各项目均在相应因素上具有较大载荷，处于 0.61—0.92 之间。该问卷总的 *Cronbach* α 系数为 0.82，操行考核、知识考核两个因子的 α 系数分别为 0.82、0.74。

上述四个问卷的项目分析结果、建构效度、信度都达到了推荐指标，四个问卷表现出较好的建构效度和内部一致性信度。说明这些问卷可用于探讨中小学民族团结教育问题。而"开展民族团结教育存在的困难问卷"的 9 个题项的相关性很高，反映的是同一个向度的问题，说明这 9 个项目可以使用于探讨民族团结教育存在的问题。对问卷结构效度的探讨，也是为下一步按维度分析数据，提供了实证依据。

由于学生问卷的题项设置与教师问卷的第二、第三部分题项完全相同。为了便于将教师的调研结果与学生的调研结果进行比较，此部分在统计分析时，对学生的分析也采用教师数据得到的维度进行。

二　中小学民族团结教育的需求、
　　实施及作用现状

民族团结教育课程是根据国家统一要求列入地方课程实施的重要专项教育，是学校教育的组成部分。[①] 对于这门课程，无论是教育主管部门还是研究者，都一致肯定其重要性和必要性。教育部、国家民委在 2009 年组织召开的全国中小学民族团结教育工作部署视频会议中，从四个方面描述了中小学民族团结教育的重要性：坚持用党和国家民族理论和民族政策教育青少年，为全面构建社会主义和谐社会打下坚实的思想基础。加强学校民族团结教育，自觉维护各民族的紧密团结，是中华民族核心利益的根本要求。大力推进学校民族团结教育，不断增强各民族的凝聚力和向心力，是中国特色社会主义伟大事业取得最终胜利的根本保证。不断提高学校民族团结教育的实际效果，是正确处理民族问题，防止境外渗透，大力发展"平等、团结、互助、和谐"的社会主义民族关系的长远大计。[②]

作为中小学民族团结教育的实践者，学校管理者和教师是如何看待民族团结教育重要性和必要性的呢？本课题从三个方面考察这个问题，一是对该项教育的需求性进行评估；二是对该项教育得到了何种程度的实践进行评估，即评估采取的措施；三是对已实践的教育发挥的作用进行评估。现实中存在教育需求，并且采取的教育措施发挥了积极作用，是对此项教育重要性与必要性的证据。

云南中小学民族团结教育的措施、作用及需求现状的调查结果，来自 1271 名中小学教师回答《青少年民族团结教育实施情况问卷》的结果。1271 名教师的人口学变量情况见本书第一章样本情况中的

---

① 教育部办公厅、国家民委办公厅：《关于在中小学进一步大力推进民族团结教育工作的通知》。

② 教育部办公厅、国家民委办公厅：《关于印发〈全国中小学民族团结教育工作部署视频会议纪要〉的通知》。

"教师的人口学资料"。问卷调查内容反映的时间段为 2010 年 9 月至 2011 年 11 月的情况。

(一) 需求分析

国家政府的教育行政命令和要求是学校执行和完成某项任务的政策依据，学校是否开展某项教育，也往往与主管学校的上级教育行政部门的安排和要求直接相关。因此，上级主管部门有没有对学校的民族团结教育工作做出要求，是学校对民族团结教育产生需求性的一个主要方面。另外，学校自身对此项教育是否有着内部的需求性，也是本书考察的一个方面。

1. 上级主管部门对此项教育的要求情况

问卷要求教师评估"上级主管部门没有对学校的民族团结教育工作做出要求"这一情况是否符合其所在学校的情况。为了更清晰地展示结果，研究将选项中的"很不符合"与"不太符合"合并为"不符合"；将"比较符合"与"很符合"两项合并为"符合"（以下各题统计处理情况与此相同）。结果发现，1270 名教师中，有 336 人，占 26.5% 认为不符合实际情况；360 人，占 28.3% 认为自己不清楚情况；574 人，占 45.2% 认为符合实际情况。

表 2－5 是各级学校对教育主管部门是否对民族团结教育提出了要求的反映。村级小学、乡镇小学、县市小学、乡镇初中、县市初中、县市高中六类学校的教师对此问题的看法存在显著性差异（$\chi^2 = 47.37$, $df = 10$, $p < 0.001$）。县市初中的教师认为上级主管部门对学校提出了民族团结教育的要求的人数最多，占 33.5%，不清楚的人数也最多，占 40.6%。三类小学的教师都有 50% 以上的人认为上级主管部门未要求开展民族团结教育，乡（镇）初中、县市高中的教师也有 40% 以上的人这样认为。

表2-5 上级主管部门对各级学校的民族团结教育的要求 （人数/百分比）

	村小	乡小	县小	乡初中	县初中	县高中
不符合	43（24.2）	64（24.7）	40（24.2）	56（26.2）	66（33.5）	66（26.0）
不清楚	40（22.5）	62（23.9）	35（21.2）	63（29.4）	80（40.6）	79（31.1）
符合	95（53.4）	133（51.4）	90（54.5）	95（44.4）	51（25.9）	109（42.9）

注：括号内数据为百分比，全书表格中涉及百分比均置于括号内。

根据学校学生民族组成情况将学校分为汉族学生占绝大多数学校（汉族学校）、少数民族学生占绝大多数学校（少民学校）、多种少数民族学生与汉族学生组成的学校（混合学校）三类。参与此次调查的汉族学校的教师有242名，少民学校的教师641名，混合学校的教师383名。

表2-6是三类学校对教育主管部门是否对民族团结教育提出了要求的反映。三类学校教师对此问题的看法存在着显著性差异（$\chi^2 = 10.56$，$df = 4$，$p < 0.05$）。混合学校的教师认为上级主管部门对学校提出了民族团结教育的要求的人数最多，占32.1%，超过其他两类学校约8个百分点。该类学校不能确定此情况的人数百分比、认为上级主管部门没有对学校提出此项要求的人数百分比在三类学校中也最低。而汉族学校教师认为上级主管部门没有对此项教育提出要求的人数百分比最高。

表2-6 上级主管部门对不同民族组成学校的民族团结
教育的要求 （人数/百分比）

	汉族学校	少民学校	混合学校
不符合	57（23.6）	156（24.3）	123（32.1）
不清楚	65（26.9）	196（30.6）	98（25.6）
符合	120（49.6）	289（45.1）	162（42.3）

2. 汉族学生多的学校对民族团结教育的需求

问卷题目是"贵校绝大多数学生是汉族，开展民族团结的需求性不强"。242 名汉族学校的教师对此问题的选择结果是：67 人，占 27.7% 认为这一状况不符合学校情况；20 人，占 8.3% 不能确定；155 人，占 64% 认为符合学校的情况。

3. 少数民族学生多的学校对民族团结教育的需求

问卷题目是"贵校绝大多数学生是某种少数民族，不存在民族之间不团结问题，因此开展民族团结教育的需求性不高"。641 名少民学校的教师对此问题的选择结果是：229 人，占 35.7% 认为这一状况不符合学校情况；99 人，占 15.4% 不能确定；313 人，占 48.8% 认为符合学校的情况。

4. 混合类学校对民族团结教育的需求

问卷题目是"贵校各民族学生已和睦相处，开展民族团结教育的需求性不高"。383 名教师对此问题的选择结果是：130 人，占 34% 认为这一状况不符合学校的情况；47 人，占 12.3% 不能确定；205 人，占 53.7%，认为符合学校的情况。

（二）实施措施分析

民族团结教育在学校的实施有显性与隐性两个层面。学校为学生提供的教育，不只有显性层面的教育，比如明确规定的课程科目、教学内容，明确计划的实践活动、专题教育活动等，还包括隐性层面的教育，比如校园文化建设、班级文化建设、师生、生生人际关系建设等。

前述因素分析获得的 7 个题项组成的实施措施，从题项内容来看，在显性实施层面，表现在对课程、活动的安排、对教学内容的安排；在隐性层面，表现在学校在分班时考虑各民族学生的人数分布、班主任在安排宿舍、座位时考虑不同民族学生交叉，以营造民族学生交往、相处的时空，还表现在教师对各民族学生需求、特点的掌握，表现在教师之间对民族学生问题解决方面的信息沟通交流。

1. 不同行政类别的学校之间实施此项教育的情况

表 2 - 7 是根据学校的行政类别，比较村级、乡级和县市级三类

小学、乡（镇）初中、县市级初、高中三类中学实施此项教育的情况。

表2-7　　　　　六类学校民族团结教育实施措施的情况　　　（人数/百分比）

题项内容	选择	村小	乡小	县小	乡初中	县初中	县高中
课程有明确安排	不符合	20(11.2)	22(8.5)	20(12.1)	55(25.7)	63(32.0)	74(29.1)
	不清楚	21(11.8)	51(19.6)	28(17.0)	63(29.4)	47(23.9)	69(27.2)
	符合	137(77.0)	187(71.9)	117(70.9)	96(44.9)	87(44.2)	111(43.7)
活动有明确安排	不符合	21(11.8)	17(6.5)	21(12.8)	54(25.2)	58(29.4)	76(29.9)
	不清楚	19(10.7)	57(21.9)	18(11.0)	71(33.2)	50(25.4)	61(24.0)
	符合	138(77.5)	186(71.5)	125(76.2)	89(41.6)	89(45.2)	117(46.1)
教学内容中要求	不符合	7(3.9)	10(3.8)	8(4.9)	27(12.6)	40(20.3)	49(19.3)
	不清楚	8(4.5)	16(6.2)	10(6.1)	43(20.1)	21(10.7)	39(15.4)
	符合	163(91.6)	234(90.0)	146(89.0)	144(67.3)	136(69.0)	166(65.4)
分班考虑各民族学生人数分布	不符合	22(12.4)	33(12.7)	23(13.9)	48(22.4)	62(31.6)	72(28.3)
	不清楚	22(12.4)	57(21.9)	30(18.2)	47(22.0)	51(26.0)	67(26.4)
	符合	134(75.3)	170(65.4)	112(67.9)	119(55.6)	83(42.3)	115(45.3)
座位、宿舍考虑不同族学生交叉	不符合	30(16.9)	36(13.8)	16(9.7)	43(20.2)	63(32.1)	82(32.3)
	不清楚	19(10.7)	48(18.5)	20(12.1)	46(21.6)	42(21.4)	50(19.7)
	符合	129(72.5)	176(67.7)	129(78.2)	124(58.2)	91(46.4)	122(48.0)
要求掌握民族学生需要和特点	不符合	16(9.0)	27(10.4)	17(10.3)	27(12.6)	40(20.4)	59(23.2)
	不清楚	23(12.9)	29(11.2)	23(13.9)	44(20.6)	34(17.3)	50(19.7)
	符合	139(78.1)	204(78.5)	125(75.8)	143(66.8)	122(62.2)	145(57.1)
教师讨论民族学生的问题	不符合	28(15.7)	17(6.5)	17(10.3)	37(17.3)	51(25.9)	72(28.3)
	不清楚	28(15.7)	52(20.0)	22(13.3)	51(23.8)	39(19.8)	44(17.3)
	符合	122(68.5)	191(73.5)	126(76.4)	126(58.9)	107(54.3)	138(54.3)

表2-7数据说明，在显性教育层面，村级、乡级和县市级三类小学中，70.9%—77.5%的教师肯定学校明确安排了民族团结教育课程、安排了活动，乡（镇）初中、县市级初、高中三类中学中，41.6%—46.1%的教师肯定学校明确安排了该项教育的课程、安排了

活动。六类学校的教师在该课程的安排上反映出的状况存在显著性差异（$\chi^2 = 123.50$，$df = 10$，$p < 0.001$），在活动安排上反映的状况存在显著性差异（$\chi^2 = 143.1$，$df = 10$，$p < 0.001$）。三类小学有89%—91.6%的教师、三类中学有65.4%—69%的教师肯定学校要求教师有意识地在合适的教学内容中开展民族团结教育，六类学校的教师在此项安排上反映的状况存在显著性差异（$\chi^2 = 116.0$，$df = 10$，$p < 0.001$）。

在隐性教育层面，三类小学有65.4%—78.2%的教师、三类中学有42.3%—58.2%的教师反映学校在分班、安排座位、宿舍时，考虑了各民族学生人数的分布问题，六类学校教师在学校分班是否考虑不同民族学生人数的分布上存在显著性差异（$\chi^2 = 79.21$，$df = 10$，$p < 0.001$），在安排座位、宿舍时是否考虑各族学生交叉的情况上存在显著性差异（$\chi^2 = 83.84$，$df = 10$，$p < 0.001$）。三类小学有75.8%—78.5%的教师、三类中学有57.1%—66.8%的教师反映学校要求教师掌握少数民族学生的需要和特点，六类学校教师在学校是否有此项要求上存在显著性差异（$\chi^2 = 70.73$，$df = 10$，$p < 0.001$）。三类小学有68.5%—76.4%的教师、三类中学有54.3%—58.9%的教师反映教师之间会讨论如何解决少数民族学生存在的问题，六类学校教师对此情况的反映存在显著性差异（$\chi^2 = 50.64$，$df = 10$，$p < 0.001$）。

2. 根据学生的民族组成情况比较不同学校实施此项教育的情况

从显性教育层面来看，汉族、少民、混合三类学校教师肯定学校对课程、活动有明确安排的人数超过了55%，其中混合类学校教师做出肯定回答的人数最多，达到65%以上。对教学内容中有意识地开展民族团结教育，三类学校的教师做出肯定回答的人数在74.1%—84.1%之间，其中混合类学校教师做出肯定回答的人数最多。三类学校的教师在民族团结教育课程、活动和教学内容的实施方面的看法差异十分显著。具体数据见表2-8。

从隐性教育层面来看，无论是分班，还是座位、宿舍的安排，三类学校教师认为学校、班主任能考虑到学生民族人数分布问题的人数在54.8%—62.3%。在掌握少数民族学生需要、特点，教师之间交流少数民族学生问题的解决等方面，三类学校教师的肯定回答人数在62.7%—69.4%。三类学校除了在分班时考虑民族学生人数问题上存在显著性差异，其余方面都没有显著性差异。

（三）作用分析

前述因素分析结果得到6个反映民族团结教育作用的题项。对学生起到的作用表现在增进了各族学生的沟通交流，加强了学生的爱国意识，提高了少数民族学生的学习兴趣三个方面；对教师的作用表现在增强了教师之间对少数民族学生学习或生活情况的交流；对当地的作用表现在促进了当地汉文化与少数民族文化的交流，对当地社会的稳定发挥了积极作用两个方面。

表2-8　　　汉、少、混三类学校民族团结教育实施措施的情况 （人数/百分比）

项目摘要	不符合			不清楚			符合			χ^2
	汉	少	混	汉	少	混	汉	少	混	
课程安排	61 (25.2)	129 (20.1)	64 (16.7)	47 (19.4)	162 (25.2)	70 (18.3)	134 (55.4)	351 (54.7)	249 (65.0)	16.30***
活动安排	58 (24.1)	129 (20.1)	60 (15.7)	48 (19.9)	162 (25.2)	65 (17.0)	135 (56.0)	351 (54.7)	258 (67.4)	20.52***
教学内容	25 (10.4)	77 (12.0)	38 (9.9)	25 (10.4)	89 (13.9)	23 (6.0)	191 (79.3)	476 (74.1)	322 (84.1)	17.88***
分班考虑	55 (22.7)	145 (22.6)	60 (15.7)	44 (18.2)	145 (22.6)	84 (22.0)	143 (59.1)	352 (54.8)	238 (62.3)	10.23*
座位宿舍	51 (21.2)	141 (22.0)	77 (20.2)	43 (17.8)	113 (17.6)	69 (18.1)	147 (61.0)	388 (60.4)	236 (61.8)	0.47
学生需要	32 (13.2)	97 (15.1)	57 (14.9)	41 (16.9)	101 (15.7)	60 (15.7)	169 (69.8)	444 (69.2)	265 (69.4)	0.64
学生问题	45 (18.6)	101 (15.7)	76 (19.8)	44 (18.2)	125 (19.5)	67 (17.5)	153 (63.2)	416 (64.8)	240 (62.7)	3.24

注：*** 表示 $p < 0.001$，** 表示 $p < 0.01$，* 表示 $p < 0.05$（以下同）。

表 2-9 是六类学校的教师对民族团结教育发挥作用的评价。村小、乡小、县小认为该项教育增进了各族学生沟通交流的教师人数百分比分别为 82.6%、85.4%、80%，而乡初中、县初中、县高中如此认为的教师人数百分比分别为 62.6%、71.6%、65.4%，六类学校教师对此问题的评价存在十分显著的差异（$\chi^2 = 61.97$，$df = 10$，$p < 0.001$）。认为该项教育加强了学生爱国意识的村小、乡小、县小教师人数百分比分别为 88.8%、90.8%、86.7%，而乡初中、县初中、县高中如此认为的教师人数百分比分别为 70.6%、69%、66.1%，六类学校教师对此问题的评价存在十分显著的差异（$\chi^2 = 86.56$，$df = 10$，$p < 0.001$）。认为该项教育提高了少数民族学生学习兴趣的村小、乡小、县小教师人数百分比分别为 79.8%、72.7%、74.5%，而乡初中、县初中、县高中如此认为的教师人数百分比分别为 54.2%、50.8%、52.2%，六类学校教师对此问题的评价存在十分显著的差异（$\chi^2 = 78.32$，$df = 10$，$p < 0.001$）。

村小、乡小、县小认为该项教育增进了教师之间交流少数民族学生学习或生活情况的人数百分比分别为 80.3%、83.1%、78.8%，而乡初中、县初中、县高中如此认为的教师人数百分比分别为 64%、65.5%、68.9%，六类学校教师对此问题的评价存在十分显著的差异（$\chi^2 = 42.46$，$df = 10$，$p < 0.001$）。

表 2-9　　　**六类学校教师对民族团结教育发挥作用的评价**　　（人数/百分比）

题项内容		村小	乡小	县小	乡初中	县初中	县高中
增进了各民族学生沟通交流	不符合	21(11.8)	12(4.6)	16(9.7)	32(15.0)	27(13.7)	33(13.0)
	不清楚	10(5.6)	26(10.0)	17(10.3)	48(22.4)	29(14.7)	55(21.7)
	符合	147(82.6)	222(85.4)	132(80.0)	134(62.6)	141(71.6)	166(65.4)
加强了学生的爱国意识	不符合	11(6.2)	11(4.2)	10(6.1)	23(10.7)	30(15.2)	32(12.6)
	不清楚	9(5.1)	13(5.0)	12(7.3)	40(18.7)	31(15.7)	54(21.3)
	符合	158(88.8)	236(90.8)	143(86.7)	151(70.6)	136(69.0)	168(66.1)

续表

题项内容		村小	乡小	县小	乡初中	县初中	县高中
提高了少数民族学生学习兴趣	不符合	18(10.1)	26(10.0)	18(10.9)	50(23.4)	43(21.8)	60(23.7)
	不清楚	18(10.1)	45(17.3)	24(14.5)	48(22.4)	54(27.4)	61(24.1)
	符合	142(79.8)	189(72.7)	123(74.5)	116(54.2)	100(50.8)	132(52.2)
教师间交流少数民族学生情况	不符合	16(9.0)	17(6.5)	21(12.7)	33(15.4)	26(13.2)	36(14.2)
	不清楚	19(10.7)	27(10.4)	14(8.5)	44(20.6)	42(21.3)	43(16.9)
	符合	143(80.3)	216(83.1)	130(78.8)	137(64.0)	129(65.5)	175(68.9)
促进了汉文化与少数民族文化交流	不符合	19(10.7)	19(7.3)	19(11.5)	32(15.0)	37(18.8)	43(17.0)
	不清楚	19(10.7)	31(11.9)	20(12.1)	40(18.7)	30(15.2)	54(21.3)
	符合	140(78.7)	210(80.8)	126(76.4)	142(66.4)	130(66.0)	156(61.7)
对当地社会的稳定起到了积极作用	不符合	29(16.3)	15(5.8)	16(9.7)	29(13.6)	29(14.7)	41(16.1)
	不清楚	18(10.1)	35(13.5)	21(12.7)	51(23.8)	47(23.9)	49(19.3)
	符合	131(73.6)	210(80.8)	128(77.6)	134(62.6)	121(61.4)	164(64.6)

认为该项教育促进了当地汉文化与少数民族文化的交流的村小、乡小、县小教师人数百分比分别为 78.7%、80.8%、76.4%，而乡初中、县初中、县高中如此认为的教师人数百分比分别为 66.4%、66%、61.7%，六类学校教师对此问题的评价存在十分显著的差异（$\chi^2 = 38.95$，$df = 10$，$p < 0.001$）。认为该项教育对当地社会的稳定起到了积极作用的村小、乡小、县小教师人数百分比分别为 73.6%、80.8%、77.6%，而乡初中、县初中、县高中如此认为的教师人数百分比分别为 62.6%、61.4%、64.6%，六类学校教师对此问题的评价存在十分显著的差异（$\chi^2 = 47.03$，$df = 10$，$p < 0.001$）。

对汉族学校、少民学校和混合学校三类学校教师评价民族团结教育发挥的作用进行统计分析，结果发现，三类学校教师在 6 个题项的"符合"选项上的人数百分比都在 60% 以上，并且得分不存在显著性差异。

（四）讨论

本节考察了 2009 年 9 月至 2011 年 11 月，学校民族团结教育的需求、措施和作用的现状。

第一，学校因应外部行政要求和自身内部需求而产生开展民族团结教育的动力有待增强。

学校所产生的民族团结教育的需求，一方面是因应外部行政要求而产生的需要，另一方面来自学校的内部需要。

为了开展好民族团结教育活动，2009 年云南省教育厅、民委、文明办、财政厅联合成立了由分管领导任组长、副组长，相关职能部门负责人为成员的云南省民族团结教育活动领导小组。全省 16 个州、市和县也相应成立了由分管领导任组长、副组长，相关职能部门负责人为成员的中小学民族团结教育活动领导小组，在全省范围内形成了"教育部门主抓、其他部门积极配合、加强协调"的领导机制。云南省教育厅、云南省民委还争取每年召开一次各地教育、民族工作部门负责人参加的工作会议、部署工作。[①] 云南省各级教育行政主管部门对中小学民族团结教育是有要求、有部署的。

参与调查的 1270[②] 名教师（包括部分校领导）中，有 45.2% 的人认为上级教育主管部门并没有要求开展此项教育（村小、乡小、县小的教师这样认为的人数超过了 50%），另有 28.3% 的表示不清楚情况。如果将"不清楚"及"不符合"这两种情况合并，村小、乡小、县小、乡初中、县初中、县高中六类学校中，对此问题不清楚或认为没有提出要求的人数百分比，除县级初中为 66.5% 之外，其余五类学校的人数百分比在 73.8% —75.9%。教师认为教育主管部门没有对学校提出开展民族团结教育的要求或者不清楚此情况，其可能原因有两个：一是上级教育主管部门的确还未能将要求落实到每一所学校。二是主管部门已向学校提出了要求，但教师们并不知情。虽然县级初中教师比其他类型学校的教师肯定上级部门对此项教育提出了要求的人数多，但 66.5% —75.9% 的中小学教师认为国家教育行政主

---

① 罗嘉福：《认真做好中小学民族团结教育工作》，《中国民族教育》2009 年第 3 期。
② 说明：共调查了 1271 名教师，但有的问题个别老师未回答，因而出现人数差异。

管部门没有提出要求或者不清楚此情况，说明教育行政部门对此项教育的要求在中小学教师中的宣传度、知晓度不够，学校因外部行政动力而产生开展此项教育的动力并不强烈。

早在 2001 年，云南省在总结 1999 年开始的试点工作存在的问题时就已指出，宣传力度不够是需要解决的问题之一。首先是教育行政部门和民委部门的宣传力度不够，对学校开展此项工作还停留在发文件的形式。其次是学校开展活动的宣传力度不够。① 此次调研结果再次说明，宣传不够是仍然需要解决的问题。

学校是否产生对民族团结教育的内部需求，与学校管理者、教师对该项教育的性质、内容与作用的认识密切有关，也与他们对学校学生的民族组成、学生间关系、当地民族关系的体验有关系。课题组前期调查发现，认为学校不需要开展此项教育的人，通常是根据自己体验做出判断。如果学校的学生绝大多数是汉族、或者单一少数民族，比如白族，某些学校管理者会认为没有学生间不存在民族纠纷，没有多少工作可做，② 或者各族学生已和睦相处，没有必要开展民族团结教育。③ 本次调查结果表明，汉族学校、少民学校、混合学校中有50% 左右的教师持这种看法，其中，汉族学校教师认为绝大多数学生是汉族，开展该项教育的需求性不强的人甚至达到了 64%。

第二，显性、隐性形式的民族团结教育在小学的实施状况优于中学。

三类小学与三类中学在显性、隐性层面实施的民族团结教育都存在显著性差异。小学教师中，认为学校明确安排了民族团结教育课程、活动的人数百分比为 70.9%—77.5%，高于中学教师 29.3—31.4 个百分点。小学教师中，认为学校要求教师有意识在合适的教

---

① 李先猷：《统一思想 扎实工作推进中小学民族团结教育工作》，《中国民族教育》2001 年第 5 期。

② 龙肖毅、尹可丽、杨光：《大理青少年民族团结教育现状调查报告》，《大理学院学报》2010 年第 5 期。

③ 樊洁、李恋：《红河州青少年民族团结教育现状的调查与分析》，《红河学院学报》2010 年第 2 期。

学内容中渗透民族团结教育的人数百分比为89%—91.6%，高于中学教师22.6—23.6个百分点。即使中学教师对课程、活动、教学内容安排方面做出肯定回答的人数低于小学，但其最低百分比也在40%以上，最高的百分比也达到了60%以上。

小学教师中，65%—78%的人认为学校在分班、座位、宿舍安排上已考虑到民族学生的分布问题，并且要求教师掌握民族学生特点、教师之间交流民族学生问题。而中学教师中，这样认为的人在42%—66.8%，低于小学教师11—23个百分点。

这些数据说明，小学在民族团结教育课程、活动、教学内容等显性层面的教育行为的要求上优于中学，这一结果再次验证了课题组2008年的调研结果：小学开展民族团结教育的情况好于初级中学。[①]在不同民族学生的交叉组合、把握少数民族学生的需要和问题等隐性层面的安排上，小学也优于中学。

显性层面的教育是明确的，其预定性强，主要规定了学生在知识、能力等方面发展的方向。隐性层面的教育重在培育促使学生态度、价值观和行为成长的氛围和条件，其对学生的影响是潜移默化的。如果只有显性层面的教育，而无隐性层面的教育，学生获得的教育将是有偏的，其态度、情感、行为等方面很难得到充分的发展。与小学相比，在民族团结教育问题上，中学不仅需要加强显性层面的教育，也需要加强隐性层面的教育。

混合类学校与汉族学校、少民学校相比，差异主要是存在于显性教育层面。混合类学校教师对课程、活动、教学内容等的安排优于其他两类学校。

第三，大多数小学教师、较多中学教师认为民族团结教育对当地的社会稳定与文化交流，对各族学生的沟通交流、爱国意识、学习兴趣发挥了积极作用。

---

① 尹绍清：《楚雄州青少年民族团结教育现状调查及对策思考》，《楚雄师范学院学报》2010年第2期。

民族团结教育对国家长治久安发挥的重要作用是从国家政治的高度提出来的。在课题组的前期调研中，一些学校领导认为民族团结教育能够发挥增进民族团结、促进学校发展、社会稳定的作用。[①] 开设好民族团结教育课程，有利于边疆民族团结及边防巩固。参与此次调查的中小学教师中 60%—81% 的人认为，学校开展的民族团结教育对当地社会的稳定起到了积极作用。开展民族团结教育，有利于促进汉文化与少数民族文化的交融交流。[②] 61%—81% 的中小学教师认为学校开设的民族团结教育促进了当地汉文化与少数民族文化的交流。

目前已有人认识到民族团结教育发挥的作用不仅具有国家政治意义，也具有促进学生个人发展的价值。比如 2012 年云南省教育厅副厅长罗嘉福在召开云南省学校民族团结教育行政人员和骨干教师培训会上的讲话提出，开展民族团结教育是各族学生提高跨文化能力，认同中华文化的需要。[③] 民族团结教育增强了学生们的民族自豪感，培养学生们互助互爱的精神，[④] 能够增进民族团结，让同学彼此之间相互了解，能够提高民族学生的学习兴趣。[⑤] 本研究结果发现，80% 以上的小学老师、60% 以上的中学教师认为学校开展的民族团结教育增进了各族学生的沟通交流、增强了学生的爱国意识。70% 以上的小学老师、50% 以上的中学教师认为学校开展的该项教育增加了少数民族学生的学习兴趣。

白杰瑞在讨论中国的学校教育和族群性问题时，引述了藏族学者巴登尼玛的一段话："少数民族孩子一旦在学校内容里找不到他们自己的

---

① 尹绍清：《楚雄州青少年民族团结教育现状调查及对策思考》，《楚雄师范学院学报》2010 年第 2 期。

② 尹康平、尚兴民、田国伟：《保山市青少年民族团结教育现状调查报告》，《保山师专学报》2009 年第 6 期。

③ 罗嘉福：《在云南省学校民族团结教育行政人员和骨干教师培训会上的讲话》（http://www.ynjy.cn/chn201004051544082/article.jsp?articleId=37292809.2012.12.28）。

④ 樊洁、李恋：《红河州青少年民族团结教育现状的调查与分析》，《红河学院学报》2010 年第 2 期。

⑤ 尹绍清、尹可丽：《云南中小学民族团结教育现状调查研究》，《大理学院学报》2011 年第 7 期。

文化或历史的参考框架时，就会变得自卑。如果他们找不到可以让他们感到作为自己民族成员一分子所具有的民族自豪感的内容时，他们也会失去自信和对学校的兴趣。这是导致少数民族儿童高辍学率的原因。"白杰瑞指出，准确反映以文化多元性为特征的中国少数民族的学校课程，不仅可以增强族群间的理解，在经济现代化建设过程中，保存他们自己的民族文化，而且可以使学校更加富有吸引力，有利于增强民族认同。民族团结教育课程、活动等向学生传递的少数民族的历史、文化等，也许正是该项教育增强了少数民族学生学习兴趣的原因。①

（五）小结

民族团结教育在中小学教师中的宣传度、知晓度不够。学校因外部行政要求而开展此项教育的外部需求低，所以开展此项教育的外部动力不足。50%以上的教师认为学生不存在民族间不团结的问题，所以学校因学生的需要而产生民族团结教育的内部需求不高。

在民族团结教育课程、活动、教学内容等显性层面措施的落实上，小学优于中学。在考虑将不同民族学生合理分配于不同班级、座位、宿舍，把握少数民族学生的需要和问题等隐性层面的措施安排上，小学也优于中学。

大多数中小学教师认为中小学校开展的民族团结教育对当地的社会稳定与文化交流，对各族学生的沟通交流、爱国意识、学习兴趣发挥了积极作用。

三　民族团结教育教学内容现状

2008 年，《学校民族团结教育指导纲要（试行）》中规定，中小学民族团结教育的内容是"正确认识中华和各民族的特征，普及民族

---

①　［美］白杰瑞：《文化、教育与发展——全球视野下的中国少数民族教育》，滕星、马效义译，中央民族大学出版社 2011 年版，第 16—17 页。

知识，树立民族团结意识；知道党和国家的民族政策及其必要性和重要性，了解我国民族问题的基本特点，学习马克思主义和党的民族基本理论，树立马克思主义民族观；从历史的、世界的视野分析和探讨各种民族现象，进一步认识党和国家的民族政策的优越性；联系实际进行思考、探讨，在思想和行为上培养贯彻执行党和国家民族政策的基本素质和能力"。在内容标准中，纲要按年级由低到高将学习内容分为民族知识启蒙与常识教育、民族政策与理论常识教育。纲要还指出在实施教育内容时，"必须贯彻育人为本的原则，必须从不同地区的实际和各族学生不同年龄阶段身心发展的特点出发，分阶段、分层次、有重点、有针对性地设置具体教育内容。要把不同学段的民族团结教育内容有机地整合起来，统筹安排"[①]。

现实教育环境中，教师对学生进行了哪些内容的教育？学生在接受教育后，学习到了哪些内容？纲要提出应该从学生年龄特征出发、分阶段、分层次、有重点、有针对性地对学生进行教育，那么，现实教育环境中，这种循序渐进的教育设计和要求是否能够实现？本节拟对这些问题进行考察。

（一）被试及工具

回答《民族团结教育教学内容教师问卷》的 1271 名教师的人口学变量情况见本书第一章样本情况中的"教师的人口学资料"。回答《民族团结教育教学内容学生问卷》的 10958 名学生的人口学变量情况见本书第一章样本情况中的"学生的人口学资料"。

学生问卷的题项与教师问卷的题项完全相同。为了便于比较，本节使用教师问卷获得的 25 个题项、3 个因子对结果进行分析。教师问卷要求确定 2010 年 9 月至 2011 年 11 月，教师自己向学生谈到有关民族团结教育各项内容的次数，次数分为"无、很少、少、较少、较多、

---

① 教育部办公厅、国家民委办公厅：《关于印发〈学校民族团结教育指导纲要（试行）〉的通知》（教育部网站，2008 年 12 月 16 日，http://www.moe.edu.cn/jyb_ xxgk/ gk_ gbgg/moe_ 2642/moe_ 2643/tnull_ 44510. html）。

多、很多"7个等级，分别计为0、1、2、3、4、5、6分。学生问卷要求确定，2010年9月至2011年11月，学生自己在学校学习到这些内容的印象，印象等级分为"完全没有印象、没有印象、不清楚、有点印象但不记得、有印象而且记得一些内容、有印象而且记得很多内容、印象很深刻"7个等级，分别计为0、1、2、3、4、5、6分。

（二）统计分析

进行差异检验时，结合采用"效果量"指标，来考查数据差异的实际意义。效果量是不依赖于样本大小、反映自变量和因变量关联强度的指标。实际效果的"显著"和推论统计上的"显著"既有联系也有区别。统计推论检验"显著"并不一定意味着实际效果的显著。效果量能够指出自变量作用的大小，所以，效果量的测量正好是对统计显著性检验的补充。[①] 在独立样本 T 检验中，采用 η^2 代表实际显著性。η^2 若小于或等于 0.06 表示分组变量与检验变量间为一种低度关联强度；若大于或等于 0.14 表示分组变量与检验变量间为一种高度关联强度；大于 0.06 小于 0.14 表示分组变量与检验变量间为一种中度关联强度。当进行方差分析时，可以使用关联强度 ω^2 做效果量。ω^2 小于6%，表示变量间为低度关联强度；ω^2 界于 6% 至 13.8% 之间，变量间属于中度关联强度；ω^2 大于 13.8%，表示变量间为高度关联强度。[②]

（三）结果

1. 当地主体少数民族常识的教与学

表2-10是教师教授、学生学习有关当地主体少数民族常识的情况。

从小学五年级到高二年级，7个年级的教师向学生谈到当地主体少数民族的历史、人物、风俗等常识的最低平均得分为3.24，最高

---

① 权朝鲁：《效果量的意义及测定方法》，《心理学探新》2003年第2期。
② 吴明隆：《问卷统计分析实务——SPSS操作与应用》，重庆大学出版社2010年版，第337页。

为3.44，得分在"少"与"较少"之间，并且偏向"少"。以教师该内容得分为因变量、任教年级为自变量进行单因素方差分析，7个年级教师在此项内容的教学上不存在显著性差异（$F = 0.57$，$p = 0.76 > 0.05$）。

7个年级的学生对当地主体少数民族常识的最低平均得分为3.10，最高为3.60，得分在"有点印象但不记得"与"有印象而且记得一些内容"之间，并且除了初三学生得分稍靠近4分外，其余学生的得分接近"不记得"。以学生该内容得分为因变量，年级为自变量进行单因素方差分析，7个年级的学生在此项内容的学习上存在十分显著的差异（$F = 16.64$，$p < 0.001$），但效果量 ω^2 的值为1%，说明年级与当地主体少数民族常识的学习情况的关系是低关联强度。

表2－10　　当地主体少数民族常识的教学与学习情况

	教师				学生			
	平均数	标准差	最小值	最大值	平均数	标准差	最小值	最大值
小学五年级	3.32	1.18	0.00	5.89	3.10	1.22	0.00	6.00
小学六年级	3.25	1.39	0.00	6.00	3.24	1.08	0.22	6.00
初一	3.30	1.11	0.00	6.00	3.18	1.08	0.00	6.00
初二	3.24	1.17	0.00	5.56	3.27	1.11	0.00	6.00
初三	3.31	1.07	0.44	5.44	3.60	0.86	0.67	5.67
高一	3.44	1.37	0.00	6.00	3.38	1.12	0.00	6.00
高二	3.40	1.22	0.33	5.56	3.36	1.05	0.00	6.00

为了清晰地掌握学生对每一项内容的学习情况，表2－11列出了学生在"当地主体少数民族常识"的9个题项上的得分情况。得分最低的内容是当地主体少数民族的重大历史事件，七个年级学生各自的平均得分都低于3分。在"不清楚"与"有印象但不记得"之间。得分最高的内容是节日，七个年级学生的平均得分都高于4分，在

"有印象而且记得一些内容"与"有印象而且记得很多内容"之间，但偏向前者。

表2-11　学生的本地少数民族常识得分的具体情况（平均数/标准差）

	事件	人物	节日	宗教	习俗	艺术	经济	语言	分布
小学五年级	2.44 (1.82)	3.23 (1.80)	4.04 (1.79)	2.63 (1.94)	3.08 (1.90)	3.35 (1.89)	2.88 (1.84)	3.35 (1.94)	2.84 (1.84)
小学六年级	2.69 (1.66)	3.37 (1.72)	4.11 (1.67)	2.80 (1.86)	3.28 (1.81)	3.56 (1.73)	3.15 (1.71)	3.36 (1.92)	2.84 (1.70)
初一	2.63 (1.68)	3.21 (1.68)	3.94 (1.67)	2.89 (1.86)	3.18 (1.78)	3.44 (1.75)	2.99 (1.67)	3.32 (1.88)	3.00 (1.66)
初二	2.74 (1.68)	3.16 (1.66)	4.02 (1.60)	3.07 (1.78)	3.32 (1.70)	3.51 (1.67)	3.06 (1.66)	3.28 (1.83)	3.19 (1.64)
初三	2.99 (1.39)	3.72 (1.35)	4.26 (1.38)	3.53 (1.47)	3.69 (1.42)	3.67 (1.36)	3.33 (1.22)	3.72 (1.42)	3.54 (1.42)
高一	2.83 (1.68)	3.19 (1.69)	4.17 (1.64)	3.34 (1.77)	3.53 (1.65)	3.64 (1.71)	3.16 (1.65)	3.43 (1.79)	3.06 (1.65)
高二	2.72 (1.66)	3.14 (1.65)	4.17 (1.59)	3.28 (1.83)	3.55 (1.63)	3.69 (1.55)	3.20 (1.57)	3.36 (1.72)	3.13 (1.62)

注：括号内数据为标准差。

教师在这9个题项上的得分情况与学生类似。得分最低的内容也是当地主体少数民族的重大历史事件，七个年级教师各自的平均得分都低于3分。其余8个题项的平均得分为3.05—4.00。

2. 中华各民族常识的教与学

表2-12是教师教授、学生学习除当地主体少数民族之外中华各民族常识（包括汉族，以下简称中华各民族常识）的情况。

表2-12　　　　　中华各民族常识的教学与学习情况

	教师				学生			
	平均数	标准差	最小值	最大值	平均数	标准差	最小值	最大值
小学五年级	3.30	1.39	0.00	6.00	3.00	1.32	0.00	6.00
小学六年级	3.39	1.49	0.00	6.00	3.21	1.24	0.00	6.00

续表

	教师				学生			
	平均数	标准差	最小值	最大值	平均数	标准差	最小值	最大值
初一	3.36	1.11	0.00	6.00	3.10	1.23	0.00	6.00
初二	3.49	1.28	0.00	6.00	3.19	1.25	0.00	6.00
初三	3.53	1.13	0.57	5.86	3.61	1.11	0.14	5.71
高一	3.42	1.43	0.00	6.00	3.36	1.18	0.00	6.00
高二	3.54	1.58	0.00	6.00	3.35	1.15	0.00	6.00

从小学五年级到高二年级，7个年级的教师向学生谈到中华各民族的历史、人物、风俗等常识的最低平均得分为3.30，最高为3.54，得分在"少"与"较少"之间，并且偏向"少"。7个年级教师在此项内容的教学上不存在显著性差异（$F = 0.78$，$p = 0.59 > 0.05$）。

7个年级的学生对当地主体少数民族常识的最低平均得分为3.00，最高为3.61，得分在"有点印象但不记得"与"有印象而且记得一些内容"之间，并且除了初三学生得分稍靠近4分外，其余学生的得分接近"不记得"。7个年级的学生在此项内容的学习上存在十分显著的差异（$F = 21.50$，$p < 0.001$），但效果量 ω^2 的值为1%，说明年级与中华各民族常识的学习情况的关系是低关联强度。

学生在"中华各民族常识"的7个内容上的得分，除初三学生在节日这一内容上平均得到了4.07分外，其余所有项目的得分都未达到4分。在"有关国家统一、民族团结的重大历史事件"这一内容上，除初三、高一年级学生的得分位于7个内容中的第6之外，其他五个年级学生的此内容的得分都位列最末。见表2-13。

七个年级教师在节日这一内容的平均得分为3.64—3.79，在其他6个内容上的平均得分为3.00—3.62。

表2－13　学生中华各民族常识得分的具体情况（平均数/标准差）

	事件	节日	宗教	习俗	艺术	经济	语言
小学五年级	2.70 (1.86)	3.61 (1.89)	2.61 (1.91)	2.86 (1.88)	2.91 (1.77)	2.88 (1.80)	3.45 (1.95)
小学六年级	3.02 (1.85)	3.75 (1.81)	2.82 (1.85)	3.02 (1.77)	3.11 (1.70)	3.14 (1.77)	3.49 (1.83)
初一	2.79 (1.79)	3.52 (1.75)	2.87 (1.79)	3.03 (1.73)	3.06 (1.67)	3.01 (1.68)	3.41 (1.78)
初二	2.96 (1.75)	3.66 (1.69)	3.05 (1.71)	3.13 (1.68)	3.16 (1.65)	3.12 (1.67)	3.31 (1.76)
初三	3.46 (1.57)	4.07 (1.52)	3.56 (1.60)	3.61 (1.42)	3.47 (1.43)	3.40 (1.38)	3.60 (1.49)
高一	3.19 (1.73)	3.90 (1.58)	3.26 (1.62)	3.31 (1.58)	3.28 (1.58)	3.17 (1.59)	3.42 (1.72)
高二	3.12 (1.77)	3.84 (1.62)	3.27 (1.63)	3.33 (1.55)	3.32 (1.51)	3.23 (1.57)	3.39 (1.65)

注：括号内数据为标准差。

3. 民族政策与理论的教与学

表2－14是教师教授、学生学习民族政策和理论的情况。

表2－14　　　　　　民族政策与理论的教学与学习

	教师				学生			
	平均数	标准差	最小值	最大值	平均数	标准差	最小值	最大值
小学五年级	3.83	1.31	0.00	6.00	3.00	1.26	0.00	6.00
小学六年级	3.96	1.24	0.00	6.00	3.21	1.24	0.00	6.00
初一	3.66	1.28	0.00	6.00	3.10	1.19	0.00	6.00
初二	3.87	1.36	0.00	6.00	3.27	1.18	0.00	6.00
初三	3.83	1.19	0.22	6.00	3.70	0.89	1.00	6.00
高一	3.66	1.56	0.00	6.00	3.71	1.15	0.00	6.00
高二	3.79	1.38	0.78	6.00	3.72	1.12	0.00	6.00

从小学五年级到高二年级，7个年级的教师向学生谈到民族政策与理论的最低平均得分为3.66，最高为3.96，得分在"少"与"较少"之间，并且偏向"较少"。7个年级教师在此项内容的教学上不存在显著性差异（$F = 1.26$，$p = 0.28 > 0.05$）。

7 个年级的学生在民族政策与理论因子上的最低平均得分为 3.00，最高为 3.72，得分在"有点印象但不记得"与"有印象而且记得一些内容"之间。小学五、六年级、初中一、二年级学生的得分偏向"不记得"，而初三、高一、高二学生的得分偏向"记得一些内容"。7 个年级的学生在此项内容的学习上存在十分显著的差异（$F = 79.36$，$p < 0.001$），但效果量 ω^2 的值为 4%，说明年级与民族政策与理论的学习之间的关系是低关联强度。

学生在民族政策与理论常识的 9 项内容中，以"中国共产党关于民族问题的基本理论"这一内容的得分最低，小学五年级到初二年级，学生在此内容上的得分都低于 3 分，而初三、高一、高二学生的得分也没有超过 3.5 分。见表 2 - 15。

表 2 - 15　　　学生的民族政策与理论常识得分的具体情况
（平均数/标准差）

	民族关系	反对分裂	民族政策	民族理论	民族演变	政策优越	公民权利	法律法规	维权方法
小学五年级	3.31 (1.78)	3.15 (1.80)	2.71 (1.68)	2.76 (1.69)	2.95 (1.63)	3.04 (1.73)	3.02 (1.74)	3.09 (1.72)	2.98 (1.79)
小学六年级	3.60 (1.75)	3.45 (1.81)	2.84 (1.64)	2.95 (1.65)	3.10 (1.69)	3.24 (1.73)	3.27 (1.69)	3.22 (1.67)	3.20 (1.74)
初一	3.36 (1.73)	3.20 (1.73)	2.82 (1.53)	2.76 (1.56)	3.02 (1.57)	2.99 (2.01)	3.24 (1.64)	3.19 (1.65)	3.30 (1.70)
初二	3.59 (1.69)	3.40 (1.69)	3.13 (1.56)	2.95 (1.55)	3.15 (1.54)	3.12 (1.56)	3.34 (1.66)	3.33 (1.55)	3.49 (1.61)
初三	3.85 (1.46)	3.92 (1.40)	3.55 (1.26)	3.17 (1.36)	3.57 (1.23)	3.51 (1.23)	4.03 (1.28)	3.73 (1.27)	3.97 (1.41)
高一	3.93 (1.69)	3.92 (1.65)	3.55 (1.52)	3.25 (1.51)	3.37 (1.44)	3.58 (1.48)	4.03 (1.58)	3.63 (1.57)	4.12 (1.54)
高二	3.90 (1.63)	3.97 (1.62)	3.63 (1.52)	3.48 (1.48)	3.49 (1.40)	3.61 (1.48)	3.99 (1.53)	3.60 (1.47)	3.83 (1.49)

注：括号内数据为标准差。

在这 9 个内容上，除初一教师在中国民族政策的基本内容、中华民族的历史演变这两项内容上的平均得分为 3.39、3.46 之外，初一教师其他 7 个内容的得分、其余六个年级教师在 9 个内容上的各自的平均得分都在 3.50—4.28。

4. 民族团结教育教学内容的预测因素

影响教师向学生传递的民族团结教育内容的因素有哪些？教师的任教年级、是否承担民族团结教育课程、性别、年龄、民族类别、学校的民族团结教育的需求、采取的措施、发挥的作用对此是否有影响？

教师评价学校对民族团结教育的需求、措施与作用三个因子的得分，与教师实践该项教育教学内容的得分的相关分别为 0.16、0.35、0.34，都达到了十分显著的水平。

运用分层回归分析方法，首先将任教年级、是否承担民族团结教育课程作为第一层变量引入回归方程，其次将性别、年龄、民族类别作为第二层变量引入回归方程，最后将教师在《学校民族团结教育实施问卷》上的需求、实施措施、作用的得分作为第三层变量引入方程，检验任教年级等变量对教师教学内容的解释力。结果见表2－16。

表 2－16　　教师民族团结教育内容的分层回归分析结果

阶层变量	阶层内预测变量	阶层一		阶层二		阶层三	
		β	t	β	t	β	t
教学变量	年级	0.03	0.94	0.02	0.65	0.13	4.32 ***
	担任课程	−0.06	−2.05 *	−0.06	−2.17 *	−0.02	−0.81
人口学变量	年龄			−0.01	−0.30	−0.05	−1.92
	性别			0.02	0.52	0.02	0.56
	民族类别			0.05	1.82	0.03	1.01
学校变量	措施					0.23	6.06 ***
	作用					0.20	5.55 ***
	需求					0.08	2.83 **
回归模型摘要	F 值	2.36		1.72		28.53 ***	
	R^2	0.00		0.01		0.16	
	△F 值	2.36		1.29		72.68 ***	
	△R^2	0.00		0.00		0.16	

三个阶层模型中，只有阶层三的整体解释变异量达到显著水平，F 值为 28.53，$p < 0.001$。年级变量在阶层一、阶层二中的影响不显著，但在阶层三中，年级变量的回归系数显著性检验的 t 值为 4.32，$p < 0.001$，达到了十分显著的水平。学校民族团结教育的实施、作用、需求三个变量的回归系数显著性检验的 t 值分别为 6.06、5.55、2.83，都达到了十分显著的水平。教师是否担任课程、年龄、性别、民族类别这四个变量的 t 值不显著。

回归分析结果说明：8 个预测变量能够解释教师在教学中传递内容的 16%。其中产生显著性影响的变量按影响力的大小依次排列是学校民族团结教育的措施、作用、教师的任教年级、需求四个变量。并且，只有在考虑学校民族团结教育的实施措施、作用及需求情况之下，任教年级才对教师传递的教学内容发挥影响，而教师是否担任此项课程、其年龄、性别、民族类别产生的影响微乎其微。

5. 使用的教材及年级

1271 名教师中，只有 169 名承担了民族团结教育课程，占 13.3%，1102 人未承担此课程，占 86.5%。比较承担课程的教师与未承担课程的教师向学生谈论三种知识的次数，结果发现，二者在向学生谈及本地少数民族常识（$t = 2.23$，$p = 0.03$）、中华各民族常识（$t = 2.36$，$p = 0.02$）的次数存在显著性差异，承担课程的教师比未承担课程的教师向学生谈到本地少数民族常识和中华各民族常识的次数多，而二者谈论民族政策与理论的次数没有显著性差异（$t = 1.91$，$p = 0.06$）。

有 56 名教师报告了他们使用的教材和使用年级情况。天津人民出版社的《民族常识》，使用年级是：小学五年级、小学六年级、初一、初二、高一、高二年级。人民教育出版社的《我们的民族小学》，使用年级有小学五年级、小学六年级。云南教育出版社的《奇山异水云之南》，使用年级有小学五年级、小学六年级。《云南省民族团结教育教材》，使用年级是小学五年级、初二、初三。人民出版社《中华大家庭》，使用年级有小学五年级、小学六年级。江苏教育出版社的《爱我中华》，使用年级是小学五年级。有 4 名教师将思想品德或政治课程等同于民族团结教育课程，他们报告使用的教材是粤教版的《思想政治》，使用年级为初二、初三。人民教育出版社的《思想品德》，使用年级为初三。人民教育出版社的《政治生活》，使用年级为高二、高一。

（四）讨论

本节采用平均数差异检验和回归分析，对 2010 年 9 月至 2011 年 11 月，1271 名中小学教师实施民族团结教育教学的内容、10958 名小学五年级至高二年级学生学习民族团结教育的内容进行分析，掌握到以下情况：

从整体来看，教师在民族政策与理论内容上的得分比当地主体少数民族常识、中华各民族常识这两个内容的平均得分高，但教师在这三个内容上的平均得分都低于 4 分，说明教师在其教育教学中涉及的民族团结教育教学内容的次数少。差异性检验结果发现，从小学五年级到高二年级，七个年级的教师所涉及的每类内容都没有统计上的显著性差异，说明任教年级对教师讲授何种民族团结教育内容没有产生显著的影响。

将教师的任教年级、是否担任民族团结教育课程、年龄、性别、民族类别、教师任教学校在民族团结教育的需求、措施和作用等因素逐步纳入回归方程进行分析，结果发现，学校民族团结教育的实施措施、作用对民族团结教育教学内容的影响最大，只有在同时考虑教师任教学校民族团结教育的实施措施、作用和需求情况时，教师的任教年级才会对教师民族团结教育内容产生影响，而教师是否专门承担民族团结教育课程对其讲授内容并没有达到显著水平。即教师的任教年级并不直接决定教师对学生讲述某种民族团结教育内容的次数多少。如果学校实施民族团结教育的措施有效、发挥作用大、需求强，教师向学生讲授民族团结教育内容的次数就会随着任教年级的增加而增多。

　　学生对民族团结教育三类内容上的学习情况与教师的情况是相应的。从整体上看，学生在民族政策与理论内容上的得分比当地主体少数民族常识、中华各民族常识这两个内容的平均得分高，但在这三个内容上的平均得分都低于4分，说明学生对民族团结教育留下印象的内容不多。对25个具体内容的得分情况进行分析发现，只有本地少数民族节日得分超过或接近4分。虽然随着年级的增高，学生在三类内容及每个项目的得分上都呈增高趋势，但这种年级上存在统计的显著性差异的效果量的值很低，说明年级上存在的差异更多的是由于调查人数庞大导致的，年级可能并非导致学生学习该项教育结果的差异的实际原因。

　　教师在教育教学中向学生谈及有关民族团结教育内容的次数少，学生在有关民族团结教育方面的内容记忆不深，这是符合中小学实情的，毕竟我国中小学教师和学生的大量的时间主要用于学习语文、数学等学科基础知识。但"少"并非"无"，"有印象不记得"或"有印象而且记得一些内容"并非"完全没有印象""不清楚"。说明学生在学校的确接受到了民族团结教育。

　　对民族团结教育的课程内容，有人提出要深化研究，探索规律，采取课程综合渗透的方法，即在小学阶段的"品德与社会"课，初中阶段的"思想品德"课、"历史与社会"课，整个义务阶段的"语文""体育""艺术"等综合课程和学科课程中统筹设计渗透点，做到知识由浅到深讲究层次性、学科互补讲究综合性、前后连贯讲究递进性、形成学科合力讲究系统性。[①] 本调查结果表明，这种统筹设计渗透点的做法在现实中也许是很难实现的，因为，什么时候结合什么内容对学生产生民族团结教育的作用，其生成性可能远远大于预设性，它不仅取决于教学内容是否有渗透该项教育的可能，更取决于学校教师是否具有民族团结教育的自觉意识，是否具备民族团结教育所

---

　　① 严庆、青觉：《我国中小学民族团结教育工作回顾及展望》，《民族教育研究》2007年第1期。

需要的相关知识储备等。正如本调查结果所显示的那样，不论学生是哪个年级的，教师都有可能在某个时候、某种情境之下向他们介绍本地少数民族、中华各民族的有关常识、介绍中国民族政策与理论，只是针对不同的年龄，教师可能讲授内容的深浅程度不一。

另外，由于《民族常识》在七个年级中都有使用，《云南省民族团结教育教材》在小学、初中都有使用，这也是导致各年级的学生对三类内容的反映类似的情况的一个原因。

（五）小结

综合教师和学生的情况可以知道，如果按照国家规定的民族团结教育教学的内容标准来衡量，云南省中小学民族团结教育教学内容在现实中呈现的情况并未表现出按年级分阶段、分层次、有重点的内容特点。小学五年级到高中二年级，七个年级的教师在传授民族常识与民族政策、理论方面的情况是相似的，尽管涉及这些知识的次数少，但任何年级的教师都有可能向学生传递三个方面的知识。七个年级的学生在民族常识、民族政策与理论方面的情况也是相似的，尽管对这类知识的记忆不多，但任何年级学生对三个方面的知识都有些印象。

从整体上看，教师向学生谈到民族政策与理论的次数多于谈到当地主体少数民族常识、中华各民族常识的次数，但教师在其教育教学中涉及这三类内容的次数都少，并且任教年级不影响教师向学生传递什么类型的信息。

从整体上看，学生对民族政策与理论知识的记忆多于对当地主体少数民族常识、中华各民族常识这两个内容的记忆，但学生对这三类内容都是有点印象或者有印象并记得一些内容。不同年级的学生对三类知识的记忆存在统计学意义上的显著性差异，但年级本身并不是导致学生存在差异的原因。

在民族团结教育措施到位、作用大、需求强的学校，教师向学生讲授民族团结教育内容的次数随着任教年级的增加而增多。

四　学校民族团结教育活动现状

《学校民族团结教育指导纲要（试行）》中指出，课堂教学是民族团结教育的主渠道。除课堂教学主渠道外，不同学校应根据自身的实际情况，因时因地制宜，灵活选择、使用多种形式、途径和方法开展学校民族团结教育。注意发挥各种民族团结教育方法和途径的综合作用，提高民族团结教育的效果。要充分利用班会、团队活动、升旗仪式、专题讲座、墙报、板报等方式，组织开展"民族知识、绘画与手工、演讲、民族歌舞"等丰富多彩生动活泼的竞赛活动；定期表彰民族团结先进校、班集体和个人；相关学科渗透，与学校艺术教育与素质教育紧密结合起来；组织师生参观互访，相互学习，积极开展各民族学生之间结对帮学等活动。各地要充分利用现有资源，如博物馆、纪念馆、文物古迹等，建立民族团结教育基地。

课题组在前期调查中，收集到云南省中小学开展民族团结教育常见的 12 种途径，在此基础上编制了《民族团结教育活动问卷》，本节数据来自对 1271 名教师和 10958 名学生对此问卷的回答，目的是考察中小学采用 12 种形式或途径开展民族团结教育活动的状况。

（一）各类学校开展的民族团结教育活动

表 2－17 列出了村、乡、县小学，乡、县初中，县高中六类学校的教师认为其任教班级学生参与学校开展的 12 项活动的次数。从整体上看，六类学校开展的 12 种活动的次数，每一种活动平均都超过了 1 次。

教师报告的学生参与次数平均超过 2 次的活动，按从高到低的顺序排列，村小是：主题班队会，听广播、看黑板报、参加民族节日 4 项。乡小是：观看黑板报、听广播、班队会、跳民族健身操、参加民族节日、参与民族歌舞文艺活动6项。县小有观看黑板报、跳民族健身操、参加民族节日、听广播、参与民族歌舞文艺活动、班队会、手拉手帮扶活动7项。乡级初中有黑板报、参加民族节日、参与民族歌舞文艺活动、主题班队会4项。县初中有参加民族节日、参与民族歌舞文艺活动、跳民族健身操、黑板报4项。县高中有参加民族节日、参与民族歌舞文艺活动、跳民族健身操3项。六类学校的学生参与民族节日活动的次数都在2次以上。除高中学生外，三类小学、二类初中的学生观看黑板报宣传的次数也在2次以上。除村小外，乡、县小学、乡、县初中、县高中学生参与民族歌舞文艺活动的次数也在2次以上。

表 2 - 17　　各类学校教师报告的开展民族团结教育活动的次数

（平均数/标准差）

题项	村小	乡小	县小	乡初中	县初中	县高中
黑板报	2.08 ± 1.44	2.62 ± 1.19	2.58 ± 1.32	2.25 ± 1.35	2.01 ± 1.37	1.78 ± 1.38
广播站	2.24 ± 1.65	2.58 ± 1.41	2.44 ± 1.48	1.76 ± 1.44	1.42 ± 1.46	1.18 ± 1.43
班队会	2.31 ± 1.52	2.40 ± 1.31	2.13 ± 1.52	2.03 ± 1.37	1.96 ± 1.41	1.44 ± 1.42
讲座	1.23 ± 1.34	1.76 ± 1.34	1.60 ± 1.43	1.59 ± 1.43	1.30 ± 1.31	1.25 ± 1.33
竞赛	1.13 ± 1.32	1.59 ± 1.36	1.63 ± 1.47	1.39 ± 1.37	1.19 ± 1.23	1.04 ± 1.31
演讲	1.61 ± 1.41	1.97 ± 1.33	1.99 ± 1.44	1.89 ± 1.36	1.61 ± 1.28	1.50 ± 1.38
调查	1.73 ± 1.53	1.98 ± 1.31	1.79 ± 1.40	1.65 ± 1.38	1.20 ± 1.22	1.39 ± 1.33
参观	1.10 ± 1.39	1.60 ± 1.42	1.74 ± 1.41	1.45 ± 1.40	1.14 ± 1.24	1.54 ± 1.34
节日	2.02 ± 1.48	2.26 ± 1.34	2.50 ± 1.44	2.16 ± 1.40	2.62 ± 1.37	2.14 ± 1.42
歌舞	1.93 ± 1.50	2.14 ± 1.41	2.31 ± 1.49	2.12 ± 1.37	2.49 ± 1.40	2.14 ± 1.43
健身操	1.62 ± 1.71	2.32 ± 1.63	2.57 ± 1.65	1.88 ± 1.61	2.08 ± 1.68	2.01 ± 1.58
手拉手	1.38 ± 1.52	1.92 ± 1.46	2.02 ± 1.63	1.65 ± 1.45	1.44 ± 1.45	1.52 ± 1.40

表 2-18列出了各类学校学生认为自己参与班级开展的12项活动的次数。学生参与次数平均超过2次的活动，按从高到低的顺序排列，村小是听广播、参加民族节日、跳民族健身操、参与民族歌舞文

艺活动、看黑板报 5 项。乡小是跳民族健身操、参加民族节日 2 项。县小有跳民族健身操、参加民族节日、参与民族歌舞文艺活动 3 项。乡级初中有参加民族节日 1 项。县初中 0 项，即无超过 2 次的活动项目。县高中有参加民族节日 1 项。

表 2 - 18   各类学校学生报告的开展民族团结教育活动的次数
（平均数/标准差）

题项	村小	乡小	县小	乡初中	县初中	县高中
黑板报	2.06 ± 1.42	1.95 ± 1.51	1.87 ± 1.53	1.95 ± 1.46	1.65 ± 1.49	1.76 ± 1.47
广播站	2.36 ± 1.59	1.91 ± 1.64	1.97 ± 1.64	1.82 ± 1.55	1.31 ± 1.48	1.37 ± 1.54
班队会	1.90 ± 1.46	1.73 ± 1.56	1.78 ± 1.54	1.68 ± 1.50	1.42 ± 1.48	1.49 ± 1.46
讲座	1.20 ± 1.35	1.21 ± 1.38	1.37 ± 1.48	1.27 ± 1.39	1.00 ± 1.30	1.10 ± 1.32
竞赛	1.20 ± 1.36	1.24 ± 1.43	1.20 ± 1.43	1.38 ± 1.45	0.90 ± 1.32	1.05 ± 1.36
演讲	1.70 ± 1.49	1.56 ± 1.49	1.66 ± 1.56	1.55 ± 1.48	1.28 ± 1.41	1.46 ± 1.42
调查	1.46 ± 1.32	1.15 ± 1.28	1.44 ± 1.45	1.27 ± 1.38	0.96 ± 1.29	1.03 ± 1.29
参观	1.16 ± 1.35	0.94 ± 1.31	1.19 ± 1.39	1.04 ± 1.34	0.94 ± 1.33	0.96 ± 1.29
节日	2.33 ± 1.52	2.03 ± 1.59	2.25 ± 1.62	2.02 ± 1.56	1.92 ± 1.62	2.08 ± 1.55
歌舞	2.15 ± 1.57	1.73 ± 1.58	2.06 ± 1.63	1.86 ± 1.53	1.74 ± 1.58	1.91 ± 1.53
健身操	2.22 ± 1.71	2.12 ± 1.74	2.36 ± 1.77	1.89 ± 1.70	1.76 ± 1.77	1.71 ± 1.75
手拉手	1.61 ± 1.55	1.46 ± 1.52	1.78 ± 1.60	1.49 ± 1.50	1.21 ± 1.47	1.28 ± 1.45

（二）不同年级学生参与活动的情况

表 2 - 19 报告了不同年级学生参与民族团结教育活动的次数。无论是教师，还是学生报告的 12 项活动总的平均次数、知识活动的平均次数、体验活动的平均次数都在 1 次以上。除了高二年级外，教师报告的平均次数都高于学生报告的平均次数。

表 2 – 19　　　　各年级学生参与民族团结教育活动的次数

（平均数/标准差）

	教师报告的次数			学生报告的次数		
	总分	知识	体验	总分	知识	体验
小学五年级	1.99 ± 0.95	2.02 ± 1.04	1.96 ± 1.10	1.68 ± 0.93	1.61 ± 1.01	1.77 ± 1.06
小学六年级	1.92 ± 1.03	1.91 ± 1.10	1.93 ± 1.21	1.74 ± 0.91	1.62 ± 1.03	1.91 ± 1.02
初一	1.76 ± 0.96	1.64 ± 1.05	1.93 ± 1.04	1.41 ± 0.95	1.33 ± 1.03	1.53 ± 1.06
初二	1.81 ± 0.93	1.71 ± 1.08	1.93 ± 0.97	1.54 ± 0.96	1.44 ± 1.01	1.66 ± 1.06
初三	1.85 ± 1.04	1.77 ± 1.13	1.96 ± 1.11	1.46 ± 0.85	1.51 ± 0.92	1.40 ± 1.00
高一	1.76 ± 1.12	1.58 ± 1.21	2.01 ± 1.14	1.34 ± 0.96	1.24 ± 1.01	1.48 ± 1.06
高二	1.37 ± 0.93	1.15 ± 0.97	1.68 ± 1.04	1.55 ± 0.94	1.44 ± 1.02	1.71 ± 1.02

（三）学校开展民族团结教育活动的预测因素

教师《民族团结教育活动问卷》的因素分析获得了两个因子，将 12 种活动分为知识活动与体验活动两种类型，各类学校开展这两类活动次数的多少，与什么因素有关系？不同的学校类型、教师任教年级、学校对民族团结教育的需求、实施和作用是否对开展活动产生影响？

知识类活动得分与学校类别、年级、需求、措施、作用的相关 – 0.20、– 0.19、0.25、0.42、0.33，都达到了十分显著的水平。

运用阶层回归方法，首先将教师学校类型、任教年级作为第一层变量引入回归方程，然后将教师在《学校民族团结教育实施问卷》上的需求、措施、作用的得分作为第二层变量引入方程，分别检验学校类型等变量对学校开展民族团结知识活动与体验活动的解释力。

两个阶层模型的整体解释变异量都达到了显著水平。学校类别、年级变量在阶层一的影响达到了显著，但在阶层二中，学校类别、年级变量的回归系数显著性检验的 t 值不显著，学校民族团结教育的措施、作用、需求三个变量的回归系数显著性检验的 t 值都达到了十分显著的水平。

回归分析结果说明：如果不考虑学校民族团结教育的措施、需求、作用的情况，学校类别、年级对学生参与民族团结知识活动的影响是显著的，两个变量能够解释学生参与知识活动次数的 4%。而当考虑学校民族团结教育的实施措施、需求、作用状况时，学校类别和年级发挥的作用不显著。5 个预测变量能够解释学生参与民族团结教育活动的次数的 20%。其中产生显著性影响的变量按影响力的大小依次排列是学校民族团结教育的措施、需求、作用三个变量。

表 2-20　　　　学校民族团结教育活动的分层回归分析结果

阶层变量	阶层内预测变量	阶层一		阶层二	
		β	t	β	t
学校变量	学校类型	-0.12	-2.43*	-0.01	-0.16
	年级	-0.10	-2.04*	-0.07	-1.55
教育变量	需求	—	—	0.13	4.93***
	措施	—	—	0.30	8.47***
	作用	—	—	0.10	2.78***
回归模型摘要	F 值	26.68***		62.77***	
	R^2	0.04		0.20	
	$\triangle F$ 值	26.68***		83.25***	
	$\triangle R^2$	0.04		16.2***	

体验类活动得分与学校类别、年级的相关为 0.02、-0.03，相关不显著，与需求、措施、作用的相关为 0.10、0.22、0.18，都达到十分显著水平。因此仅将需求、措施、作用引入回归方程。模型的 F 值为 =23.51（$p<0.001$），R^2 值为 0.05，需求、措施、作用的 β 值分别为 0.05、0.17、0.06，t 值分别为 1.65、4.43、1.76，只有措施的 t 值达到了十分显著的水平。

（四）其他形式的活动

本问卷要求教师和学生对未列出的活动进行补充。共收集到学生补充的 144 个条目，教师补充的 5 个条目。将 149 个条目进行初步分类，得到 5 个类别的活动。

第一是运动类的活动，包括学校举办运动会、体育艺术节、民族摔跤比赛、拔河比赛、放风筝比赛、跳绳比赛、广播操比赛、跑步比赛、民族游戏比赛等。

第二是歌舞艺术类活动，包括学校、班级举办民族文艺晚会、民族歌唱比赛、播放民族歌曲、民族器乐表演、民族舞比赛、跳民族舞、自编民族舞等。

第三是文化交流类，包括吃其他民族的食物，比如吃新米，参加民族典礼、观赏各民族服装、学习民族语言等。

第四是交往类，包括到村寨参加民族节日活动、到民族家做客、参与民族聚餐活动、民族间互教互学活动、给瑶区小朋友写信、民族学生代表座谈会等。

第五是知识学习活动，包括阅读关于各民族知识的书籍、民族知识竞赛、以民族团结为主题的写字比赛、作文竞赛。

第六是纪念革命先烈活动，包括扫烈士墓等。

另外去敬老院做好事、植树、环保活动、安全教育讲座、健康讲座等也被少数学生视为民族团结教育活动。

（五）讨论

学校民族团结教育与学科教育相比，其实施途径虽然仍以课堂教学为主，课外活动为辅。[1] 按年级设置专门课程是首要途径，能够让学生有系统性地、分层地逐步学习学校民族常识、民族政策与理论。在各学科教学中有意识寻找教育点对学生进行教育也是一条重要途径。学校民族团结教育课外实施途径具有其他学科教育所不具备的多样性，通过各种途径开展的活动也丰富多彩。

本节同时呈现教师和学生报告的 12 项活动的次数，其意图是从教师和学生两个角度来全面把握学生参与民族团结教育活动的情况。

---

[1] 教育部办公厅、国家民委办公厅：《关于印发〈学校民族团结教育指导纲要（试行）〉的通知》（教育部网站，2008 年 12 月 16 日，http：//www.moe.edu.cn/jyb_ xxgk/ gk_ gbgg/moe_ 2642/moe_ 2643/tnull_ 44510.html）。

综合教师和学生报告的情况可以看到，2010年9月至2011年10月两个学期间，不同学校、不同年级的学生参与12种民族团结教育活动的平均次数在3次以下，某些活动开展的相对多，而某些活动开展的次数相对少。六类学校开展相对多的活动是参加民族节日、跳民族健身操、参与民族歌舞活动、看黑板报宣传的民族团结知识等，这些活动的平均次数大于2次。开展相对少的活动是参观民族团结教育基地、民族知识竞赛、听民族文化或宗教政策知识讲座、调查家乡各民族的巨大变化等，这些活动的平均次数在1次左右。由此推知，中小学组织的民族团结教育活动，以本研究调查的10个月为计（不包含假期），大约每月都保证有1次活动，某些月份可能会有2—3次以上的活动。一些将民族健身操作为课间操的学校，学生每月跳民族健身操的次数就将有20次。可见，在开展该项教育的途径方面，云南省有了很大的改进，已从2001年的活动形式单一，基本是以授课、讲故事等形式为主，[①]发展到形式丰富多彩，并且各校开展的活动体现出对乡土资源的利用，体现出浓郁的地域民族色彩。[②]

学生和教师补充的民族团结教育活动提供了民族团结教育的七种途径，本书将编制的民族团结教育活动问卷中列出的12项活动纳入这七种途径之中，总结出体验学习活动的六条主要途径及40多项具体活动，见表2-21。

表2-21　　　学校民族团结教育实施途径及具体活动项目

实施途径	具体项目
知识学习活动	黑板报宣传民族团结知识、学校广播站宣传民族团结、主题班会、队会、主题讲座、调查家乡民族历史及社会的发展变化、参观民族博物馆、纪念馆等民族团结教育基地、阅读关于各民族知识的书籍、民族知识竞赛、以民族团结为主题的写字比赛、作文竞赛等

① 李先猷：《统一思想　扎实工作推进中小学民族团结教育工作》，《中国民族教育》2001年第5期。

② 尹可丽、尹绍清：《民族团结心理的研究内容与方法建构》，《云南民族大学学报》（哲学社会科学版）2008年第3期。

实施途径		具体项目
体验学习活动	运动类活动	运动会、体育艺术节、民族摔跤比赛、拔河比赛、放风筝比赛、跳绳比赛、广播操比赛、跑步比赛、民族游戏比赛、课间民族健身操等
	歌舞艺术类	民族文艺晚会、民族歌唱比赛、播放民族歌曲、民族器乐表演、民族舞比赛、跳民族舞、自编民族舞等
	文化交流类	民族食物品尝、参加民族典礼、观赏各民族服装、学习民族语言等
	人际交往类	到村寨参加民族节日活动、到民族家做客、参与民族聚餐活动、民族间互教互学活动、民族学生代表座谈会、给民族聚居地少数民族学生写信、各民族学生结对帮扶、手拉手活动等
	纪念先烈类	扫烈士墓、参观民族团结园等
	公益活动类	到敬老院做好事、植树活动、环保活动等

知识学习活动能够使学生直接通过看、听、读、写的方式，增长民族知识，提高民族团结认识。其他五项活动是通过学生亲身行动，在做中体验、在做中学，是体验性活动。开展丰富多彩的体验活动是许多学校实践民族团结教育的宝贵经验，体验活动是陶冶情操、锻炼能力、磨炼学生意志的人性化、科学有效的方式。这些体验性的活动对加强不同民族学生间的团结友爱、促进学生形成民族团结的行为习惯发挥着重要作用，其原因在于，一是各民族学生参与到同一项活动中，在协作、竞赛、互相学习中，增加了学生间交流交往、相互理解的机会；[1] 二是这些项目体现出的鲜明、浓厚的民族特色，能够使学生在热闹愉悦、轻松美好的氛围中，体验到民族体育、艺术、文化的魅力，从而在潜移默化中产生民族文化认同感与自豪感，产生对其他民族文化的理解和尊重。

回归分析结果说明，在知识学习活动方面，小学开展的活动比初中多，初中开展的活动比高中多，年级越低的学生参与的活动次数越多，年级越高的学生参与的活动次数越少。但学校类型和年级仅能够解释知识学习活动次数的4%。如果同时考虑学校实施民族团结教育

---

① 王秀琴：《拓展民族团结教育活动的途径促进学生全面发展》，《中国民族教育》2006年第4期。

的需求、措施和作用时，年级、学校类型对知识活动次数的影响不显著，说明学校实施民族团结教育的情况越好，即需求越强、措施越到位、发挥的作用越大时，学校开展知识活动的次数就越多，三个因素可以解释这种趋势的16.2%。而学校开展的体验类活动与学校类型、年级关系不大，虽然学校实施民族团结教育需求、措施和作用对体验活动也存在显著性影响，但三个因素只能解释开展活动次数的5%。这些结果也许暗示着，民族团结教育的知识类活动与体验类活动受到不同因素的影响。

（六）小结

中小学开展的课外民族团结教育活动有知识学习、运动、歌舞艺术、文化交流、人际交往、纪念革命先烈活动、公益活动七条途径、40多项活动。

中小学开展相对多的活动是参加民族节日、跳民族健身操、参与民族歌舞活动、看黑板报宣传的民族团结知识等，开展相对少的活动是参观民族团结教育基地、民族知识竞赛、听民族文化或宗教政策知识讲座、调查家乡各民族的巨大变化等。

学校类型和年级对中小学开展的民族团结教育知识学习类活动有一定影响，小学比初中、初中比高中组织学生开展这类活动的次数多，年级越低，开展活动的次数越多。学校类型和年级对体验类活动影响不大。

学校民族团结教育的实施情况对两类活动有一定的影响，当需求强、措施到位、作用大时，学校开展民族团结知识学习活动、体验活动的次数就越多。

五 学校民族团结教育的考核方式

效果评价是教学过程的重要环节。《学校民族团结教育指导纲要（试行）》中指出，"要重视对学校民族团结教育活动的评价和督导工作。各级教育行政、民族工作部门要制订科学的民族团结教育评价方案，加强对教学效果的考察考评工作，切实保障学校民族团结教育活动不流于形式、不走过场"。

学校民族团结教育是德育工作的一部分，但它不完全等同于思想品德课程、政治课程。除了培养学生的爱国主义精神，民族团结教育对生活在我国少数民族地区的各族青少年国家认同、中华民族认同和本族认同等心理素质的发展都具有重要价值。如何评估一所学校、一个班级开展民族团结教育的效果？如何评价一名学生接受民族团结教育的效果？仅仅采用常规的纸笔考试来考查学生对相关知识的记忆、理解水平，只能反映学生对民族知识、民族政策与理论的认识程度，并不能完全地、真实地体现民族团结教育对青少年的态度、行为等方面的塑造价值。因为只有知行合一，才能真正体现品德教育的效果。以什么为指标来衡量此项教育的质量，对中小学来说，是一个难题。

本节通过 1271 名教师对《民族团结教育考核问卷》的回答，考察当前中小学民族团结教育教学效果的考核方式。问卷中列出的六项考核方式来自于课题组前期调研的结果。这六项考核方式是：采用期末笔试的方式考核学生对相关知识的学习效果；采用口头回答的方式考核学生对相关知识的效果；采用问卷调查的方法考核学生对相关课程或活动的态度；将学生在生活中尊重其他民族同学的生活习惯、宗教信仰情况纳入学校对班级的年终量化考核；将学生在生活中尊重其他民族同学的生活习惯、宗教信仰情况纳入班级对学生的操行考核；将各族学生是否团结友爱、互帮互助纳入班级对学生的操行考核。

问卷的选项为"很不符合、不太符合、不清楚、比较符合、符合"，依次计为"1、2、3、4、5"分。

（一）六类学校考核方式的总体情况

六类学校教师所任教的班级对学生民族团结教育的考核方式的情

况见表2-22。在六种考核方式上，平均得分按从高到低排列，是村小、乡小、县小、县初中、乡初中、县高中。教师报告的六类学校班级民族团结教育的考核方式的得分存在十分显著的差异（$F = 11.80$，$p < 0.001$），但效果量ω^2的值为4%，说明学校类型与考核方式之间的关系是低关联强度。

表2-22　　　　　　　　　六类学校的考核方式得分情况

类别	教师人数	平均数	标准差	最小值	最大值
村小	176	3.30	0.91	1.00	5.00
乡小	258	3.21	0.93	1.00	5.00
县小	162	3.18	0.99	1.00	5.00
乡中	212	2.94	0.97	1.00	5.00
县初中	196	3.04	0.77	1.00	4.50
县高中	253	2.70	1.08	1.00	5.00

虽然小学教师报告其班级采用这六类考核方式的得分高于初中、高中，但从整体得分情况上看，三类小学、县初中教师的得分在"不清楚"与"比较符合"之间，偏向于"不清楚"。而乡初中与县高中教师的得分在"不太符合"与"不清楚"之间，偏向于"不清楚"。

图2-1是各类学校班级的六种考核方式平均得分图，呈现出三类小学的班级采用这些考核方式的情况多于初中、高中班级。

不同学校对学生学习民族团结教育的考核情况

为了更清楚地掌握每一种考核方式在不同类型学校的使用情况，研究将"很不符合"和"不太符合"合并为"不符合"，将"比较符合"与"很符合"合并为"符合"，得到的结果见表2-23。

数据表明，"将各族学生是否团结友爱、互帮互助纳入班级对

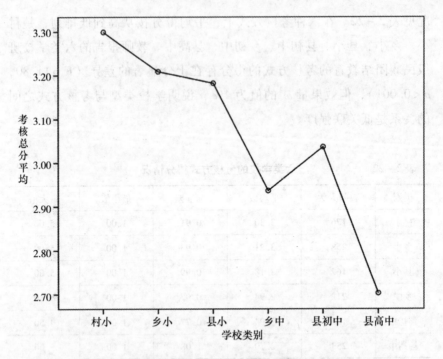

图 2 - 1　六类学校民族团结教育考核方式平均得分情况

学生的操行考核"是六种考核方式中，被相对使用得最多的方式。参与调查的 56% 的村小教师、56.7% 的乡小教师、61.5% 的县小教师、53.8% 的县初中教师、49.1% 的乡初中教师、37.9% 的高中教师报告他们所任教的班级采用了这些考核方式。口头回答、问卷调查这两种方式也是六类学校班级相对使用得较多的考核方式。

　　村级小学的班级最多的使用这六种考核方式，参与调查的村小教师中，有 48.5%—60.7% 的教师所在的班级采用了这些考核方式。县级小学的班级也相对较多地使用这些方式，有 40.8%—57.3% 的教师所在班级采用了这些考核方式。

　　高中班级较少地采用这六种考核方式，参与调查的高中教师中，只有 24.8%—37.9% 的教师所在的班级采用了这些考核方式。

表2-23　　　　　　　　六类学校民族团结教育考核方式情况　　　　（人数/百分比）

项目	选择	村小	乡小	县小	乡初中	县初中	县高中
期末笔试	不符合	50 (29.9)	92 (38.2)	74 (47.1)	89 (37.7)	90 (43.1)	124 (48.8)
	不清楚	27 (16.2)	45 (18.7)	19 (12.1)	57 (24.2)	45 (21.5)	67 (26.4)
	符合	90 (53.9)	104 (43.2)	64 (40.8)	90 (38.1)	74 (35.4)	63 (24.8)
口头回答	不符合	32 (19.0)	52 (21.6)	52 (33.3)	83 (35.2)	69 (32.9)	111 (43.7)
	不清楚	34 (20.2)	50 (20.7)	22 (14.1)	58 (24.6)	55 (26.2)	69 (27.2)
	符合	102 (60.7)	139 (57.7)	82 (52.6)	95 (40.3)	86 (41.0)	74 (29.1)
问卷调查	不符合	44 (26.2)	67 (27.8)	51 (32.5)	89 (37.7)	83 (39.5)	103 (40.6)
	不清楚	32 (19.0)	40 (16.6)	24 (15.3)	66 (28.0)	38 (18.1)	67 (26.4)
	符合	92 (54.8)	134 (55.6)	82 (52.2)	81 (34.3)	89 (42.4)	84 (33.1)
班级年终考核	不符合	54 (32.3)	105 (43.6)	56 (35.7)	103 (43.6)	75 (35.7)	122 (48.0)
	不清楚	32 (19.2)	38 (15.8)	23 (14.6)	60 (25.4)	63 (30.0)	63 (24.8)
	符合	81 (48.5)	98 (40.7)	78 (49.7)	73 (30.9)	72 (34.3)	69 (27.2)
尊重他族操行	不符合	55 (32.7)	105 (43.6)	47 (29.9)	102 (43.2)	76 (36.2)	112 (44.1)
	不清楚	28 (16.7)	44 (18.3)	20 (12.7)	48 (20.3)	55 (26.2)	61 (24.0)
	符合	85 (50.6)	92 (38.2)	90 (57.3)	86 (36.4)	79 (37.6)	81 (31.9)
友爱互助操行	不符合	46 (27.4)	65 (27.1)	44 (28.2)	79 (33.8)	56 (26.7)	91 (36.0)
	不清楚	28 (16.7)	39 (16.2)	16 (10.3)	40 (17.1)	41 (19.5)	66 (26.1)
	符合	94 (56.0)	136 (56.7)	96 (61.5)	115 (49.1)	113 (53.8)	96 (37.9)

注：括号内数字为百分比。

（二）不同民族组成学校对学生学习民族团结教育的考核情况

表2-24是从学校学生的民族组成的角度来看考核情况的结果。混合类学校的教师中，有42.4%—57.1%报告其任教班级采用这六种考核方式。少民学校有36.8%—49.9%报告采用这六种方式。汉族学校有34.4%—47.3%报告采用这六种方式。

三类学校教师都有50%左右的人报告使用将学生的团结友爱、互帮互助纳入班级对学生的操行考核这一方式。三类学校教师报告采用问卷调查方式的人数都超过了40%。

表2-24　　　不同民族组成的学校民族团结教育考核方式情况 （人数/百分比）

项目摘要	不符合			不清楚			符合			χ^2
	汉	少	混	汉	少	混	汉	少	混	
期末笔试	119 (49.4)	254 (39.6)	145 (38.1)	39 (16.2)	151 (23.6)	69 (18.1)	83 (34.4)	236 (36.8)	167 (43.8)	15.71*
口头回答	107 (44.2)	178 (27.8)	113 (29.7)	45 (18.6)	161 (25.1)	82 (21.5)	90 (37.2)	302 (47.1)	186 (48.8)	24.25***
问卷调查	96 (39.7)	214 (33.4)	126 (33.0)	43 (17.8)	154 (24.0)	70 (18.3)	103 (42.6)	273 (42.6)	186 (48.7)	9.87*
班级考核	120 (49.6)	254 (39.7)	140 (36.6)	40 (16.5)	159 (24.8)	80 (20.9)	82 (33.9)	227 (35.5)	162 (42.4)	16.23***
尊重操作	106 (43.8)	252 (39.3)	138 (36.1)	42 (17.4)	137 (21.4)	77 (20.2)	94 (38.8)	252 (39.3)	167 (43.7)	4.99
友爱操作	88 (36.5)	192 (30.0)	101 (26.7)	39 (16.2)	129 (20.1)	61 (16.1)	114 (47.3)	320 (49.9)	216 (57.1)	10.90*

注：括号内数字为百分比。

（三）班级采取考核方式的预测因素

各类学校的班级采取考核方式的情况与什么因素有关系？小学、初中、高中不同的学校类型、学校学生的民族组成情况、学校对民族团结教育的需求、实施和作用是否对班级采取的考核方式产生影响？

相关分析得知，考核得分与学校类别、学生民族组成情况、需求、措施、作用的相关为 -0.19、0.12、0.15、0.42、0.35，都达到了十分显著的水平。

运用逐步多元回归方法，首先将学校类型、学生民族组成情况作为第一层变量引入回归方程，然后将教师在《学校民族团结教育实施问卷》上的需求、措施、作用的得分作为第二层变量引入方程，分别检验学校类型等变量对班级采用的考核方式解释力。

两个阶层模型的整体解释变异量都达到了显著水平。学校类别、学生民族组成情况在阶层一的影响达到了显著，阶层二中，学校类别、学生民族组成情况、学校民族团结教育的实施、作用4个变量的回归系数显著性检验的 t 值都达到了十分显著的水平，只有需求变量的回归系数未达到显著性水平。

回归分析结果说明：在不考虑学校民族团结教育的措施、需求、作用的情况下，学校类别、学生的民族组成对班级的考核方式的影响是显著的，两个变量能够解释学生参与知识活动次数的5%。而当考虑学校民族团结教育的实施、需求、作用状况时，学校类别和年级发挥的作用也达到了显著水平，但需求的作用不显著。5个预测变量能够解释班级考核方式情况的20%。其中产生显著性影响的变量按影响力的大小依次排列是学校民族团结教育的措施、作用、学生的民族组成、学校类别四个变量。

表2-25　　班级民族团结教育考核方式的分层回归分析结果

阶层变量	阶层内预测变量	阶层一		阶层二	
		β	t	β	t
学校变量	学校类型	−0.19	−6.86***	−0.06	−2.33**
	民族组成	0.10	3.41**	0.08	3.21***
教育变量	需求	—	—	0.04	1.61
	措施	—	—	0.30	8.42***
	作用	—	—	0.13	3.87***
回归模型摘要	F值	30.10***		61.18***	
	R^2	0.05		0.20	
	△F值	30.10***		78.17***	
	△R^2	0.05		0.15	

（四）讨论

目前云南省从三个层面来考核民族团结教育质量。2005年云南省教育厅就将民族团结教育活动列入了省对州、市的年度教育目标考核范围，在整个教育工作权重中占1.5个分值，并建立督促检查和汇报制度，从管理层面来把握民族团结教育的质量。① 从2013年开始，

---

① 云南省教育厅：《三个到位是开展中小学民族团结教育活动的重要保证》，《中国民族教育》2005年第1期。

云南省对学校层面的评价，采取定期举行学校民族团结教育的总结与表彰的方式，将此项工作作为评估项目纳入省年度教育重点工作目标管理责任制实施重点评估指标体系，也作为评定省级文明学校的重要依据。而对学生层面的评价，是将各学段民族团结教育全国统编教材的教学内容纳入小学阶段考查，列入初中毕业生学业考试、高中学业考试及中等职业技术学校毕业考试政治（经济政治与社会）科目试题范围。① 目前国家已将民族团结教育纳入我国小学阶段考查和中、高考及中职毕业考试范畴，且试题分值不低于政治科目的15%，国家的相关规定可以基本从形式上解决民族团结教育不能很好落实的问题。②

本节涉及的六种考核方式是针对学生层面的考核。问卷设置了补充项，请教师补充问卷未列出的考核方式，但未能收集到新的补充项目，这说明可能六种考核方式能够大致概括出目前中小学采用的考核方式。

问卷考察的六种考核方式有三种纸笔考核方式和三种操行考核方式。这六种考核方式被较多小学班级使用，被一些初中班级使用，也被少数高中班级使用。其中，"将各族学生是否团结友爱、互帮互助纳入班级对学生的操行考核"这种操行考核方式，其次是"口头回答相关知识""问卷调查考核对相关课程与活动的态度"这两种纸笔考核方式在小学、初中和高中班级都被相对多地使用。

调查结果表明，村小、乡小、县小三类小学的班级、县级初中的班级采用这六种考核方式的情况多于乡级初中、县市级高中的班级。混合学校的班级采用这些考核方式的情况多于少民学校和汉族学校。回归分析发现，学校民族团结教育的措施、作用、学生的民族组成情况、学校类别这四个因素对班级采取的考核方式有显著性影响。上述

---

① 罗嘉福：《在云南省学校民族团结教育行政人员和骨干教师培训会上的讲话》（http://www.ynjy.cn/chn201004051544082/article.jsp？articleId=37292809.2012.12.28）。

② 尹可丽、尹绍清、黄希庭：《民族与种族社会化的概念、预测因素及理论模型》，《心理科学进展》2010年第11期。

这些结果显示出：民族团结教育措施得力、发挥作用大、学生由各族学生组成的村小班级，其次是乡小、县小的班级，最有可能使用这六项考核方式。

尽管数据显示这些考核方式并非被中小学班级广泛使用，但上述结果却反映出这六类考核方式可以在更多小学、初中和高中班级推广使用。因为，虽然从 2008 年起，国家就要求在中小学开展民族团结教育，但本章第二节的调查表明，云南省的村级、乡级和县市级三类小学中，70.9%—77.5% 的教师肯定学校明确安排了民族团结教育课程、安排了活动，乡（镇）初中、县市级初、高中三类中学中，41.6%—46.1% 的教师肯定学校明确安排了该项教育的课程、安排了活动。这些结果说明，2010 年 9 月至 2011 年 11 月，并不是所有参与此次调查的学校都明确安排了民族团结教育的课程与活动。由于学校开展民族团结教育的措施是否得力是影响班级是否使用这些考核方式的最具有影响力的因素。如果一所学校积极采取措施开展民族团结教育，即如果一所学校已经在安排课程、活动等显性教育措施与班级、宿舍中安排不同民族学生、考虑民族学生的特征与需要等隐性教育措施等方面进行了全面的考虑和布置，那么这所学校就有可能会使用这六种考核方式。这就意味着，当那些目前尚未严格按照要求开展民族团结教育的学校开始认真实施此项教育时，就可以借鉴使用这些考核方式。

当然，本节考察的六种考核方式具有较高的概括性，如何在学校真正使用这些方式，还需要对这些方式进行细化，使其具有更强的可操作性。

（五）小结

在参与调查的教师所任教的班级中，六种民族团结教育的考核方法被较多的小学班级使用，被一些初中班级使用，也被少数高中班级使用。

学校民族团结教育的措施、作用、学生的民族组成情况、学校类别这四个因素对班级是否使用考核方式有显著性影响。比如，可以预期，在措施得力、发挥作用大、混合类的村级小学，采用这六种考核方式的可能性很大。

六种考核方式，即采用期末笔试、口头回答的方式考核学生对相关知识的学习效果；采用问卷调查的方法考核学生对相关课程或活动的态度；将学生在生活中尊重其他民族同学的生活习惯、宗教信仰情况纳入学校对班级的年终量化考核；将学生在生活中尊重其他民族同学的生活习惯、宗教信仰情况纳入班级对学生的操行考核；将各族学生是否团结友爱、互帮互助纳入班级对学生的操行考核，具有在更多中小学推广使用的价值。

六　开展民族团结教育存在的问题与困难

在中小学开展民族团结教育是确保中国特色社会主义伟大事业最终取得胜利的基本保证，是一项长期的战略工程。[1] 民族团结教育涉及知识面广、政治性、政策性强，在实施过程中必然存在一些问题和困难。掌握该项教育在中小学具体的实施过程中存在哪些问题与困难，是此项工作长期、有效开展的需要，也是帮助教师解决问题、提升教育教学质量的需要。

目前已有少数研究关注到中小学民族团结教育遇到的一些问题与困难。比如，有人曾指出，我国不少中小学校对民族团结教育认识不足，工作流于形式，加之受应试教育的影响，一味地埋头狠抓教学成绩，致使不能将该项工作扎实有效地开展起来，此项教育长期处于概念化、模式化、形式化甚至口号化的状态。另外，由于教育者不甚了解少数民族的文化和风俗习惯等缘故，与学生或家长之间不时会发生

---

[1]　教育部办公厅、国家民委办公厅：《关于印发〈全国中小学民族团结教育工作部署视频会议纪要〉的通知》。

一些不该发生的误解或矛盾。① 教育内容上比较陈旧、单一，既缺乏系统性，也缺乏针对性，更缺乏与时俱进的新颖性等，是青少年民族团结意识培养存在的问题。② 对大理市民族团结教育的 2009 年的调研结果得知，中学教学任务相对小学较繁重，迫于升学压力，学校把工作重心放在了升学上，除了思想政治课里的一些民族常识，对民族团结工作已经不太重视。一些学校甚至不知道有专门的《云南省民族团结教育教材》，说明大理民族团结教育工作存在学校与上级部门之间信息沟通不畅的情况。③ 而保山地区的调研结果认为，学校与上级部门之间对民族团结教育工作的沟通较少；政府的教育和民族宗教主管部门对本项工作缺乏统一领导，对各学校开展情况不了解，也没有什么检查措施。④

中小学开展民族团结教育 10 多年来，究竟存在哪些问题与困难呢？目前还没有较为系统、深入、专门地针对这一问题而进行的研究。本节采用《民族团结教育存在的问题与困难问卷》，调查了 1271 名教师对目前学校教师在开展民族团结教育中遇到的问题与困难。问卷设置了 9 个项目和一个补充题。9 个项目由课题组前期调研结果编制而成，1 个补充题要求教师对问卷未列出的问题与困难进行补充。

（一）与上级主管部门有关的问题

对于中小学而言，最直接的上级主管部门，主要是乡镇教育办、县市级教育局、州级教育局。因此，本书所指的上级主管部门是指地州级教育局、县市级教育局、乡镇教育办。

---

① 高长生：《民族团结教育在中小学教育阶段的重要性》，《学校党建与思想教育》2009 年第 1 期。

② 刘志轩、周文胜：《当代青少年民族团结意识培养的思考》，《民族大家庭》2010 年第 2 期。

③ 龙肖毅、尹可丽、杨光：《大理青少年民族团结教育现状调查报告》，《大理学院学报》2010 年第 5 期。

④ 尹康平、尚兴民、田国伟：《保山市青少年民族团结教育现状调查报告》，《保山师专学报》2009 年第 6 期。

表 2 - 26　　六类学校的教师对与上级主管部门有关的问题的反映

（人数/百分比）

项目	选择	村小	乡小	县小	乡初中	县初中	县高中
缺乏上级指导	不符合	83 (49.4)	81 (33.5)	58 (36.7)	70 (29.7)	65 (31.1)	105 (41.3)
	不清楚	33 (19.6)	62 (25.6)	27 (17.1)	55 (23.3)	75 (35.9)	69 (27.2)
	符合	52 (31.0)	99 (40.9)	73 (46.2)	111 (47.0)	69 (33.0)	80 (31.5)
上级无检查	不符合	83 (49.4)	66 (27.4)	59 (37.3)	62 (26.3)	64 (30.5)	90 (35.4)
	不清楚	31 (18.5)	78 (32.4)	32 (20.3)	85 (36.0)	74 (35.2)	77 (30.3)
	符合	54 (32.1)	97 (40.2)	67 (42.4)	89 (37.7)	72 (34.3)	87 (34.3)
上级学校间无沟通	不符合	59 (35.1)	71 (29.3)	59 (37.3)	63 (26.7)	61 (29.2)	87 (34.3)
	不清楚	41 (24.4)	55 (22.7)	31 (19.6)	75 (31.8)	66 (31.6)	81 (31.9)
	符合	68 (40.5)	116 (47.9)	68 (43.0)	98 (41.5)	82 (39.2)	86 (33.9)

表 2 - 26 的数据表明，村小教师（49.4%）与县高中教师（41.3%）认为学校开展的民族团结教育获得上级主管部门指导的人数最多，高于其他四类中小学 10 多个百分点。其他四类中小学也有 30% 左右的教师认为学校获得了上级主管部门的指导。六类学校对此问题的反映具有十分显著的统计学差异（$\chi^2 = 45.62$，$df = 10$，$p < 0.001$）。

村小教师（49.4%）认为上级主管部门对学校开展的民族团结教育进行了检查的人数最多，其他五类学校认为上级主管部门有检查此项工作的教师人数低于 37.3%，其中，乡级初中与小学这样认为的教师人数仅有 26.3%、27.4%。六类学校对此问题的反映具有十分显著的差异（$\chi^2 = 42.23$，$df = 10$，$p < 0.001$）。

县小教师（37.3%）、县高中教师（34.3%）、村小教师（35.1%）认为上级主管部门与学校之间对此项工作的开展情况有沟通的人数比乡级小学、初中、县级初中教师多。六类学校对此问题的反映有差异（$\chi^2 = 22.56$，$df = 10$，$p < 0.05$）。

表 2 - 27 数据表明，汉族学校教师在缺乏上级主管部门指导、上级对学校开展此项工作缺乏检查、主管部门与学校之间缺乏沟通三个项目的人数百分比最高，分别超过了 40%。少民学校与混合学校教

师认为上级主管部门与学校之间缺乏沟通的人数百分比也分别超过了40%。无论是混合学校、少民学校还是汉族学校,教师们认为上级有指导、有检查、有沟通的人数百分比都没有达到40%。少民学校对此情况不清楚的教师最多。

表2-27　　　不同民族组成学校的教师对与上级主管部门有关的

问题的反映 （人数/百分比）

项目摘要	不符合			不清楚			符合			χ^2
	汉	少	混	汉	少	混	汉	少	混	
缺乏上级指导	88 (36.4)	225 (35.1)	150 (39.2)	49 (20.2)	185 (28.9)	86 (22.5)	105 (43.4)	231 (36.0)	147 (38.4)	10.47*
上级无检查	83 (34.3)	198 (30.8)	143 (37.4)	53 (21.9)	216 (33.6)	108 (28.3)	106 (43.8)	228 (35.5)	131 (34.3)	15.90**
无沟通	85 (35.1)	189 (29.5)	126 (32.9)	55 (22.7)	193 (30.1)	100 (26.1)	102 (42.1)	259 (40.4)	157 (41.0)	6.06

（二）教育教学过程中遇到的问题

表2-28数据呈现了六类学校教师对民族团结教育教学过程中遇到的问题的看法。

表2-28　　　六类学校教师对民族团结教育教学过程中存在

问题的看法 （人数/百分比）

项目	选择	村小	乡小	县小	乡初中	县初中	县高中
缺乏师资	不符合	68 (40.5)	76 (31.4)	50 (31.6)	63 (26.7)	69 (32.9)	91 (35.8)
	不清楚	31 (18.5)	39 (16.1)	27 (17.1)	53 (22.5)	46 (21.9)	57 (22.4)
	符合	69 (41.1)	127 (52.5)	81 (51.3)	120 (50.8)	95 (45.2)	106 (41.7)
缺乏培训	不符合	44 (26.3)	65 (26.9)	48 (30.4)	58 (24.6)	47 (22.5)	79 (31.1)
	不清楚	27 (16.2)	35 (14.5)	23 (14.6)	45 (19.1)	42 (20.1)	42 (16.5)
	符合	96 (57.5)	142 (58.7)	87 (55.1)	133 (56.4)	120 (57.4)	133 (52.4)
缺乏参考课案	不符合	43 (25.6)	65 (26.9)	48 (30.4)	54 (22.9)	49 (23.3)	75 (29.5)
	不清楚	20 (11.9)	35 (14.5)	24 (15.2)	49 (20.8)	52 (24.8)	54 (21.3)
	符合	105 (62.5)	142 (58.7)	86 (54.4)	133 (56.4)	109 (51.9)	125 (49.2)

续表

项目	选择	村小	乡小	县小	乡初中	县初中	县高中
缺乏参考活动案例	不符合	37 (22.0)	71 (29.3)	46 (29.1)	57 (24.2)	58 (27.8)	78 (31.0)
	不清楚	24 (14.3)	38 (15.7)	22 (13.9)	53 (22.5)	45 (21.5)	55 (21.8)
	符合	107 (63.7)	133 (55.0)	90 (57.0)	126 (53.4)	106 (50.7)	119 (47.2)
升学压力大	不符合	84 (50.0)	90 (37.2)	57 (36.1)	65 (27.5)	72 (34.3)	97 (38.2)
	不清楚	20 (11.9)	41 (16.9)	23 (14.6)	46 (19.5)	34 (16.2)	60 (23.6)
	符合	64 (38.1)	111 (45.9)	78 (49.4)	125 (53.0)	104 (49.5)	97 (38.2)
沟通困难	不符合	64 (38.1)	113 (46.7)	77 (48.7)	93 (39.4)	99 (47.1)	133 (52.4)
	不清楚	23 (13.7)	32 (13.2)	18 (11.4)	44 (18.6)	37 (17.6)	52 (20.5)
	符合	81 (48.2)	97 (40.1)	63 (39.9)	99 (41.9)	74 (35.2)	69 (27.2)

乡小、县小和乡初中三类学校有超过50%的教师，县初中、村小、县高中有超过40%的教师认为学校的确缺乏师资来开展此项工作。六类学校教师对此项问题的看法没有显著性差异（$\chi^2 = 16.92$，$df = 10$，$p = 0.08$）。六类学校教师中，认为教师缺乏对此项工作的培训的人数百分比一致超过了50%（$\chi^2 = 8.81$，$df = 10$，$p = 0.55$）。

六类学校中，村小教师认为缺乏可供参考的课程设计案例、活动设计案例的人数最多，占62.5%、63.7%，县高中教师这样认为的人数最少，占49.2%、47.2%。其他四类学校的教师这样认为的人数百分比都超过了50%。对是否缺乏课程设计案例的看法，六类学校教师存在着显著性差异（$\chi^2 = 21.30$，$df = 10$，$p = 0.02$）。对是否缺乏活动设计案例的看法，也存在显著性差异（$\chi^2 = 18.97$，$df = 10$，$p = 0.04$）。

对于升学压力是否让教师觉得没有时间和精力考虑此项工作，村小教师和高中教师这样认为的人数最少，其百分比都低于40%，乡级初中有53%的教师这样认为，乡小、县小和县级初中有近50%的人这样认为。六类学校教师对此问题的看法存在十分显著的差异（$\chi^2 = 33.05$，$df = 10$，$p < 0.001$）。

超过40%的村小、乡小及乡级初中教师认为教师对当地少数民族的风俗习惯不够了解，导致与少数民族学生的沟通产生困难。高中教师这样认为的人数最少，只有 27.2%，县小、县初中这样认为的教师接近 40%。六类学校教师对此问题的看法存在显著差异（$\chi^2 = 29.54$，$df = 10$，$p < 0.01$）。

表 2 - 29 是不同民族组成学校的教师对存在问题的看法。

表 2 - 29　　　不同民族组成学校的教师对存在问题的看法　　（人数/百分比）

项目摘要	不符合			不清楚			符合			χ^2
	汉	少	混	汉	少	混	汉	少	混	
缺乏师资	79 (32.6)	204 (31.8)	134 (35.0)	36 (14.9)	156 (24.3)	61 (15.9)	127 (52.5)	282 (43.9)	188 (49.1)	16.24**
缺乏培训	67 (27.8)	174 (27.1)	101 (26.4)	36 (14.9)	125 (19.5)	52 (13.6)	138 (57.3)	343 (53.4)	229 (59.9)	7.51
缺乏课案	59 (24.4)	187 (29.1)	89 (23.2)	43 (17.8)	118 (18.4)	73 (19.1)	140 (57.9)	337 (52.5)	221 (57.7)	5.36
缺乏动案	65 (26.9)	186 (29.0)	97 (25.5)	37 (15.3)	128 (19.9)	70 (18.4)	140 (57.9)	328 (51.1)	213 (56.1)	0.28
升学压力	85 (35.1)	223 (34.7)	158 (41.3)	33 (13.6)	136 (21.2)	55 (14.4)	124 (51.2)	283 (44.1)	170 (44.4)	14.22**
沟通困难	114 (47.1)	274 (42.7)	192 (50.1)	40 (16.5)	116 (18.1)	49 (12.8)	88 (36.4)	252 (39.3)	142 (37.1)	7.69

从表 2 - 29 数据可以得知，汉族学校认为缺乏该项教育的师资的人数百分比最高，达到了 52.5%，混合学校与少民学校教师中也有超过 40% 的人认为学校缺乏师资。三类学校教师对此问题的看法存在显著性差异。三类学校教师对缺乏培训持肯定看法的人数百分比都超过了 50%，而且不存在显著性差异。

三类学校中，认为教师缺乏可供参考的课程与活动案例设计的教师都超过了 50%，仅有 23.2%—29.1% 的人不这样认为。

对升学压力影响教师开展该项教育的精力和时间这一问题，汉族学校教师持肯定意见的人数超过 50%，其他两类学校持肯定意见的人数达到 44%。但是，混合学校教师认为不符合实情的人数也有 41% 。

对于"教师对当地少数民族风俗习惯了解不够，导致与少数民族学生的沟通产生困难"这一问题，三类学校教师持否定意见的人数在 42.7% 以上，混合学校达到 50.1% ，都分别高于持肯定意见的人数 10 多个百分点。说明只有少数教师存在对当地少数民族习俗了解缺欠而导致与少数民族学生的沟通困难。

（三）教师补充的问题

共有 12 名教师补充了 18 条存在的问题和困难。剔除了与问卷列出的项目相同意思的"忙于教学任务，没有更多精力开展此项工作""缺乏师资"之外，有 8 名教师提出开展此项教育资金缺乏的问题，包括缺乏活动资金、缺乏资金搞课程资源开发，需要资金改善软件和硬件等。两名教师提到缺乏相应教材，相关评价机制不完善。一名教师提出学生兴趣不浓的问题。另有三项建议，分别是"多外派教师到历史名城参观""每县建一个民族教育基地""在师范院校开设课程"。

（四）讨论

本节调查了教师开展民族团结教育遇到的问题与困难，经过统计分析，获得了以下信息。

1. 地州、县市、乡镇的各级教育行政部门对部分中小学开展民族团结教育有着相应的指导、检查和沟通，其中，民汉杂居地方的混合学校得到上级主管部门的指导和检查最多，汉族学校得到的指导最少。这种指导、检查和沟通目前还需要推及到更多的学校。

六类学校中，有 31%—47.5% 的教师认为上级主管部门未给予该项工作指导、检查，也缺乏沟通。但也有 26.3%—49.4% 的教师认为上级主管部门给予了相应的指导、检查和沟通，村小、县小的教师这样认为的人数相对多。云南省从 2001 年开始，要求全省中小学从小学二年级至初中三年级，全面开展民族团结教育活动，开展面要达到100%。① 2012年，云南省教育厅决定在高中一年级开设民族理论常识教育课程，中等职业技术学校一年级开设民族理论常识实践教育课程。可见，云南中小学此项工作的开展已从小学、初中，开始推广到高中、中职学校。此项工作在各类中小学的全面展开，意味着将有更多的学校需要得到上级主管部门适时的指导、检查与沟通。

有人曾指出对汉族和非少数民族地区、非民族学校中的民族团结教育较为缺乏已经在现实状况中有所反映，已经成为一个显而易见的问题，继续下去可能会发生越来越多，越来越严重的情况。② 云南省教育厅在2009年已认识到此问题，并要求不论是民族地区或汉族地区的中小学，都要开设民族团结教育活动课，重点在经济、文化较为发达的汉族聚居地区和民汉杂居地区。③ 本调查结果反映出，民汉杂居地方的混合学校得到上级主管部门的指导和检查最多，汉族学校得到的指导最少。是否这些认为未能获得指导和检查的学校教师来自经济、文化较为落后的地方？而那些认为获得了指导与检查、沟通的教师来自经济、文化发达的汉族聚居地和民汉杂居地区呢？还需要进一步深入地调查才能得到答案。

云南省对此项教育的要求，从年级来看，云南省要求从小学到高中开展此项教育；从民族组成成分来看，汉族地区、民族地区的中小学都要开展此项教育。因此，涉及全省每一所中小学。而上级主管部门对此工作进行的指导、检查与沟通，不仅是此项工作重要性的反映，也是避免此项工作流于形式的关键措施。要做到每一所学校都给予指导、检查和沟通，的确是很繁重而艰巨的工作。需要找出有效的办法来完成指导、检查与沟通。

2. 多数教师认为学校缺乏开展民族团结教育师资、缺乏培训、

---

① 李先猷：《统一思想 扎实工作推进中小学民族团结教育工作》，《中国民族教育》2001年第5期。

② 土登、康晓卓玛、邓晓茂、李仲良：《民族团结教育实践与创新》，《民族学刊》2011年第6期。

③ 罗嘉福：《认真做好中小学民族团结教育工作》，《中国民族教育》2009年第3期。

缺乏可供参考的课程设计案例、活动设计案例，少数教师认为缺乏资金，认为教师对当地少数民族习俗了解有所缺欠。

除了20%左右的不清楚情况的教师之外，在六类中小学中，村小、县初中、高中有超过40%的教师，乡级中小学、县小超过50%的教师认为开展此项教育缺乏师资。六类学校教师认为缺乏师资的人数百分比高于认为不缺乏师资的人数百分比1.4—24.1个百分点。汉族学校超过50%的人、少民学校和混合学校有接近50%的教师认为缺乏师资。

村、乡、县六类中小学校中50%以上的教师认为缺乏培训，50%以上的小学、初中教师都认为缺乏可供参考的课程设计案例、活动设计案例。汉、少、混三类学校中，超过50%以上的教师认为缺乏培训，超过50%以上的人认为缺乏课程案例、活动案例。

国家有关民族团结教育的有关文件中，对师资的问题都有明确的规定。云南省教育厅对此也有规划和安排。纲要试行中规定各级各类学校的校长、政教主任、团队工作者和思想品德课教师及相关学科教师可以承担民族团结教育的教学工作。本课题组自2008年起开始此项调查工作就了解到，被调查的中小学校此门课程的教学是由上述这些学校教师、校领导和团队工作者在承担。民族团结教育与学科课程所不同的是，学生除了在专门的课程学习知识外，还可能在任何一个学科的教师那里学到这方面的知识。本课题调查的教师涉及语文、思品、历史、地理、数学、物理、生物、化学、计算机、科学、英语、音乐、美术、体育等14个学科方向的教师，正如本节第二部分调查结果所展示的，任何一名教师都可能向学生传递了某些民族团结教育的知识。另外，课外的那些宣传教育活动、体验活动，有着课程无可替代的重要作用。例如体育运动、歌舞文艺活动等，如本节第三部分的调查结果所展示的。每学期每个班级开展的这些活动，都需要班主任老师的精心策划与组织。如果不局限在专门的课程层面，从广义上可以说，参与本调查的教师都是民族团结教育的师资力量。但为什么仍有那么多教师认为此项工作缺乏师资力量呢？

综合思考师资、培训、课程设计、活动设计四个缺乏，可以看到，师资缺乏，可能与缺乏培训有关，而培训的缺乏，也与课程、活动设计案例的缺乏有关。由于缺乏培训，教师们有可能误认为，民族团结教育师资的组成仅由那些专门承担这门课程的教师组成，对自己已经参与了该项工作的认识并不明确。而当前有关该项教育的课程、活动等教学参考书籍也未见诸市面，在对开展各类活动会对学生产生何种影响并不知晓的情况之下，这类书籍要面市也并不成熟。

超过40%的村小、乡小及乡级初中教师认为教师对当地少数民族的风俗习惯不够了解，导致与少数民族学生的沟通产生困难。高中教师这样认为的人数最少，只有27.2%，县小、县初中这样认为的教师接近40%。汉族学校、少民学校与混合学校中，都只有少数教师认为存在对当地少数民族习俗了解缺欠而导致与少数民族学生的沟通困难。这一结果仅部分证明了高长生认为教育者不了解当地民俗的说法。[①] 因此，在学校的校本培训工作中，可以添加当地少数民族风俗习惯、宗教信仰、历史文化等知识的培训。

另外，资金缺乏是参与调查的教师补充的最主要的问题。2009年两部委视频会上要求各地要把民族团结教育研究列入当地课题研究规划，保证经费投入，及时总结教学经验，加强科研成果的交流。但是，仅以课题研究形式来进行经费投入，可能不能满足那些不能申请到经费的学校开展此项教育活动的要求。

最后，仍有相当一部分人将升学压力视为影响开展民族团结教育的一个原因。村小和高中教师中，少数人认为升学压力影响到民族团结教育的开展，而乡小、乡初中、县小、县初中，有50%左右的人这样认为。升学压力，已经成为一些学校只关注考试科目、教师只关注考点的一个重要的、主要的理由。

---

① 高长生：《民族团结教育在中小学教育阶段的重要性》，《学校党建与思想教育》2009年第1期。

（五）小结

村小、乡小、县小、乡初中、县初中、县高中等六类学校中，有31%—47.5%的教师认为上级主管部门未给予该项工作指导、检查，也缺乏沟通。但也有26.3%—49.4%的教师认为上级主管部门给予了相应的指导、检查和沟通。民汉杂居地方的混合学校得到上级主管部门的指导和检查最多，汉族学校得到的指导最少。

六类中小学中，村小、县初中、高中有超过40%的教师，乡级中小学、县小超过50%的教师认为缺乏师资开展此项教育。六类学校中，认为缺乏培训的教师超过50%，小学、初中教师认为缺乏可供参考的课程设计案例、活动设计案例的人数超过50%。汉族学校超过50%的教师、少民学校和混合学校有接近50%的教师认为缺乏师资。三类学校中超过50%以上的教师认为缺乏培训，超过50%以上的人认为缺乏课程案例、活动案例。

建议教育主管部门确定有效的办法，给予更多的学校指导、检查与沟通。建议教育主管部门采取多种形式的培训增加此项教育的培训次数与受众面，比如开展远程网络课程培训、专家讲座、研讨会交流等，并加快对此项教育的课程、活动设计案例资源建设，包括教学参考书籍、活动类参考书籍、网络共享资源的建设等。

建议高等师范院校研究并设置相关的选修课程，让学生尽早接触民族团结教育，培养相应的意识和能力。建议各中小学校在校本培训工作中，添加当地少数民族风俗习惯、宗教信仰、历史文化等知识的培训与交流学习等。

第三章

青少年民族团结心理
状况的评估工具

　　青少年民族团结心理是指青少年对民族特征的认知、对中国民族理论与政策的认知，积极的民族认同，以及民族间良好的交往行为、较少冲突行为等。为了获得青少年民族团结心理状况的实证数据，本课题首先需要解决评估工具的问题。

　　在对相关政策进行思考，以及课题组前期访谈、调查结果的基础上，编制了《青少年民族团结知识的记忆水平问卷》。将史慧颖《民族认同问卷》（适用于少数民族大学生及成人），[①②] 改编为适合青少年使用的《民族认同问卷》。另外，参照国外相关研究考察同族间交往认同问卷及青少年不公正体验等问卷，[③] 编制了《青少年民族友好交往行为问卷》及《青少年交往冲突问卷》共四个问卷。

　　首先设计了上述四个问卷的预测问卷，于 2011 年 9 月在德宏州采取方便取样的方法，向初中生发放问卷 300 份，回收问卷 284 份，最终获得有效问卷 242 份。其中初一学生 142 名，初二 54 名，初三 46 名。男生 100 人，女生 142 人，汉族 120 人，傣族 114 人，其他民

---

　　① 史慧颖、张庆林、范丰慧：《西南地区少数民族大学生民族认同心理研究》，《民族教育研究》2007 年第 2 期。

　　② 史慧颖：《中国西南民族地区少数民族民族认同心理与行为适应研究》，博士学位论文，西南大学，2007 年。

　　③ Hughes D., Johnson D. J., "Correlates in children's experiences of parents' racialization behaviors", *Journal of Marriage and the Family*, Vol. 63, No. 4, 2001.

族 8 人。分别对四个问卷进行探索性因素分析之后，对问卷进行了修改，形成正式问卷。

正式施测的被试为 10967 名[①]学生，这些学生的人口学变量情况见第一章。

一 青少年民族团结知识记忆问卷的编制

认知，通俗地说，是指人们对某一现象的认识和了解。人的认知包括了感知、记忆、思维、言语、想象等。记忆是认知过程的一个重要环节，没有记忆，思维、言语和想象等高级心理活动就不可能发生。记忆是个体对其经验的识记、保持和再现。感知过的、思考过的、体验过的和行动过的事物都可以成为个体的经验。[②] 因此，记忆并非只依靠通过反复读写背诵而得，人通过体验、行动获得的经验，都可以成为记忆的结果。

认知主义心理学派认为，学习是人们尝试理解世界的结果，学的是知识。学生只有对相关的民族团结知识有所记忆，才有可能在实践中运用这些知识解决问题。这是因为，记忆是一个对信息进行编码、存储和提取的循环过程，这三个环节中的任何一个没有完成，该信息就可能被遗忘。[③] 因此，对民族团结相关知识的记忆水平，是衡量青少年民族团结认知水平的一个重要的、基本的指标。就目前来说，国家规定的民族团结教育的内容，是教师传授该项教育的内容，也是学生学习该项教育的内容。因此，研究主要参考《学校民族团结教育纲要试行》的内容标准，编制出能够考察学生对在校学习的民族团结知识的记忆内容的问卷。

《青少年民族团结知识记忆问卷》的内容与《民族团结教育教学内容教师问卷》完全相同，只是学生和教师在选项要求上不同。学生

---

① 说明：全书中，人数不能达到精确统一，因为填写问卷时会有废卷产生。
② 黄希庭：《心理学基础》，华东师范大学出版社 2008 年版，第 1—2、125 页。
③ 约翰·W. 桑特罗克：《心理学导论》，吴思为、岳盈盈、赵敏、陶塑等译，上海社会科学院出版社 2011 年版，第 265 页。

问卷要求判断其在 2010 年 9 月至 2011 年 11 月，对学习当地主体少数民族知识、除当地主体少数民族之外的中华各民族知识、民族政策与理论的记忆。

将 10967 名学生的数据随机分成两半，一半数据做探索性因素分析，另一半做验证性因素分析。

（一）项目分析与因素分析

27 个题项的得分与总分的相关在 0.50—0.68，都达到了十分显著水平。

对 5483 名学生该问卷的探索性因素分析，因子旋转方法为斜交。根据题项删除标准，删除了 N419、N429 两个题项。25 个题项问卷的取样适当性 KMO 值为 0.94，Bartlett 球度检验值 $\chi^2 = 5749.00$，$df = 300$，$p < 0.001$。得到 5 个特征根大于 1 的公因子，一共能够解释 59.63% 的变异。5 个因素结构清晰，各项目均在相应因素上具有较大载荷，处于 0.43—0.86。命名因子 1 为"民族政策与理论"，因子 2 为"各族历史事件、人物与节日"，简称"各族人事节"，因子 3 为"语言艺术经济"，因子 4 为"宗教与习俗"，因子 5 为"本地民族事件、人物与节日"，简称"本地人事节"。因素分析摘要见表 3-1。

表 3-1　　　　青少年民族团结知识记忆问卷因素分析摘要

题号		项目内容	民族政策理论	民族文化	各族人事节	宗教与习俗	本地人事节	共同度
N433	民族政策与理论	民族政策的基本内容	0.79	0.02	-0.08	0.06	-0.00	0.63
N437		公民的权利和义务	0.79	-0.04	0.04	-0.01	-0.00	0.61
N439		如何依法维权	0.78	-0.09	0.06	-0.02	0.02	0.57
N436		民族政策的优越性	0.77	-0.02	0.07	-0.01	-0.05	0.61
N434		民族问题的基本理论	0.77	-0.12	-0.01	0.11	-0.00	0.59
N438		治安管理等法律法规	0.74	-0.08	0.16	-0.10	0.02	0.55
N435		中华民族的历史演变	0.71	-0.01	0.08	0.05	-0.01	0.59
N432		反对民族分裂的必要性	0.60	0.38	-0.20	-0.06	0.09	0.59
N431		中国各民族的和谐关系	0.51	0.38	-0.10	-0.14	0.11	0.49

续表

题号		项目内容	民族政策理论	民族文化	各族人事节	宗教与习俗	本地人事节	共同度
N422	各族人事节	著名历史人物	−0.06	0.83	−0.03	−0.01	0.19	0.68
N423		节日	−0.18	0.75	0.15	0.04	0.09	0.63
N421		民族团结重大历史事件	0.11	0.72	−0.14	0.04	0.09	0.58
N418	语言艺术经济	本地语言文字	−0.02	−0.23	0.86	−0.11	0.25	0.64
N428		各族语言文字	−0.01	0.27	0.75	−0.21	−0.08	0.62
N416		本地音乐等艺术形式	0.03	−0.05	0.52	0.17	0.16	0.44
N417		本地社会经济文化变化	0.14	−0.16	0.52	0.19	0.14	0.49
N427		各族社会经济文化变化	0.15	0.23	0.49	0.09	−0.18	0.57
N426		各族音乐等艺术形式	0.12	0.29	0.43	0.15	−0.17	0.59
N414	宗教与习俗	本地宗教信仰	0.02	−0.01	−0.18	0.90	0.18	0.70
N424		各族宗教信仰	−0.01	0.25	−0.07	0.74	−0.12	0.67
N415		本地生活习俗	−0.05	−0.08	0.10	0.73	0.15	0.60
N425		各族生活习俗	0.01	0.21	0.18	0.58	−0.17	0.65
N412	本地人事节	著名历史人物	0.01	0.19	0.08	0.00	0.75	0.70
N411		重大历史事件	0.11	0.06	0.02	0.15	0.68	0.65
N413		节日	−0.12	0.33	0.22	−0.02	0.48	0.47
旋转后特征值			7.66	5.94	5.93	5.98	2.66	—
贡献率（%）			37.79	7.59	5.10	4.94	4.21	—

对随机分半获得另外 5484 名学生的数据进行验证性因素分析。采用极大似然估计检验 5 个因素的拟合程度。一个拟合良好的模型，其 χ^2/df 应该小于 5，$RMSEA$ 小于 0.08，NFI、CFI、GFI、$AGFI$ 应该大于 0.90，但由于卡方统计量容易受到样本大小影响，因此除了卡方统计量外，还需同时参考其他拟合度指标（荣泰生，2009，p.128）。根据修正指标值大于 4 的标准，在题项 N438 与 N439、N431 与 N432、N433 与 N434 的误差项之间建立共变关系，最后得到的模型的各项拟合指标达到要求。验证性因素分析模型 M 的拟合指数，见表 3−2。

表 3 – 2　　　青少年民族团结知识记忆问卷的验证性因素
分析模型拟合指数（N = 5484）

拟合指标	χ^2	df	RMSEA	GFI	AGFI	CFI	NFI
M 数值	5115. 28	262	0. 06	0. 93	0. 91	0. 92	0. 91

表 3 – 3 为 5 因子模型的验证性因素分析的标准化参数解。25 个题项的因素负荷量值介于 0. 50—0. 95，超过了推荐指标 0. 50，表示模型的基本适配度良好。因素负荷量越大，表示指标变量能有效反映其要测得的构念特质。[1]

表 3 – 3　　验证性因素分析标准化参数解（题项/因素负荷量）

民族政策理论	各族人事节	语言艺术经济	宗教与习俗	本地人事节
N439　0. 65	N423　0. 66	N428　0. 59	N425　0. 75	N413　0. 51
N438　0. 66	N422　0. 81	N427　0. 73	N424　0. 73	N412　0. 77
N437　0. 73	N421　0. 70	N426　0. 73	N415　0. 64	N411　0. 73
N436　0. 74		N418　0. 50	N414　0. 63	
N435　0. 73		N417　0. 63		
N434　0. 70		N416　0. 55		
N433　0. 71				
N432　0. 66				
N431　0. 56				

青少年民族团结知识记忆问卷的 Cronbach α 系数为 0. 93。民族政策与理论、各族历史事件人物与节日、语言艺术经济、宗教与习俗、本地民族事件人物与节日的 α 系数分别为 0. 90、0. 76、0. 80、0. 79、0. 70。

---

[1]　吴明隆：《结构方程模型——AMOS 的操作与应用》，重庆大学出版社 2009 年版，第 224 页。

（二）小结

教师民族团结教育内容问卷的题项与本问卷是题项上完全相同的两个七点量表。两个量表在选项上的表述不同，但记分方式相同。教师问卷要求教师判断自己向学生谈到这些内容的次数，次数由无、很少、少、较少、较多、多、很多七个选项构成，计为 0—6 分。学生问卷要求学生判断自己对内容的记忆程度，由完全没有印象、没有印象、不清楚、有点印象但记不得、有印象而且记得一些内容、有印象而且记得很多内容、印象很深刻七个选项构成，也计为 0—6 分。

对青少年民族团结知识记忆问卷的探索性因素分析结果表明，该问卷由 5 个因子构成，与教师问卷获得的 3 个因子不同，但其中，两个问卷得到的"民族政策与理论"这一因子是完全相同的。验证性因素分析结果进一步证明了学生问卷由 5 个因子构成是合理的，与实际数据相契合。值得注意的是，当地主体少数民族的重要人物、历史事件与节日与当地主体少数民族之外的中华各民族（包括汉族）的重要人物、历史事件与节日被区分为了两个不同的维度。但在语言、艺术与经济方面，当地主体少数民族的语言、艺术和经济发展与其他各族的语言、艺术和经济发展合并为一个维度，而在宗教信仰、习俗方面，当地主体少数民族的宗教信仰、生活习俗与其他各族的宗教信仰、习俗也同样合并为一个维度。这一情况是否说明：在学生的认知结构中，重要人物、历史事件与节日是标志民族特征的最重要因子，也是学生记忆中最清晰的因子？需要进一步深入研究才能回答这一问题。

该问卷的总的内部一致性信度达到了 0.93，5 个因子的内部一致性信度也达到了 0.70 或大于 0.70。对该问卷的信效度分析说明，此问卷达到了心理测量学的要求，可用于测量青少年对民族团结知识的记忆。

二　青少年民族认同问卷的编制

民族认同问卷的编制与使用，与研究者对民族认同内涵的理解紧密相关。国外具有代表性的民族认同量表有 MEIM 量表（Multigroup Ethnic Identity Measure）、MEIM-R 量表（Revision of Multigroup Ethnic Identity Measure）。这两个量表都是美国心理学家 Phinney 及其同事研制的。MEIM 量表测量民族认同的三个方面：肯定、实现以及行为。肯定指归属感和对本民族群体的积极态度；实现指民族认同的探求和承诺；行为指参加本民族群体特有的或代表性的活动。① MEIM-R 量表是 MEIM 的修订版，包括探求和承诺两因素。② MEIM-R 理论清晰、结构简洁，研究者普遍认为它是测量民族认同最适用的工具之一。③另外，EIS 量表（Ethnic Identity Scale）由 Umana-Taylor 编制，该量表包括了探求、认定和情感三种成分。探求指个人探寻其民族认同的程度；认定即个人明确民族认同对其意义的程度；情感指和其认同决心相联系的积极或消极情感。④ Phinney 及 Umana-Taylor 分别开发的量表基于社会认同理论和发展理论，测量了族群认同最核心和共同的成分，可以对多种族群的族群认同进行测量，结果也可以进行相互之间的比较，对于族群认同的研究具有重要的影响。

中国研究者在借鉴国外民族认同理论的基础上，编制了一些民族认同问卷。代表性的问卷有万明纲和王亚鹏编制的藏族大学生民族认同调查问卷（TUEI），包括消极的民族认同、积极的民族认同和主流文化认同三个成分。⑤ 史慧颖、张庆林等编制的民族认同问卷，包括本民族认同和中华民族认同两个分问卷。本民族认同分问卷社会认

① Phinney J. S. , "The multigroup ethnic identity measure：a new scale for use with diverse groups", *Journal of Adolescent Research*, Vol. 7, No. 2, 1992.

② Phinney J. S. , Anthony D. O. , "Conceptualization and meas-urement of ethnic identity：Current status and future directions", *Journal of Counseling Psychology*, Vol. 54, No. 3, 2007.

③ 张艳红、佐斌：《民族认同的概念、测量及研究述评》，《心理科学》2012 年第 2 期。

④ Umaa-Taylor A. J. , Yazedjian A. , Bmaca-Gmez M. , "Developing the Ethnic Identity Scale Using Eriksonian and Social Identity Perspectives", *Identity*, Vol. 4, No. 1, 2004.

⑤ 万明钢、王亚鹏：《藏族大学生的民族认同》，《心理学报》2004 年第 1 期。

同、文化认同、归属感。中华民族认同分问卷社会文化、归属感。[①]
秦向荣、佐斌也同样认为中国的少数民族采用的是双重认同策略。他
们编制的民族认同问卷包括本族认同和中华民族认同两个分问卷，并
且两种民族认同的维度是一致的，都包括了认知、评价、情感、行为
四个成分。[②] 高承海等修订了 Phinney 及 Umana-Taylor 的问卷，确定了
一个由探索、肯定和确认三因子构成的民族认同问卷，并编制了一个
由 5 个项目单因子构成的中华民族认同问卷。[③] 国内这些问卷的编制
都是以大学生为被试，涉及汉、藏、回、壮、彝等民族。

为了全面考察青少年的民族认同，本课题采取双重民族认同观，
即认为中国青少年的民族认同不仅包括本族认同，也包括中华民族认
同。在史慧颖等人编制的民族认同问卷基础上修订适合青少年使用的
民族认同问卷。该问卷包括 30 道题目，其中本民族认同分问卷 13
题，中华民族认同分问卷 11 题，加上 6 道测谎题。

预测卷对 30 道题目的部分项目表述进行了修改。根据预测过程
发现的问题，以及对预测结果的初步项目分析结果，删除了 4 道题
目，修改了部分题目的文字表述，使问卷适合青少年使用，并使只能
用于少数民族成人的原问卷，也能够适用于汉族。最后确定了 20 个
题目组成的民族认同问卷（未包括测谎题）。

（一）统计分析方法

由于藏族群体具有自己的语言、文字和宗教，是备受关注的少数
民族群体之一。因此，本部分首先选择藏族学生的数据作为探索性因
素数据，然后根据藏族学生数据因素分析的结果建立起验证性因素分
析模型。采用多群组分析来完成验证性因素分析。多群组验证性因素

① 史慧颖、张庆林、范丰慧：《西南地区少数民族大学生民族认同心理研究》，《民族
教育研究》2007 年第 2 期。

② 秦向荣、佐斌：《民族认同的心理学实证研究——11～20 岁青少年民族认同的结构
和状况》，《湖北民族学院学报》（哲学社会科学版）2007 年第 6 期。

③ 高承海、安洁、万明钢：《多民族大学生的民族认同、文化适应与心理健康的关
系》，《当代教育与文化》2011 年第 3 期。

考察不同群组是否有相同的因素模型，即检验通过对藏族学生数据所提出的验证性因素模型是否同时适配于傣族、彝族、苗族、回族、白族、哈尼族、壮族、傈僳族、佤族、汉族、瑶族及纳西族。

（二）探索性因素分析结果

对 824 名藏族学生本民族认同分问卷的探索性因素分析，因子旋转方法为斜交。结果见表 3－4。

表 3－4　　　　藏族学生本民族认同问卷探索性因素分析结果

题号	项目内容	文化认同	发展认同	共同度
N510	我热爱我本民族的传统节日	0.84	−0.24	0.57
N511	我很喜欢我本民族的语言	0.84	−0.05	0.66
N515	我很尊重本民族的宗教和信仰	0.68	0.09	0.53
N512	无论我本民族人口有多少，我都热爱这个民族	0.66	0.15	0.55
N516	我遵守本民族的礼节	0.49	0.36	0.54
N518	我为本民族的传统文化感到自豪	−0.22	0.83	0.55
N517	我本民族中接受过学校教育的人越来越多了	0.05	0.76	0.62
N514	国家对我本民族的发展很重视	0.19	0.51	0.40
旋转后特征值		3.01	2.43	—
贡献率（%）		42.43	12.66	—

根据题项删除标准，删除了 N513（我感到我本族老百姓的生活越来越好）、N519（我与本民族的人很难相处）、N520（我常常因为自己的民族身份而感到不自在）共 3 个项目。8 个题项问卷的取样适当性 KMO 值为 0.86，Bartlett 球度检验值 $\chi^2 = 1625.00$，$df = 28$，$p < 0.001$。得到 2 个特征根大于 1 的公因子，一共能够解释 55.09% 的变异。2 个因素结构清晰，各项目均在相应因素上具有较大载荷，处于 0.49—0.84。命名因子 1 为"本民族文化认同"，因子 2 为"本民族发展认同"。

对 824 名藏族学生中华民族认同分问卷的探索性因素分析，因子旋转方法为斜交。根据题项删除标准，删除了 N53（中华民族的悠久历史让我感到自豪）、N58（我感到我国的政策越来越有利于祖国的强大）共 2 个项目。7 个题项问卷的取样适当性 KMO 值为 0.73，Bartlett 球度检验值 $\chi^2 = 1266.00$，$df = 21$，$p < 0.001$。得到 2 个特征根大于 1 的公因子，一共能够解释 58.82% 的变异。2 个因素结构清晰，各项目均在相应因素上具有较大载荷，处于 0.54—0.88。命名因子 1 为 "中华民族归属感"，因子 2 为 "中华民族文化认同"。

表 3-5　　藏族学生中华民族认同问卷探索性因素分析结果

题号	项目内容	归属感	文化认同	共同度
N56	我觉得自己很难与其他民族的人相处	0.81	-0.14	0.61
N59	我感到不同民族的人们很难和睦共处	0.79	-0.10	0.59
N54	中华民族的命运和我个人的命运没有关系	0.71	0.07	0.54
N55	我为中华民族经济的飞速发展感到自豪	0.60	0.28	0.51
N52	我尊重中华民族平等、和谐、团结、进步的信念	-0.11	0.88	0.73
N51	无论我是什么民族，我都是中华民族的一员	-0.07	0.84	0.69
N57	中华民族的传统文化令我骄傲	0.29	0.54	0.47
旋转后特征值		2.41	2.07	—
贡献率（%）		38.62	20.20	—

（三）多群组验证性因素分析结果

为了检验由藏族学生数据得到的两个分问卷的因子模型是否适用于其他民族的学生。研究对傣族学生 658 名、彝族 884 人、苗族 245 人、回族 135 人、白族 765 人、哈尼族 345 人、壮族 381 人、傈僳族 780 人、佤族 830 人、汉族 4419 人、瑶族 100 人及纳西族 178 人的数据进行多群组验证性因素分析。多群组验证性因素分析可以选择检验两个模型：预设模型 A，允许不同群体有不同的回归系数、不同截距；平行模型 B，限制不同群体的回归系数相同或为相等的数值。由于卡方值易受样本大小变化的影响，如果各群组的样本较大，则卡方值的差异量（$\triangle \chi^2$）很容易达到显著，因此采用 Amos 进行嵌套模型的差异比较时，本研究采用 NFI 值，IFI 值，RFI 值，TLI 值的增加量来考察比较模型的组间测量恒等性。如果 NFI 值，IFI 值，RFI 值，TLI 值的增加量小于 0.05，则可接受两个模型无差异的虚无假设（吴明隆，2009，p.408）。

本民族认同分问卷中，以文化认同的 5 个项目、自豪感的 3 个项目为观测变量，以文化认同、自豪感为潜变量进行多群组的验证性因素分析。预设模型 A 中，由于模型适配度指标 *RMSEA* 值 = 0.02 < 0.08，*GFI* 值 = 0.97 > 0.90，表示预设模型 A 可以被接受，12 个民族具有相同因素分析模型。本族认同的平行模型 B 的适配度指标 *RM-SEA* 值 = 0.02 < 0.08，*GFI* 值 = 0.96 > 0.90，表示限制 12 个民族群体具有相同的回归系数时，平行模型 B 可以被接受。模型 A 与模型 B 的差异比较结果表明，NFI 值、IFI 值、RFI 值、TLI 值的增加量小于 0.05，两个模型可以视为相等。模型 A 与模型 B 具有跨群组效度，即通过对藏族被试进行探索性因素分析获得的文化认同 5 个项目，自豪感的 3 个项目，可以使用测量另外 12 种民族的中华民族认同。

中华民族认同分问卷中，以归属感的 4 个项目、文化认同的 3 个项目为观测变量，以归属感、文化认同为潜变量进行多群组的验证性因素分析。根据修正指数大于 4 的标准，删除了项目 N55（我为中华民族经济的飞速发展感到自豪）。最后得到的模型中，归属感包括 3 个项目，文化认同包含 3 个项目。不对参数进行任何限制的预设模型 A 中，由于模型适配度指标 *RMSEA* 值 = 0.02 < 0.08，*GFI* 值 = 0.98 > 0.90，表示预设模型 A 可以被接受，12 个民族具有相同因素分析模型。中华民族认同的平行模型 B 的适配度指标 *RMSEA* 值 = 0.02 < 0.08，*GFI* 值 = 0.98 > 0.90，表示限制 12 个民族群体具有相同的回归系数时，平行模型 B 可以被接受。模型 A 与模型 B 的差异比较结果表明，NFI 值、IFI 值、RFI 值、TLI 值的增加量小于 0.05，两个模型可以视为相等。模型 A 与模型 B 具有跨群组效度，即经过修正之后，中华民族归属感的 3 个项目，文化认同的 3 个项目，可以使用测量 12 种民族的中华民族认同。见表 3 - 6。

表 3 - 6　　　　　　民族认同的跨群组验证性因素分析结果

模型	χ^2	df	χ^2/df	RMSEA	GFI	NFI Delta - 1	IFI Delta - 2	RFI rho - 1	TLI rho2
本族 A	1365.67	228	5.99	0.02	0.97	—	—	—	—
本族 B	1515.89	294	5.16	0.02	0.96	0.01	0.01	- 0.01	- 0.01
中华 A	522.41	96	5.44	0.02	0.98	—	—	—	—
中华 B	650.81	140	4.65	0.02	0.98	0.01	0.01	- 0.01	- 0.01

使用 13 种民族学生的数据分别检查民族认同问卷的信度。结果见表 3 - 7。

表 3 - 7　　　　　　民族认同问卷的内部一致性信度

	汉	彝	藏	佤	傈	白	傣	壮	哈	苗	纳	回	瑶
本 1	0.77	0.74	0.79	0.80	0.81	0.77	0.79	0.81	0.75	0.73	0.80	0.65	0.76
本 2	0.65	0.53	0.54	0.57	0.62	0.58	0.60	0.80	0.62	0.58	0.42	0.41	0.55
本 3	0.82	0.79	0.79	0.81	0.84	0.81	0.83	0.88	0.80	0.78	0.78	0.70	0.82
中 1	0.70	0.68	0.65	0.67	0.72	0.67	0.73	0.82	0.64	0.63	0.72	0.58	0.69
中 2	0.69	0.71	0.69	0.70	0.65	0.73	0.65	0.74	0.64	0.63	0.70	0.66	0.70
中 3	0.68	0.68	0.69	0.67	0.67	0.72	0.68	0.78	0.59	0.61	0.74	0.63	0.69

注：本 1 指"本民族文化认同"因子、本 2 指"本民族发展认同"因子、本 3 指本民族认同分量表。中 1 指"中华民族文化认同"因子、中 2 指"中华民族归属感"因子、中 3 指中华民族认同分量表。

（四）讨论

青少年民族认同问卷改编自史慧颖等人编制的民族认同问卷。原问卷有两个分量表。本民族认同分量表包括三个因子。"文化认同"是个体对本民族文化所持的态度或认同度，包含宗教信仰、居住方式、礼节、传统节日、历史、整体文化、语言文字 7 个方面。"归属感"是对本民族的归属感和总体情感。包含个体的受歧视感、对本民族的热爱程度与本民族的疏离感 3 个方面。"社会认同"是对民族社会状况的认同。包含个体对本民族经济、相关政策及教育状况的态度或认同度 3 个方面。中华民族认同分量表包括两个因子，"中华民族社会文化认同"，是个体对中华民族社会状况和文化方面的认同，包含个体对中华民族的经济、社会信仰、居住方式、整体文化、教育及相关政策的态度 6 个方面。"中华民族归属感"，是个体对中华民族的归属感和总体情感，包含了受歧视感、成员感、个体与中华民族的命运相关感、自豪感、疏离感 5 个方面。①

　　改编后的青少年本民族认同分量表也预设了文化认同（包括宗教信仰、礼节、传统节日、传统文化、语言 5 个方面）、归属感（包括成员感、民族身份不适感与本民族的疏离感 3 个方面）、社会认同（包括本民族经济、国家关注及教育状况的态度或认同度 3 个方面）三个维度。中华民族分量表也预设了"中华民族社会文化认同"（个体对中华民族的经济、社会信仰、整体文化、历史及相关政策的态度 5 个方面）。"中华民族归属感"（包含了成员感、个体与中华民族的命运相关感、自豪感、疏离感 4 个方面）。研究先使用藏族学生的数据进行了探索性因素分析。藏族学生所完成的本民族认同分量表，归属感维度的成员感条目被纳入了文化认同因子，未能与民族身份不适感、疏离感归为一个维度。因此，在删除了只有两个条目归属感之后，该分量表剩下了两个因子。中华民族认同分量表获得的两个因子与原预设的因子结构大致相当，但在条目上，成员感条目仍然被纳入了中华民族文化认同因子。两个分量表的因子贡献率分别超过了 50%，因素分析结果是可以接受的。

　　采用其他 12 种民族学生完成的两个分量表的数据分别进行多群

---

　　① 史慧颖、张庆林、范丰慧：《西南地区少数民族大学生民族认同心理研究》，《民族教育研究》2007 年第 2 期。

组验证性因素分析，结果得知，12 种民族学生的数据与探索得到的本民族认同分量表的因子结构、中华民族认同分量表的因子结构的拟合良好。说明由本民族文化认同、本民族发展认同 2 个因子 8 个条目组成的本民族认同分量表，由中华民族文化认同、中华民族归属感 2 因子 6 个条目组成的中华民族认同分量表，具有跨群组效度，可用于不同民族的青少年。

对包括藏族在内的 13 种民族学生完成的问卷进行信度分析，结果表明本民族认同分量表的信度在 0.70—0.88，具有较好的信度。除了纳西族和回族学生的问卷在本民族发展认同这一因子上的信度仅为 0.42、0.41 之外，其他各族学生的问卷在该因子的信度都在 0.50 之上，是可以接受的。而在本民族文化认同上，各族学生问卷的信度较佳，除回族学生问卷信度为 0.65 外，其余都在 0.70 之上。

中华民族认同分量表的信度在 0.59—0.78，具有可接受的信度。13 种民族学生的问卷在中华民族文化认同这一因子上的信度，除回族学生问卷信度为 0.58 外，其余都在 0.60 之上。13 种民族学生的中华民族归属感因子的信度都在 0.60 之上。两个因子的信度都在可接受范围。该分量表信度不太高，也许是因为在题目的表述上，中华民族文化认同的条目表述为正向，而归属感所包含的 3 个条目为反向题。

未来在使用两个分量表时，可以尝试采用同一方向的题目表述，因为从本量表的编制来看，反向题与正向题交叉，很容易使反向题聚合为一个因子。即使直接采用验证性因子分析，数据也不易拟合。也可以再增加合适的题项，以提高问卷的信度。

（五）小结

编制的青少年民族认同由本民族认同分量表与中华民族认同分量表组成。

两个量表都达到了心理测量学要求。可以在不同民族的青少年中使用。

三 青少年民族交往行为倾向问卷编制

在多民族聚居地，不同民族成员之间会产生交流、交往活动。对于在校学生来说，校园给他们提供了民族间交往场所。这种民族间的交往，不仅有同族人之间的交往，也有与他族人的往来。从实践经验来看，学生间的人际关系是否和睦，是考察学生之间是否团结友爱的指标。在既有同族人，也有他族人的同一空间里，学生间人际关系的和谐，包含了两个层面，一是与同族人关系良好，二是与他族人关系良好。因为，仅与同族人关系良好而排斥他族同学，就会形成同族学生抱团现象，容易引起不同民族学生之间的冲突。但是，一个学生如果被同族人排斥和孤立，即使他与其他民族学生关系良好，也仍然可能引起不同民族学生间的敌意。

由于新中国长期开展民族团结教育的原因，民族聚居地的中小学校中，不同民族学生在一所学校、一个班级中朝夕相处，共同学习，人的"民族身份"是隐性的，并不在交际的显性层面起作用。对傣族学生与汉族学生交往的一项研究表明，在傣族学生和汉族学生所述的择友原因中，只有很少的人指出其选择或拒斥对象是因民族身份，然而对被试所选择或拒斥对象的民族的统计结果却揭示出两个明显的倾向：一是同班学习的傣汉学生均有选择同族学生作为伙伴的倾向，这一倾向从小学至初中都没有发生明显变化；二是傣汉学生均无拒斥异族同学作为伙伴的倾向。傣汉学生有各自的主体语言，在各自的家庭和社区环境中接受着不同传统、习俗的熏陶、教育，尽管被试在填写选择伙伴原因时没有指出同民族、同语言、同习俗等相似性原因，却从他们选择交友对象的民族身份上反映出来。[①] 傣汉学生在选择伙伴时，选择同族群体成员，不排斥他族成员的现象，反映出一种内群体偏好。社会成员更偏好内群体，而不是外群体，是群际关系研究得

· ① 尹可丽：《傣族的心理与行为研究》，云南民族出版社 2005 年版，第 54 页。

到的一个最为一致的发现。[①]

Huges 曾使用由三个条目组成的量表考察少数族裔成人对其与本族人交往的态度,[②] 项目包括与本族人的人际关系好坏、与本族人交往的喜好程度、本族亲密朋友的多少, 这三个项目也常常在长问卷中作为测量民族认同的项目使用。参照 Huges 所使用的三个条目, 课题组设置了 6 个条目构成青少年民族交往量表, 其中 3 个条目测查青少年与同族学生的交往, 3 个条目测查青少年与他族学生的交往。

另外, 人际间存在的冲突行为是和睦友爱的一个反向的表现。如果学生之间、学生与其他人 (包括教师) 之间存在的冲突与民族问题有关, 那是民族间不团结的一种表现。为了考察青少年的交往是否存在着与民族身份有关而引发的冲突行为, 本研究设置了 5 个问题, 从被同学或其他人取笑、辱骂、吵架或打架、受排斥、受到不公正待遇 5 个方面考察这些行为是否与民族问题有关。这 5 个条目记录了学生是否发生冲突行为, 冲突行为是否与其民族身份或民族问题有关。因此, 不进行效度与信度的分析。

(一) 因素分析结果

采用随机分半得到的 5444 名学生的数据进行问卷的探索性因素分析, 因子旋转方法为直交。6 个题项问卷的取样适当性 KMO 值为 0.74, Bartlett 球度检验值 $\chi^2 = 4594.00$, $df = 15$, $p < 0.001$。得到 2 个特征根大于 1 的公因子, 一共能够解释 56.89% 的变异。2 个因素结构清晰, 各项目均在相应因素上具有较大载荷, 处于 0.70—0.76。命名因子 1 为"本族交往", 因子 2 为"他族交往", 因素分析摘要见表 3 - 8。

---

① Levin S. , Federico C. M. , Sidanius J. , Rabinowitz J. L. , "Social dominance orientation and intergroup bias: The legitimation of favoritism for high-status groups", *Personality and Social Psychology bulletin*, Vol. 28, No. 2, 2002.

② Hughes D. , Johnson D. J. , "Correlates in children's experiences of parents' racial socialization behaviors", *Journal of Marriage and the Family*, Vol. 63, No. 4, 2001.

表 3 - 8　　　　　　青少年民族交往问卷探索性因素分析结果

题号	项目内容	本族交往	他族交往	共同度
N71	你认为自己与本民族同学的关系有多好	0.75	0.17	0.59
N72	你有多喜欢与你本民族的同学在一起	0.74	0.23	0.60
N73	你的亲密朋友中有多少是你本民族的人	0.70	- 0.01	0.49
N76	你的亲密朋友中有多少人是其他民族	- 0.11	0.76	0.59
N75	你有多喜欢与其他民族的同学在一起	0.26	0.72	0.58
N74	你认为自己与其他民族的同学关系有多好	0.30	0.70	0.58
旋转后特征值		1.76	1.66	—
贡献率（%）		29.25	27.65	—

对随机分半获得另外 5523 名学生的数据进行验证性因素分析。采用极大似然估计检验 2 个因素的拟合程度。验证性因素分析模型 M 的拟合指数，见表 3 - 9。

表 3 - 9　　青少年民族交往问卷的验证性因素分析模型拟合指数

拟合指标	χ^2	df	RMSEA	GFI	AGFI	CFI	NFI
M 数值	124.91	8	0.05	0.99	0.98	0.98	0.98

表 3 - 10 为 2 因子模型的验证性因素分析的标准化参数解。6 个题项的因素负荷量值介于 0.50—0.95，表示模型的基本适配度良好。

表 3 - 10　　　青少年民族交往问卷验证性因素分析标准化参数解

因子	题项（负荷量）		
本族交往	N71（0.62）	N72（0.72）	N73（0.43）
他族交往	N76（0.41）	N75（0.69）	N74（0.66）

（二）信度分析

青少年民族交往问卷总的 Cronbach α 系数为 0.68。本族交往因子

α 系数为 0.61。他族交往因子的 α 系数为 0.61。虽然因条目数量较少而导致问卷的信度不够理想，但达到可接受水平。

(三) 小结

青少年民族交往问卷的编制试图以较少的题项来评估学生之间的同族交往情况与他族交往情况。两种因子分析结果表明该问卷具有较好的结构效度。信度也达到了可接受水平。该问卷可用于测量学生民族间交往的情况。

第四章

青少年的民族团结认知及情感

本章考察各族青少年对民族团结有关知识的记忆情况，包括对自己本民族及中华民族特征的记忆、对中国民族理论与政策的记忆；考察青少年对民族团结的认知类型及其情感。

一　各族青少年对民族团结有关知识的记忆情况

研究将参与调查人数达到 150 名及以上的民族单独列出，共分为汉族、彝族、藏族、佤族、傈僳族、白族、傣族、壮族、哈尼族、苗族、纳西族及其他民族。各个民族类别中，男生人数都在 40% 以上 50% 以下，女生人数都在 50% 以上 60% 以下，男生人数略少于女生人数。从小学五年级到高中二年级，基本上都有各族学生的样本分布，但样本分布的人数多少并不均匀，初三学生人数很少，在彝族、藏族、佤族三种民族学生中，初三学生为零。初三学生人数少，与本调查组取样时存在的困难有关。由于初三学生面临中考，参与调查的学校多半不同意在初三年级取样，因此导致初三人数少。

参与调查人数在 100 名左右的其他民族包括回族学生 135 人，瑶族学生 100 人，景颇族学生 69 人，阿昌族学生 60 人，其余 294 名学生中包括了布朗族、布依族、基诺族、拉祜族、独龙族、怒族、德昂族、普米族等。虽然这些民族学生的人数共 658 人，但是在分析时，若单列出来分析,人数较少,若合并分析,又因包含民族众多,不能进行解释。因此,本部分未包括对这 658 人的分析。

参与此次调查的汉族学生来自 11 个地州。彝族学生来自楚雄、红河、临沧、西双版纳等地。藏族学生来自迪庆。佤族学生来自临沧、普洱。傈僳族学生主要来自怒江、保山和迪庆。白族学生来自大理、怒江等地。傣族学生来自德宏、西双版纳和临沧。壮族学生主要来自红河。哈尼族学生来自西双版纳、红河等。苗族学生来自楚雄、红河等。纳西族学生来自迪庆。

(一)汉族学生对民族团结知识的记忆情况

参与此次调查的汉族学生共 4419 人,其中男生 2057 人(46.5%),女生 2283 人(51.7%),性别缺失人数 79 人。来自汉族学校学生 2591 人(58.6%),少民学校 467 人(10.6%),混合学校 1346 人(30.5%),学校学生民族组成缺失人数 15 人。表 4-1 是汉族学生的年级、学校类别及来源地情况(未包含缺失值)。

表 4-1　　　　　汉族学生年级、学校类别及来源地情况　　　（人数/百分比）

年级		学校类别		来源地区	
小学五年级	842 (19.1)	村小	398 (9.0)	楚雄	591 (13.4)
小学六年级	757 (17.1)	乡小	590 (13.4)	红河	448 (10.1)
初一	973 (22.0)	县小	656 (14.8)	大理	195 (4.4)
初二	882 (20.0)	乡中	1065 (24.1)	保山	1397 (31.6)
初三	165 (3.7)	县中	1664 (37.7)	临沧	536 (12.1)
高一	414 (9.4)	民办	28 (0.6)	德宏	301 (6.8)
高二	384 (8.7)			迪庆	80 (1.8)
				普洱	232 (5.3)
				文山	188 (4.3)
				怒江	125 (2.8)
				版纳	326 (7.4)

注:括号内数字为百分比,以下表同。

汉族学生对 5 类民族团结知识的记忆得分情况见表 4-2 与图 4-1。

汉族学生在 5 类知识上的总体平均得分位于 3.01—3.41，即在"有点印象但记不得"与"有印象而且记得一些内容"之间，并且没有达到两个得分点的中间点 3.5 分，其中，宗教与习俗的平均得分最低，民族政策与理论的平均得分最高。总体来看，汉族学生对这些知识的掌握是不明确的。7 个年级的学生在 5 类知识上的得分都存在十分显著的差异，这些差异的效果量指标 ω^2 的值很低，说明年级本身对这种差异的解释力很小。结合多重检验结果看，初三年级学生在 5 类知识上的得分形成了一个高分点。

初三年级学生在 5 类知识上的得分都显著高于其他 6 个年级。初三年级的汉族学生在 5 类知识上的记忆得分接近 4 分，即"有印象并记得一些内容"。

在民族政策与理论这方面的知识上，学生的得分基本上是随着年级的增长而增加，从小学五年级的 2.96 分，增加到初三年级的 3.81 分，高一、高二的学生得分虽然比初三学生的得分有所下降，但仍然比其他年级学生的得分高。说明对民族政策与理论知识的掌握，初三、高一、高二的学生要多于其他年级的学生。不同年级的学生对宗教信仰与生活习俗的掌握情况与他们对民族政策与理论知识的掌握情况类似。

语言艺术类知识、本地人事节这两类知识中，初三年级学生的得分显著高于其他 6 个年级学生，而其余 6 个年级学生的得分没有存在显著性差异。

表 4 - 2　　汉族学生民族团结知识记忆情况（平均数/标准差）

总体	政策与理论	各族人事节	语言艺术	宗教与习俗	本地人事节
	3.41 ± 1.50	3.22 ± 1.25	3.25 ± 1.28	3.01 ± 1.41	3.32 ± 1.35
小学五年级	2.96 ± 1.40	3.33 ± 1.64	3.16 ± 1.40	2.73 ± 1.52	3.35 ± 1.47
小学六年级	3.19 ± 1.36	3.51 ± 1.53	3.19 ± 1.27	2.87 ± 1.50	3.35 ± 1.40
初一	3.04 ± 1.21	3.21 ± 1.51	3.16 ± 1.23	2.91 ± 1.39	3.24 ± 1.29
初二	3.31 ± 1.19	3.45 ± 1.41	3.25 ± 1.24	3.17 ± 1.33	3.32 ± 1.33
初三	3.81 ± 0.84	3.94 ± 1.27	3.62 ± 0.90	3.67 ± 1.07	3.76 ± 1.09
高一	3.75 ± 1.12	3.60 ± 1.37	3.19 ± 1.18	3.28 ± 1.29	3.28 ± 1.35
高二	3.62 ± 1.22	3.37 ± 1.42	3.32 ± 1.07	3.15 ± 1.27	3.23 ± 1.24

续表

总体	政策与理论	各族人事节	语言艺术	宗教与习俗	本地人事节
	3.41 ± 1.50	3.22 ± 1.25	3.25 ± 1.28	3.01 ± 1.41	3.32 ± 1.35
F	34.02 ***	8.10 ***	4.12 ***	18.79 ***	3.99 **
ω^2	0.04	0.01	0.00	0.02	0.00
多重比较	①＜②④⑤⑥⑦ ②③＜⑤⑥⑦ ③＜④	①②④⑦＜⑤ ③＜②④⑤⑥	①②③④ ⑤⑥⑦ ＜⑤	①②③＜④⑤⑥⑦ ⑥⑦＜⑤	①②③④ ⑤⑥⑦ ＜⑤

注：①指小学五年级，②指小学六年级，③指初一，④指初二，⑤指初三，⑥指高一，⑦指高二。

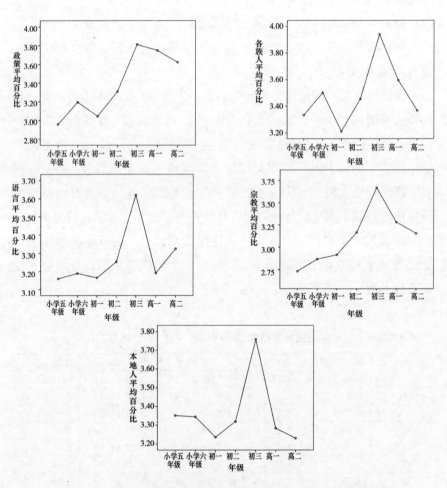

图4-1　不同年级的汉族学生五类民族团结知识的得分平均数

总体来看，汉族学生对这些知识的记忆不深、掌握不足。初三年级学生在 5 类知识上的得分在 7 个年级中最高。对民族政策与理论知识、宗教与习俗两方面知识的记忆得分基本随着学生年级的增长而增加，到初三年级达到最高分，然后有所下降，说明汉族高年级学生对这两方面知识的掌握比低年级学生多。

（二）彝族学生对民族团结知识的记忆情况

参与此次调查的彝族学生共 884 人，其中男生 379 人（42.9%），女生 485 人（54.9%），性别缺失人数 20 人。来自汉族学校学生 258 人（29.2%），少民学校 266 人（30.1%），混合学校 356 人（40.3%），学校学生民族组成缺失人数 4 人。表 4 - 3 是彝族学生的其他情况（未包含缺失值）。

表 4 - 3　　　　彝族学生年级、学校类别及来源地情况　　　（人数/百分比）

年级		学校类别		来源地区	
小学五年级	148（16.7）	村小	95（10.7）	楚雄	296（33.5）
小学六年级	146（16.5）	乡小	93（10.5）	红河	173（19.6）
初一	210（23.8）	县小	121（13.7）	临沧	126（14.3）
初二	115（13.0）	乡中	169（19.1）	西双版纳	100（11.3）
高一	160（18.1）	县中	405（45.8）	普洱	67（7.6）
高二	105（11.9）	民办	1（0.1）	迪庆	52（5.9）
				其他地州	70（8.0）

注：地州变量中，将 50 人以下的合并在其他地州，包括怒江 30 人、大理 27 人、保山 12 人、德宏 1 人。

彝族学生对 5 类民族团结知识的记忆得分情况见表 4 - 4。

彝族学生 5 类知识的总体平均得分为 2.94—3.24，即在"不清楚"与"有印象而且记得一些内容"之间，其中，宗教与习俗的平均得分最低，本地人事节的平均得分最高。总体来看，彝族学生对这些知识的记忆少。

表4-4　　　彝族学生民族团结知识记忆情况（平均数/标准差）

	政策与理论	各族人事节	语言艺术	宗教与习俗	本地人事节
总体	3.21±1.23	3.17±1.47	3.23±1.30	2.94±1.38	3.24±1.32
小学五年级	2.83±1.25	3.11±1.64	2.94±1.36	2.74±1.50	3.14±1.40
小学六年级	3.23±1.18	3.37±1.48	3.66±1.25	2.74±1.29	3.35±1.32
初一	3.13±1.20	3.02±1.44	3.17±1.29	2.86±1.35	3.25±1.31
初二	2.99±1.21	2.84±1.46	2.90±1.30	2.78±1.29	2.94±1.31
高一	3.50±1.31	3.33±1.42	3.42±1.29	3.28±1.39	3.45±1.31
高二	3.60±1.04	3.36±1.27	3.26±1.13	3.25±1.32	3.23±1.15
F	8.39***	2.89*	4.79***	2.42*	7.04***
ω^2	0.04	0.01	0.03	0.02	0.01
多重比较	①<②③⑥⑦ ②③④<⑥⑦	③④<②⑥⑦	①<②⑥ ③④⑦<② ④<⑥⑦	①②③④ <⑥⑦	①<⑥ ④<②③⑥

注：①指小学五年级，②指小学六年级，③指初一，④指初二，⑥指高一，⑦指高二。

6个年级的学生在5类知识上的得分都存在显著差异。多重比较结果如下：

小学六年级、初一年级学生民族政策与理论的得分比小学五年级有明显提高，而高一、高二学生该项知识的得分比小学六年级、初一、初二年级又有明显提高。彝族学生对该项知识的记忆随着年级的增高而增长。

宗教与习俗方面，从小学五年级到初二年级，学生对该方面知识的增长并不明显，但到高一、高二有了明显增加。

初一、初二学生各族人事节的得分明显低于小学六年级学生和高一、高二年级学生的得分，说明初一、初二年级的彝族学生对该类知识的记忆最少。

小学六年级的彝族学生语言艺术类知识得分最高、其次是高一年级，初二学生这类知识的得分最低，显著低于小学六年级、高一、高二学生的得分，小学五年级学生此类知识的得分也较低，显著低于小学六年级、高一年级的学生。

高一年级彝族学生在本地人事节类知识上得分最高，显著高于小学五年级、初二年级学生的得分。

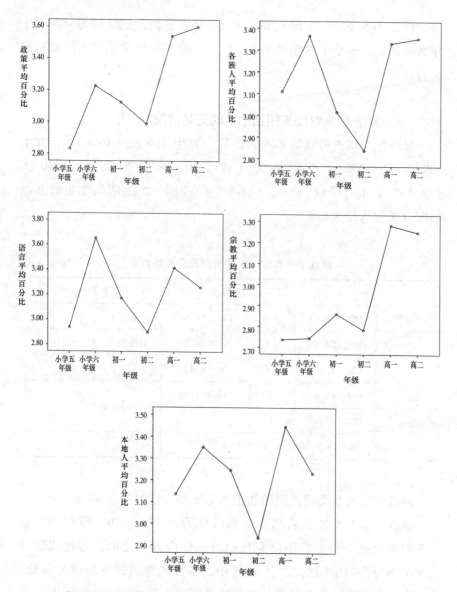

图4-2　不同年级的彝族学生五类民族团结知识的得分平均数

　　总体来看，彝族学生对这些知识的记忆少。彝族学生对民族政策与理论的记忆随着年级逐渐增高而增多，而对宗教信仰与习俗方面的知识的记忆到高一、高二才有明显增加。初二年级学生在各族人事节、语言艺术经济、本地人事节这三类知识方面的记忆的得分在 6 个年级中最低，而小学六年级学生和高一、高二年级学生这三类知识的得分相对高。

（三）藏族学生对民族团结知识的记忆情况

参与此次调查的藏族 824 人，其中男生 384 人（46.4%），女生 439 人（53.3%），性别缺失人数 1 人。来自少民学校 440 人（53.4%），混合学校 385 人（46.6%）。表 4 - 5 是藏族学生的其他情况（未包含缺失值）。

表 4 - 5　　　　藏族学生年级、学校类别及来源地情况　　　（人数/百分比）

年级		学校类别		来源地区	
小学五年级	156 (18.9)	乡小	145 (17.6)	迪庆	818 (99.3)
小学六年级	191 (23.2)	县小	203 (24.6)	其他地州	6 (0.7)
初一	124 (15.0)	乡中	36 (4.4)		
初二	132 (16.0)	县中	440 (53.4)		
高一	123 (14.9)				
高二	98 (11.9)				

藏族学生对 5 类民族团结知识的记忆得分情况见表 4 - 6。

藏族学生 5 类知识的总体平均得分为 3.49—3.70，即在"有点印象但不记得"与"有印象而且记得一些内容"之间，接近或超过了两个得分点的中间点 3.5 分。其中，各族人事节的平均得分最低，本地人事节的平均得分最高。总体来看，藏族学生对这些知识有一些记忆。

表4-6　　　藏族学生民族团结知识记忆情况（平均数/标准差）

	政策与理论	各族人事节	语言艺术	宗教与习俗	本地人事节
总体	3.50±1.04	3.49±1.32	3.57±1.00	3.56±1.25	3.70±1.16
小学五年级	3.02±1.05	3.13±1.40	3.23±1.02	2.98±1.20	3.38±1.23
小学六年级	3.17±1.02	3.56±1.22	3.63±1.02	3.24±1.29	3.71±1.06
初一	3.60±0.97	3.52±1.22	3.56±0.95	3.81±1.25	3.82±1.06
初二	3.66±0.88	3.41±1.29	3.56±0.86	3.71±1.02	3.55±1.18
高一	3.93±0.87	3.55±1.26	3.77±1.00.	3.84±1.10	3.88±1.13
高二	4.05±1.01	3.90±1.50	3.74±1.08	4.20±1.19	4.00±1.22
F	23.92***	4.50***	5.42***	26.22***	5.18***
ω^2	0.12	0.02	0.03	0.10	0.03
多重比较	①②<③④⑥⑦ ③④<⑥⑦	①<②③④⑥⑦ ②③④<⑦	①<②④⑥⑦	①<②③④⑥⑦ ②<③④⑥⑦ ③<⑥⑦	①<②③⑥⑦ ②<⑦ ④<⑥⑦

注：①指小学五年级，②指小学六年级，③指初一，④指初二，⑥指高一，⑦指高二。

　　6个年级的学生在5类知识上的得分都存在显著差异。多重比较结果如下：

　　小学五、六年级藏族学生民族政策与理论知识的记忆得分显著低于初一、初二、高一、高二年级学生的得分，而初一、初二年级学生的得分又显著低于高一、高二年级学生的得分。6个年级该类知识得分存在的差异的效果量指标的值为0.12，说明年级与藏族学生在该项知识上的得分是中等关联强度。藏族学生民族政策与理论知识的记忆随着年级的增高显著增多，并且这种增多按小学到初中、初中到高中清晰地分成三段。

　　宗教与习俗方面，小学五年级藏族学生的记忆得分显著低于小学六年级、初一、初二、高一、高二年级学生的得分，小学六年级学生的得分显著低于初一、初二、高一、高二年级学生的得分，初一年级学生的得分显著低于高一、高二年级学生的得分。6个年级该类知识得分存在的差异的效果量指标的值为0.10，说明年级与藏族学生在该项知识上的得分是中等关联强度。藏族学生宗教与习俗方面知识的记忆随着年级的增高显著增多，并且这种增多按小学五年级、小学六年级、初一与初二年级、高一与高二年级，共分成四段。

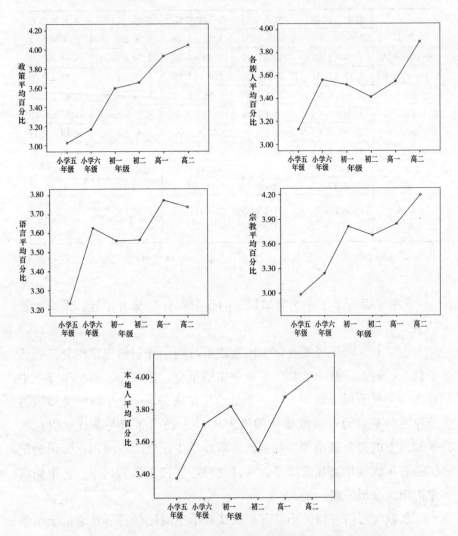

图 4－3　不同年级的藏族学生五类民族团结知识的得分平均数

小学五年级藏族学生各族人事节的得分明显低于其他 5 个年级学生的得分。小学六年级、初一、初二年级学生的得分明显低于高二学生。小学五年级学生语言文化经济知识的得分显著低于小学六年级、初二、高一、高二学生，而小学六年级、初一、初二、高一、高二这 5

个年级的学生在此类知识上的得分不存在显著性差异。小学五年级学生本地人事节的得分显著少于小学六年级、初一、高一、高二学生，小学六年级学生该类知识的得分仅显著少于高二年级学生，而初二年级学生的得分又少于高一、高二年级。6个年级学生在各地人事节、语言艺术、本地人事节这三类知识上的得分各自存在显著性差异。

总体来看，藏族学生对这些知识有一些记忆。年级与藏族学生在民族政策与理论、宗教与习俗这两类知识上的得分存在高关联。藏族学生对民族政策与理论知识的记忆随着年级的增高显著增多，并且这种增多按小学到初中、初中到高中清晰地分成三个阶段。宗教与习俗方面知识的记忆随着年级的增高显著增多，并且这种增多按小学五年级到小学六年级、小学六年级到初一、初一到初二、高一、高二年级，分成四个阶段。6个年级学生在各地人事节、语言艺术、本地人事节这三类知识上的得分各自存在显著性差异，但这些差异的效果量指标值很低，说明学生对这三类知识的记忆或掌握并不是有规律性的随着年级的增高而增加。

（四）佤族学生对民族团结知识的记忆情况

佤族830人，其中男生352人（42.4%），女生476人（57.3%），性别缺失人数2人。来自汉族学校学生30人（3.6%），少民学校713人（85.9%），混合学校86人（10.4%），学校学生民族组成缺失人数1人。表4-7是佤族学生的其他情况（未包含缺失值）。

表4-7　　　　　　佤族学生年级、学校类别及来源地情况　　　（人数/百分比）

年级		学校类别		来源地区	
小学五年级	199（24.0）	村小	88（10.6）	临沧	553（66.6）
小学六年级	229（27.6）	乡小	122（14.7）	普洱	269（32.4）
初一	145（17.5）	县小	219（26.4）	其他地州	8（0.9）
初二	141（17.0）	乡中	230（27.7）		
高一	51（6.1）	县中	171（20.6）		
高二	65（7.8）				

佤族学生对 5 类民族团结知识的记忆得分情况见表 4－8。

表 4－8　　佤族学生民族团结知识记忆情况（平均数/标准差）

	政策与理论	各族人事节	语言艺术	宗教与习俗	本地人事节
总体	3.12 ± 1.11	3.06 ± 1.39	3.34 ± 1.16	3.18 ± 1.35	3.23 ± 1.31
小学五年级	3.03 ± 1.23	3.10 ± 1.46	3.30 ± 1.31	3.19 ± 1.53	3.08 ± 1.50
小学六年级	3.16 ± 1.00	3.26 ± 1.33	3.32 ± 1.03	3.08 ± 1.21	3.28 ± 1.10
初一	2.99 ± 1.15	2.75 ± 1.32	3.22 ± 1.24	3.02 ± 1.43	3.15 ± 1.29
初二	3.12 ± 1.07	2.88 ± 1.38	3.37 ± 1.13	3.31 ± 1.23	3.36 ± 1.38
高一	3.55 ± 0.97	3.63 ± 1.21	3.66 ± 0.96	3.71 ± 1.04	3.83 ± 1.12
高二	3.21 ± 1.13	2.92 ± 1.46	3.48 ± 1.15	3.17 ± 1.43	2.96 ± 1.24
F	2.29 *	4.79 ***	1.38	2.54 *	3.70 **
ω^2	0.01	0.02		0.01	0.02
多重比较	①③ < ⑥	①③④⑦ < ⑥ ③④ < ②， ③ < ①		②③ < ⑥	①②③⑦ < ⑥

注：①指小学五年级，②指小学六年级，③指初一，④指初二，⑥指高一，⑦指高二。

佤族学生 5 类知识的总体平均得分为 3.06—3.34，即"有点印象但不记得"与"有印象而且记得一些内容"之间，并且没有达到这两个得分点的中间点 3.5 分。总体来看，佤族学生对这些知识的记忆少。

6 个年级的学生在民族理论与政策、各地人事节、宗教与习俗、本地人事节这 4 类知识上的得分都存在显著差异，这些差异的效果量指标值很低。多重比较结果如下：小学五年级、初一年级的佤族学生在民族政策与理论知识上的记忆得分显著低于高一学生的得分。小学五年级、初一、初二、高二学生各地人事节的得分显著低于高一学生的得分；初一、初二学生在此类知识上的得分显著低于小学六年级学生；初一年级学生此类知识的得分显著低于小学五年级学生。小学六年级、初一年级佤族学生宗教与习俗的得分显著低于高一年级学生。小学五、六年级、初一、高二学生各地人事节的得分显著低于高一学生的得分。佤族高一年级学生 4 类知识的得分在所有年级中最高。

总体来看，佤族学生对这些知识的记忆少。佤族高一年级学生 5 类知识的得分在所有年级中最高。6 个年级的学生在民族理论与政策、各地人事节、宗教与习俗、本地人事节这 4 类知识上的得分都存在显著差异，这些差异的效果量指标值很低。

（五）傈僳族学生对民族团结知识的记忆情况

傈僳族 780 人，其中男生 362 人（46.4%），女生 386 人（49.5%），性别缺失人数 32 人。来自汉族学校学生 59 人（7.6%），少民学校 512 人（65.6%），混合学校 206 人（26.4%），学校学生民族组成缺失人数 3 人。表 4 – 9 是傈僳族学生的其他情况（未包含缺失值）。

表 4 – 9　　　　傈僳族学生年级、学校类别及来源地情况　（人数/百分比）

年级		学校类别		来源地区	
小学五年级	175（22.4）	村小	157（20.1）	怒江	424（54.4）
小学六年级	160（20.5）	乡小	157（20.1）	保山	207（26.5）
初一	140（17.9）	县小	10（1.3）	迪庆	127（16.3）
初二	173（22.2）	乡中	255（32.7）	其他地州	22（2.9）
初三	8（1.0）	县中	165（21.5）		
高一	75（9.6）	民办	24（3.1）		
高二	45（5.8）				

傈僳族学生对 5 类民族团结知识的记忆得分情况见表 4 – 10。

傈僳族学生 5 类知识的总体平均得分为 3.11—3.54，即"有点印象但不记得"与"有印象而且记得一些内容"之间，除各族人事节的平均得分达到两个得分点的中间点 3.5 分之外，其他 4 类知识的得分都低于 3.5 分。总体来看，傈僳族学生对这些知识的记忆少。

表4－10　傈僳族学生民族团结知识记忆情况（平均数/标准差）

	政策与理论	各族人事节	语言艺术	宗教与习俗	本地人事节
总体	3.30 ± 1.26	3.54 ± 1.47	3.35 ± 1.17	3.11 ± 1.32	3.33 ± 1.25
小学五年级	2.72 ± 1.25	3.18 ± 1.60	3.05 ± 1.28	2.65 ± 1.34	2.96 ± 1.25
小学六年级	3.03 ± 1.24	3.74 ± 1.70	3.28 ± 1.18	2.91 ± 1.32	3.27 ± 1.30
初一	3.20 ± 1.08	3.26 ± 1.10	3.29 ± 0.96	3.11 ± 1.26	3.30 ± 1.01
初二	3.77 ± 1.14	3.77 ± 1.34	3.65 ± 1.16	3.52 ± 1.22	3.58 ± 1.17
高一	3.77 ± 1.30	3.60 ± 1.51	3.56 ± 1.17	3.40 ± 1.32	3.48 ± 1.50
高二	4.21 ± 0.91	4.13 ± 1.13	3.47 ± 0.98	3.59 ± 1.08	3.92 ± 1.20
F	22.13 ***	5.81 ***	5.27 ***	10.53 ***	7.03 ***
ω^2	0.13	0.03	0.03	0.06	0.04
多重比较	①<②③④⑥⑦；②③<④⑥⑦；④<⑥⑦	①③<④⑦	①<④⑥	①<③④⑥⑦②<④⑥⑦③<④⑦	①<④⑦②③<⑦

6个年级的学生在5类知识上的得分都存在十分显著的差异，除了民族理论与政策、宗教与习俗存在差异的效果量指标达到了中等关联强度之外，其他3类知识的差异的效果量指标值很低。多重比较结果如下：

小学五年级的傈僳族学生在民族政策与理论知识上的记忆得分显著低于其他5个年级学生的得分；小学六年级、初一年级学生该项知识的得分显著低于初二、高一、高二年级学生的得分；初二年级学生的得分又显著低于高一、高二年级学生得分。傈僳族学生在民族政策与理论知识上的得分随着年级的增加逐级增高。

小学五年级学生的宗教与习俗的得分显著低于初一、初二、高一、高二学生得分；小学六年级学生此类知识的得分显著低于初二、高一、高二年级学生得分；初一年级学生此类知识的得分显著低于初二、高二年级学生的得分。低年级傈僳族学生此项知识的得分低于高年级学生的得分。

小学五年级、初一年级学生各地人事节的得分显著低于初二、高二年级学生的得分。小学五年级学生语言艺术的得分显著低于初二、高一年级学生。小学五年级学生本地人事节的得分显著低于初二、高二年级学生；小学六年级、初一学生本地人事节的得分显著低于高二年级。虽然多重比较结果显示出低年级学生在这 3 类知识上的得分比高年级低，但 6 个年级学生这三类知识各自得分的差异并不是有规律的随着年级的增高而增加。

总体来看，傈僳族学生对这些知识的记忆少。6 个年级的学生在民族理论与政策、各地人事节、宗教与习俗、本地人事节这 4 类知识上的得分都存在十分显著的差异，除了民族理论与政策、宗教与习俗存在差异的效果量指标达到了中等关联强度之外，其他 4 类知识的差异的效果量指标值很低。傈僳族学生在民族政策与理论知识、宗教与习俗类知识的得分随着年级的增加逐级增高。语言艺术、各地人事节、本地人事节的得分显示出低年级学生在这 3 类知识上的得分比高年级低，但 6 个年级学生这三类知识各自得分的差异并不是有规律的随着年级的增高而增加。

（六）白族学生对民族团结知识的记忆情况

白族 765 人，其中男生 336 人（43.9%），女生 422 人（55.2%），性别缺失人数 7 人。来自汉族学校学生 144 人（18.8%），少民学校 384 人（50.2%），混合学校 237 人（31.0%）。表 4－11 是白族学生的其他情况（未包含缺失值）。

表 4－11　　　　白族学生年级、学校类别及来源地情况　　　（人数/百分比）

年级		学校类别		来源地区	
小学五年级	158 (20.7)	村小	79 (10.3)	大理	469 (61.3)
小学六年级	198 (25.9)	乡小	210 (27.5)	怒江	196 (25.6)
初一	164 (21.4)	县小	79 (10.3)	迪庆	40 (5.2)
初二	79 (10.3)	乡中	165 (21.6)	其他地州	59 (7.8)
初三	29 (3.8)	县中	210 (27.5)		
高一	72 (9.4)	民办	18 (2.4)		
高二	65 (8.5)				

白族学生对 5 类民族团结知识的记忆得分情况见表 4－12 与图 4－4。

表4-12 白族学生民族团结知识记忆情况（平均数/标准差）

	政策与理论	各族人事节	语言艺术	宗教与习俗	本地人事节
总体	3.40±1.25	3.35±1.48	3.20±1.22	3.09±1.46	3.46±1.36
小学五年级	3.06±1.10	3.14±1.43	3.19±1.15	2.80±1.47	3.59±1.25
小学六年级	3.41±1.26	3.38±1.55	3.42±1.31	3.31±1.50	3.70±1.39
初一	3.15±1.32	3.22±1.47	3.02±1.23	2.78±1.41	3.27±1.35
初二	3.39±1.32	3.22±1.62	3.04±1.30	3.11±1.47	3.13±1.42
初三	3.89±0.78	4.31±1.19	4.06±0.63	4.09±1.20	4.05±1.03
高一	3.73±1.35	3.43±1.46	2.85±1.23	3.00±1.49	3.07±1.45
高二	4.22±0.89	3.75±1.17	3.18±0.88	3.53±1.10	3.53±1.20
F	9.73***	3.72**	5.43***	6.58***	4.57***
ω^2	0.07	0.02	0.03	0.04	0.03
多重比较	①<⑤⑥⑦ ②④<⑦ ③<⑤⑦	①③④<⑤⑦ ②⑥<⑤	①②③④⑥⑦<⑤ ⑥<②	①②③④⑥<⑤ ①③<②⑦ ⑥<⑦	③④⑥<①②⑤

注：①指小学五年级，②指小学六年级，③指初一，④指初二，⑤指初三，⑥指高一，⑦指高二。

白族学生在5类知识上的总体平均得分位于3.09—3.46，即在"有点印象但记不得"与"有印象而且记得一些内容"之间，并且没有达到两个得分点的中间点3.5分，其中，宗教与习俗的平均得分最低，本地人事节的平均得分最高。7个年级的学生在5类知识上的得分都存在十分显著的差异。7个年级在民族政策与理论知识上差异的效果量指标ω^2的值达到了中等关联强度。其余4类知识上存在的年级差异的效果量指标的值是低关联强度。结合多重检验结果看，初三年级学生在5类知识上的得分形成了一个高分点。

7个年级白族学生的民族政策与理论得分基本上是随着年级的增长而增加，从小学五年级到初二年级学生此项知识的得分没有明显增加，初三年级到高二年级有了明显增加。

从小学五年级到初二年级，4个年级学生的各地人事节知识得分都显著低于初三学生的得分，高一年级学生此项知识的得分也显著低于初三年级。

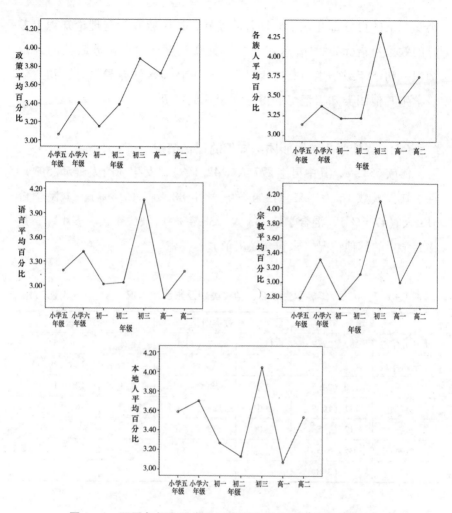

图4-4 不同年级白族学生五类民族团结知识的得分平均数

初三白族学生语言艺术知识的得分显著高于其他6个年级学生，高一年级此类知识的得分显著低于小学六年级学生的得分。初三学生宗教习俗的得分显著高于除高二外的其他5个年级。初一、初二、高一年级学生本地人事节的得分显著低于小学五、六年级和初三年级的学生的得分，小学五、六年级学生在本地人事节的得分相对高。

总体而言，白族学生对这些知识的记忆少。7个年级的学生在5

类知识上的得分都存在十分显著的差异，在民族政策与理论知识上差异的效果量指标 ω^2 的值达到了中等关联强度。除了民族政策与理论知识，初三年级学生与高二年级学生不存在显著性差异之外，初三年级学生其他四类知识记忆的得分高于其他年级。

（七）傣族学生对民族团结知识的记忆情况

傣族 658 人，其中男生 277 人（42.1%），女生 365 人（55.5%），性别缺失人数 16 人。来自汉族学校学生 88 人（13.4%），少民学校 313 人（47.6%），混合学校 253 人（38.4%），缺失 4 人。表 4 – 13 是傣族学生的其他情况（未包含缺失值）。

表 4 – 13　　　　　**傣族学生年级、学校类别及来源地情况**　　　（人数/百比）

年级		学校类别		来源地区	
小学五年级	182 (27.7)	村小	217 (33.0)	德宏	359 (54.6)
小学六年级	133 (20.2)	乡小	34 (5.2)	西双版纳	128 (19.5)
初一	160 (24.3)	县小	98 (14.9)	临沧	106 (16.1)
初二	111 (16.9)	乡中	129 (19.6)	其他地州	65 (7.9)
初三	12 (1.8)	县中	178 (27.1)		
高一	35 (5.3)	民办	2 (0.3)		
高二	25 (3.8)				

傣族学生对 5 类民族团结知识的记忆得分情况见表 4 – 14。

傣族学生 5 类知识的总体平均得分为 3.21—3.37，即"有点印象但不记得"与"有印象而且记得一些内容"之间，并且 5 类知识的得分都低于 3.5 分，说明从傣族学生的总体来看，他们对这 5 类知识的记忆情况偏向于"有点印象但不记得"。从小学五年级到高二年级，各个年级学生这 5 类知识各自得分都不存在显著性差异，傣族学生对 5 类知识的记忆水平并未随着年级的增高而产生显著性的增加。

表4-14　　　傣族学生民族团结知识记忆情况（平均数/标准差）

	政策与理论	各族人事节	语言艺术	宗教与习俗	本地人事节
总体	3.21±1.11	3.30±1.36	3.37±1.19	3.31±1.33	3.36±1.31
小学五年级	3.15±1.07	3.14±1.35	3.45±1.29	3.19±1.40	3.36±1.38
小学六年级	3.10±1.17	3.30±1.49	3.25±1.21	3.26±1.29	3.31±1.37
初一	3.22±1.17	3.35±1.32	3.48±1.12	3.47±1.32	3.35±1.34
初二	3.21±1.06	3.43±1.40	3.28±1.19	3.31±1.32	3.44±1.15
高一	3.44±1.04	3.35±1.17	3.28±1.03	3.30±1.41	3.39±1.16
高二	3.83±0.93	3.48±1.13	3.37±0.96	3.51±0.95	3.24±1.25
F	2.19	0.84	0.85	0.90	0.16

傣族学生总体上对这些知识的记忆少。从小学五年级到高二年级，各个年级学生在这5类知识各自得分都不存在显著性差异，傣族学生对5类知识的记忆水平并未随着年级的增高而产生显著性的增加。

（八）壮族学生对民族团结知识的记忆情况

壮族381人，其中男生139人（36.5%），女生241人（63.3%），性别缺失人数1人。来自汉族学校学生64人（16.8%），少民学校222人（58.3%），混合学校95人（24.9%）。表4-15是壮族学生的其他情况（未包含缺失值）。

表4-15　　　　壮族学生年级、学校类别及来源地情况　　　（人数/百分比）

	年级		学校类别		来源地区
小学五年级	124（32.5）	村小	104（27.3）	红河	356（93.4）
小学六年级	38（10.0）	乡小	69（18.1）	其他地州	25（6.6）
初一	127（33.3）	县小	4（1.0）		
初二	88（23.1）	乡中	190（49.9）		
初三	2（0.5）	县中	14（3.7）		
高一	2（0.5）				

壮族学生对 5 类民族团结知识的记忆得分情况见表 4 - 16。

表 4 - 16　　壮族学生民族团结知识记忆情况（平均数／标准差）

	政策与理论	各族人事节	语言艺术	宗教与习俗	本地人事节
总体	2.87 ± 1.26	2.56 ± 1.48	2.61 ± 1.30	2.27 ± 1.35	2.70 ± 1.51
小学五年级	3.21 ± 1.15	2.35 ± 1.60	2.27 ± 1.44	1.76 ± 1.46	2.50 ± 1.70
小学六年级	3.34 ± 1.71	2.67 ± 1.11	2.73 ± 1.13	2.36 ± 0.94	2.62 ± 1.22
初一	2.40 ± 1.11	2.48 ± 1.41	2.78 ± 1.28	2.44 ± 1.25	2.67 ± 1.48
初二	2.87 ± 1.17	2.92 ± 1.48	2.77 ± 1.10	2.74 ± 1.25	3.06 ± 1.32
F	11.49 ***	2.82 *	4.14 **	11.14 ***	2.44
ω^2	0.08	0.01	0.02	0.08	
多重比较	③＜①②④	①③＜④	①＜③④	①＜②③④	

注：①指小学五年级，②指小学六年级，③指初一，④指初二。

壮族学生 5 类知识的总体平均得分为 2.27—2.87，即 "不清楚" 与 "有点印象但不记得" 之间，宗教与习俗这类知识没有达到这两个得分点的中间点 2.5 分。总体来看，壮族学生不清楚也不记得这 5 类知识。

小学五年级、小学六年级、初一和初二 4 个年级的学生在民族理论与政策、各地人事节、语言艺术、宗教与习俗这 4 类知识上的得分都存在显著差异。多重比较结果如下：

初一年级壮族学生在政策与理论知识的得分最低，显著低于其他 3 个年级的学生。这些差异的效果量指标 ω^2 的值为 0.08，达到了中等关联强度。说明这种差异有实际意义。另外，小学五年级学生在宗教与习俗方面的平均得分小于 2 分，显著低于其他 3 个年级学生的得分。这些差异的效果量指标 ω^2 的值为 0.08，也达到了中等关联强度。

小学五年级、初一年级的壮族学生在各族人事节的得分显著低于初二年级学生的得分，小学五年级壮族学生在语言艺术类知识的得分显著低于初一、初二年级学生的得分。4 个年级学生在各族人事节、语言艺术方面的得分存在差异的效果量指标 ω^2 的值很小，为低关联强度。

壮族学生总体上不清楚也不记得这 5 类知识。小学五年级至初二年级共 4 个年级的壮族学生在民族理论与政策、各地人事节、语言艺术、宗教与习俗这 4 类知识上的得分分别存在显著差异。初一年级壮族学生在政策与理论知识的得分显著低于其他 3 个年级的学生。小学五年级学生在宗教与习俗方面得分显著低于其他 3 个年级学生的得分。这两类知识得分的差异的效果量指标 ω^2 的值达到了中等关联强度。

(九) 哈尼族学生对民族团结知识的记忆情况

哈尼族 345 人，其中男生 141 人（40.9%），女生 179 人（51.9%），性别缺失人数 25 人。来自汉族学校学生 37 人（10.7%），少民学校 107 人（31%），混合学校 195 人（56.5%）。表 4-17 是哈尼族学生的其他情况（未包含缺失值）。

表 4-17 　　　哈尼族学生年级、学校类别及来源地情况　　（人数/百分比）

年级		学校类别		来源地区	
小学五年级	43 (12.5)	村小	15 (4.3)	西双版纳	211 (61.2)
小学六年级	35 (10.1)	乡小	34 (9.9)	红河	96 (27.8)
初一	73 (21.2)	县小	45 (13.0)	其他地州	38 (11.0)
初二	126 (36.5)	乡中	27 (7.8)		
初三	3 (0.9)	县中	221 (64.1)		
高一	36 (10.4)				
高二	28 (8.1)				

哈尼族学生对 5 类民族团结知识的记忆得分情况见表 4-18。

哈尼族学生 5 类知识的总体平均得分为 2.77—3.33，即"不清楚"与"有点印象但不记得"之间，并且 5 类知识的得分都低于 3.5 分，说明从哈尼族学生的总体来看，他们对这 5 类知识的记忆情况偏向于"有点印象但不记得"。从小学五年级到高二年级，各个年级学生在各族人事节、语言艺术、宗教与习俗、本地人事节这4类知识各自得分都不存在显著性差异，哈尼族学生对这4类知识的记忆水平并未随着年级的增高而产生显著性差异。

表4-18　哈尼族学生民族团结知识记忆情况（平均数/标准差）

	政策与理论	各族人事节	语言艺术	宗教与习俗	本地人事节
总体	3.09 ± 1.22	3.22 ± 1.48	3.12 ± 1.25	2.77 ± 1.36	3.33 ± 1.34
小学五年级	2.74 ± 1.28	3.11 ± 1.64	3.03 ± 1.24	2.75 ± 1.52	3.41 ± 1.32
小学六年级	2.96 ± 1.27	2.92 ± 1.57	3.09 ± 1.12	2.44 ± 1.31	3.44 ± 1.23
初一	3.09 ± 1.24	3.37 ± 1.35	3.09 ± 1.33	2.77 ± 1.26	3.41 ± 1.50
初二	2.97 ± 1.22	3.12 ± 1.50	3.04 ± 1.28	2.65 ± 1.45	3.29 ± 1.36
高一	3.65 ± 1.00	3.51 ± 1.50	3.31 ± 1.25	2.95 ± 1.28	3.28 ± 1.31
高二	3.55 ± 1.06	3.50 ± 1.25	3.49 ± 1.05	3.50 ± 0.90	3.16 ± 1.05
F	3.29**	2.10	0.73	2.26	0.24
ω^2	0.03	—	—	—	—
多重比较	①④ < ⑥⑦ ②③ < ⑥	—	—	—	—

注：①指小学五年级，②指小学六年级，③指初一，④指初二，⑥指高一，⑦指高二。

6个年级的哈尼族学生在政策与理论这一知识的得分存在显著性差异，但差异的效果量指标较低。多重比较结果说明，高中一年级学生该项知识的得分显著高于小学五、六年级、初一、初二年级学生；高二年级学生该项知识的得分也显著高于小学五年级、初二年级的学生。高中阶段哈尼族学生在政策与理论知识上比小学、初中生有了显著的增长。

总体来看，哈尼族学生对这些知识的记忆少。6个年级的哈尼族学生在政策与理论这一知识的得分存在显著性差异，高中阶段哈尼族学生在政策与理论知识上比小学、初中生有了显著的增长。哈尼族学生对各族人事节、语言与艺术、宗教与习俗、本地人事节等这4类知识的记忆不存在年级间的差异。

（十）苗族学生对民族团结知识的记忆情况

苗族 245 人，其中男生 113 人（46.1%），女生 127 人（51.8%），性别缺失人数 5 人。来自汉族学校学生 105 人（42.9%），少民学校 77 人（31.4%），混合学校 63 人（25.7%）。表 4-19 是苗族学生的其他情况（未包含缺失值）。

表 4-19　　　苗族学生年级、学校类别及来源地情况　　（人数/百分比）

年级		学校类别		来源地区	
小学五年级	56 (22.9)	村小	46 (18.8)	楚雄	127 (51.8)
小学六年级	63 (25.7)	乡小	44 (18.0)	红河	74 (30.2)
初一	44 (18.0)	县小	38 (15.5)	其他地州	44 (18.0)
初二	21 (8.6)	乡中	47 (19.2)		
初三	2 (0.8)	县中	70 (28.6)		
高一	29 (11.8)				
高二	30 (12.2)				

苗族学生对 5 类民族团结知识的记忆得分情况见表 4-20。

表 4-20　　苗族学生民族团结知识记忆情况（平均数/标准差）

	政策与理论	各族人事节	语言艺术	宗教与习俗	本地人事节
总体	3.12±1.18	3.08±1.49	3.31±1.29	2.97±1.45	3.07±1.32
小学五年级	2.83±1.26	2.86±1.51	2.98±1.38	2.63±1.44	2.71±1.42
小学六年级	3.16±1.15	3.15±1.47	3.48±1.20	2.75±1.33	3.29±1.21
初一	3.28±1.12	3.19±1.56	3.44±1.28	3.18±1.55	3.30±1.29
初二	3.11±1.13	3.06±1.31	3.13±1.27	3.16±1.21	2.76±1.29
高一	3.27±1.25	3.26±1.56	3.59±1.34	3.40±1.54	3.10±1.40
高二	3.22±1.10	3.01±1.47	3.28±1.29	3.22±1.49	3.12±1.21
F	0.99	0.41	1.38	1.90	1.71

苗族学生 5 类知识的总体平均得分为 2.97—3.31，即"不清楚"与"有点印象但不记得"之间，并且 5 类知识的得分都低于 3.5 分，说明从苗族学生的总体来看，他们对这 5 类知识的记忆情况偏向于"有点印象但不记得"。从小学五年级到高二年级，各个年级学生在政策与理论、各族人事节、语言艺术、宗教与习俗、本地人事节这 5 类知识各自得分都不存在显著性差异，苗族学生对这 5 类知识的记忆程度并未随着年级的增高而产生显著性差异。

苗族学生总体上对这 5 类知识的记忆情况偏向于"有点印象但不记得"，并且苗族学生对这 5 类知识的记忆程度并未随着年级的增高而产生显著性差异。

（十一）纳西族学生对民族团结知识的记忆情况

纳西族 178 人，其中男生 71 人（39.9%），女生 107 人（60.1%）。来自少民学校 50 人（28.1%），混合学校 128 人（71.9%）。表 4-21 是纳西族学生的其他情况（未包含缺失值）。

表 4-21　　　纳西族学生年级、学校类别及来源地情况　　　（人数/百分比）

年级		学校类别		来源地区	
小学五年级	7 (3.9)	乡小	16 (9.0)	迪庆	178 (100.0)
小学六年级	14 (7.9)	县小	6 (3.4)		
初一	35 (19.7)	乡中	11 (6.2)		
初二	32 (18.0)	县中	145 (81.5)		
高一	42 (23.6)				
高二	48 (27.0)				

纳西族学生对 5 类民族团结知识的记忆得分情况见表 4-22。

纳西族学生 5 类知识的总体平均得分为 3.50—3.88，在"有点印象但不记得"与"有点印象而且记得一些内容"之间。5 类知识的得分都达到或超过两个得分点的中界线 3.5。总体来看，纳西族学生对这 5 类知识的记忆较少。

4 个年级的学生对各地人事节这类知识的记忆程度存在显著差异，初一、初二年级学生的得分显著低于高二年级。这些差异的效果量指标的值 ω^2 是低关联强度。

表 4 - 22　纳西族学生民族团结知识记忆情况（平均数/标准差）

	政策与理论	各族人事节	语言艺术	宗教与习俗	本地人事节
总体	3.88 ± 0.95	3.62 ± 1.32	3.62 ± 1.05	3.50 ± 1.23	3.56 ± 1.40
初一	3.60 ± 0.80	3.45 ± 1.37	3.51 ± 1.23	3.46 ± 1.26	3.78 ± 1.07
初二	3.75 ± 0.91	3.20 ± 1.26	3.59 ± 0.99	3.33 ± 1.23	3.61 ± 1.01
高一	3.90 ± 1.04	3.60 ± 1.33	3.61 ± 1.06	3.61 ± 1.09	3.44 ± 1.57
高二	4.14 ± 0.96	4.03 ± 1.23	3.72 ± 0.96	3.55 ± 1.33	3.48 ± 1.67
F	2.47	2.99 *	0.28	0.36	0.47
ω^2		0.04			
多重比较		③④ < ⑦			

注：③指初一，④指初二，⑦指高二。

总体来看，纳西族学生对这 5 类知识的记忆不多。初一、初二年级学生各地人事节的得分显著低于高二年级，但差异的效果量指标的值 ω^2 是低关联强度，说明这种差异并没有实际意义。

二　青少年民族团结认知特点的举例法研究

从学习的角度来说，"民族团结"是一个抽象的概念。青少年对这一概念及相关知识的理解和认识，反映了他们在该方面获得的教育和最终学习内化的结果。而举例，是概念学习中必要的一个环节。概念原型说认为，概念主要以原型即它的最佳实例来表示的，我们主要是从最能说明概念的一个典型实例来理解概念的。运用概念于实际，是概念的具体化过程，而概念的每一次具体化，都会使概念进一步丰富和深化，对概念的理解就会更加全面，更加深刻。[①] 本章第二节采用举例法，第三节采用故事完成测试法，从显性层面和隐性层面综合考察青少年对民族团结的认知特点；考察青少年对民族团结的行为和情感的反应；探讨学校民族团结教育与青少年民族团结认知、情感的关系。

（一）方法

1. 被试

云南省德宏州的青少年学生共 138 人。其中小学生 28 名，初中生 48 名，高中生 42 名，大学生 22 名，被试的民族成分为：汉族 65 人，傣族 22 人，景颇族 35 人，其他民族 16 人，各民族被试在小学、中学和大学都有分布。

2. 工具

开放式问卷。由两个问题组成："请说一件你认为较好的表现出民族团结的具体事例。""请说一件你认为有损民族团结的具体事例。"

3. 施测

研究者对德宏师专家庭住址在德宏傣族景颇族自治州的 14 名大学生进行了培训，由 14 名学生于 2008 年 2 月在家庭居住地采取方便取样的方法发放问卷并回收。共回收问卷 159 份，有效问卷 138 份。

4. 数据处理

采用 SPSS 15.0 进行统计分析。

（二）结果

1. 分类结果及分析

对被试的回答进行阅读后发现，虽然问卷要求举出具体的事例，但仅有少数被试举出了具体事例，大多数被试仅是对"民族团结"

---

① 黄希庭：《心理学基础》，华东师范大学出版社 2008 年版，第 1—2 页。

和"有损民族团结"的含义或做法进行概括性的解释和描述。两名评分者经过讨论之后，分别对被试的回答进行分析。对民族团结的事例和损害民族团结的事例进行分类的一致性信度分别为 0.84、0.85。

表 4 - 23　　　　　　　138 名被试列举的事例分类表

民族团结事例分类	频次	%	有损民族团结的事例分类	频次	%
事例	22	15.71	**事例**	25	17.24
国家大事	12		"台独"	12	
生活中各民族发生的事件	10		生活中各民族发生的事件	13	
概括性描述做法或行为	99	70.71	**概括性描述做法或行为**	100	68.96
国家民族团结方针政策	9		搞民族独立、分裂	9	
各民族共庆节日	32		民族歧视	41	
各民族互相关心、帮助	21		民族间打架斗殴	18	
各民族平等、相互尊重	12		民族之间互相排斥	12	
各民族通婚、交友、杂居	11		不尊重他族的文化、宗教习俗等	9	
各民族文化经济等交流沟通	9		违法乱纪	5	
各民族共同努力、发展	5		为己利益损害他族利益	5	
不知道	19	13.57	破坏公共设施	2	
合计	140	100	不知道	13	8.96
			无	7	4.82
			合计	145	100

表 4 - 23 结果表明，在表现民族团结的例子中，事例占整个分类总频次的 15.71%，其中，国家大事有抗日战争、新中国成立、北京奥运会等；生活事例有 2004 年陇川县 7.5 洪灾，傣族、景颇族、汉族等民族间相互帮助、相互关心，共同抗灾的事件等。直接回答不知道占 13.57%。没有举出事例，仅是对民族团结的含义或做法进行概括性的回答频次占 70.71%。被试对有损民族团结事例的回答结果与表现民族团结事例的回答结果类似。有损民族团结的具体事例被列出的频次占总频次的 17.24%，回答不知道的占 8.96%，回答没有这种

事件的被试占4.82%，没有举出事例，仅是对有损民族团结的含义或做法进行概括性的回答频次占68.96%。

从表4-23分类结果还能够看出，被试对民族团结的认知有两个视角，一是国家层面，二是各民族层面。在团结事件中，被列举的国家事例频次为12，描述国家民族团结方针政策的频次为9，二者的频次为21，占总频次140的15%；从各民族层面理解民族团结的频次为100，占71.43%。被试回答的有损民族团结事例中，从国家层面来理解的——列举"台独"的频次为12，搞民族独立、分裂频次为9，占该项总频次145的14.48%；从各民族层面理解的频次为100，占71.43%。

三 故事完成法探讨青少年对民族团结的认知及情感

学生所列举的民族团结事例，能够反映他们对民族团结概念的理解和把握。举例法得出的结果反映出，超过70%的被试不能举出具体事例（包括不知道）。这究竟是什么原因造成的呢？是否由于民族团结是一个较为敏感的问题，直接要求举出事例让被试难以回答？还是因为研究本身的设计让被试难于回答？研究2拟采用投射测验的方法解决这些问题，并进一步挖掘与青少年民族团结心理相关的信息。

（一）方法

1. 被试

以分层随机取样和随机整群取样结合的方法，分别在云南省楚雄州、红河州、保山地区、大理州、德宏州、临沧地区等六个少数民族聚居地州的村级小学、乡（镇）小学、县（市）小学、乡（镇）中学、县（市）中学，抽取小学四年级至初中三年级学生2673人。发放问卷2673份，回收问卷2348份，有效问卷2069份。有效被试情况如表4-24所示。

表4-24　小学四年级至初中三年级学生基本情况的人数百分比　　（百分比）

	村小	乡小	县小	乡中	县中
学校属性	15.70	11.60	15.00	22.20	35.50
男	46.60	46.70	39.00	39.10	38.60
女	53.40	53.30	61.00	60.90	61.40
小学四年级/初一	33.30	47.50	35.40	38.80	40.00
小学五年级/初二	47.80	17.50	48.60	35.70	45.70
小学六年级/初三	18.80	35.00	16.10	25.50	14.30
汉族	34.26	63.33	68.81	73.20	65.62
彝族	3.40	2.08	10.61	13.72	19.10
白族	11.42	16.67	0.96	6.53	6.14
傣族	25.31	13.75	6.11	1.53	0.95
苗族	12.35	0.00	1.93	3.48	2.18
阿昌	12.65	2.08	1.29	0.00	0.13
其他	0.61	2.08	10.29	1.53	5.86

注：其他民族按人数多少排列包括：回族、哈尼族、壮族、景颇族、拉祜族、傈僳族、侗族、佤族、独龙族、仡佬族、藏族。

2. 研究工具

（1）自编的故事完成测试

材料：在商务印书馆国际有限公司 2005 年 8 月出版的《小学生字典》附录"中国各民族彩图表"中将分布于云南的 22 种民族图案选择出来（包括汉族，每种民族的分布地区彩图表中有说明），稍加编辑，各民族排列原顺序不变，仅去除了原图案中民族分布的标示。指导语：你好！欢迎你参与我们的编故事游戏，请在我们给你提供的图片中选择 2 种以上的民族（至少 2 种），你可以自由安排这些民族人物的性别，然后为你选择的人物编个小故事。请按以下要求编写你的故事：①故事要有时间、地点、人物；②故事要有事件，具体要说明：（a）发生了什么事？（b）为什么会发生这件事？（c）事情的结果怎么样？③你编写的小故事字数最好不要少于 200 字，必须把故事讲清楚；④这个游戏是不记名的，你不需要担心自己写得怎么样，只要注意包括要求中的那几条，你想怎么写就怎么写。问卷由 3 个部分构成，一是基本信息部分，要求填写年级、性别、民族、学校属性等；二是要求写出所选择的民族的名称；三是编写的故事。

（2）民族团结教育情况调查问卷

从学校民族团结教育的目标设置、课程设置和各类活动安排及开展情况设置开放式问题。

3. 施测

2009 年 1 月至 6 月，本课题组成员在云南省 6 个地州 31 所中小学的 58 个班级开展了调查。将发放问卷的注意事项告知学校教师或班主任，请他们发放并回收学生故事完成问卷，之后，研究者对该校开展民族团结教育的情况进行了调查。

4. 数据分析

（1）故事完成测试

对有效问卷的选择标准：必须是对两个或以上民族的选择，仅选择并编写一种民族故事的问卷，不进入分析；字迹混乱，无法理解的问卷不进入分析。

故事的分析单元为民族团结认知类型、行为、情感三个单元。每个单元的子项目之间无交叉。对被试编写故事中的主要事件在各单元中所属的项目进行频次登记。由于每个故事在每个分析单元中出现的频次仅为 1 次，所以每个单元的各子项目所得到的频次实际上也是人次。

民族团结认知类型：参照国家民族团结教育的目标（教育部办公厅，国家民委办公厅，2008），分为三种类型：① 自发的认知（描述了 2 个以上民族的交往、和睦相处、通婚、爱情、友情等；或者描述了 2 个以上民族间的冲突、分离、和解等）；②民族知识的认知（描述了几个民族的传说、风俗、节日、生活等情况，但对这些民族的描述是分开的，互相没有关联的）；③民族团结的认知（故事的基本描述可能与自发的认知或民族知识的认知相似，但在这些描述中有着前两种类型中所没有的、明确的、直接的民族团结用语，如"民族团结、民族间的友爱、平等、互助、和谐、56 个民族大家庭、各民族无歧视和压迫、反民族分裂、维护国家统一、中华民族的团结繁荣"等）。

行为：①无关联（对几种民族的行为描述是分开的，人物间没有交往互动）；②冲突——分离（对几种民族之间发生的纠纷、矛盾、冲突进行描述，结局为人物的分离，或坏的结局）；③冲突——（分离）——和解（对几种民族之间发生的纠纷、矛盾、冲突进行描述，结局为和解或关系改善）；④和睦（描述了几种民族人物之间的和睦、友好、互助、联合、平等、认同等）。

情感：①友情；②恋情；③亲情；④民族情（民族平等感或认同感，爱国情感）；⑤排斥性情感（包括轻蔑、羞辱、仇恨等）；⑥情感表现不明显。

两名评分者对随机抽取的 100 名被试进行分类的一致性信度在 0.83—0.88。

（2）民族团结教育情况

根据下述指标对所调查的学校开展民族团结教育的情况进行评价。（1）好（有民族团结教育的目标设置、开设并实施了民族团结教育课程、开展了民族团结教育活动）；（2）较好（在目标设置、课程、活动方面开展了 2 项）；（3）一般（在目标设置、课程、活动方面开展了 1 项）；（4）无（在目标设置、课程、活动方面开展了 0 项）。

5. 数据处理

采用 SPSS 15.0 进行统计分析。

（二）结果

1. 民族团结教育情况与青少年的民族团结认知类型

表 4 - 25 显示了学校民族团结教育的开展情况对青少年的民族团结认知产生的影响。结果显示，从总体上看，学校的民族团结教育情况与被试对民族团结的认知类型显著相关。没有进行过该方面教育的学校，高达 95.8% 的被试该方面的认知类型为自发，有 2.1% 的被试描述民族文化风俗的相关知识，仅 2.1% 的被试使用民族团结用语。虽然开展了该教育的学校的学生所表现出来的认知类型大多数也为自发（70% 或以上），但从数据中可以看到，使用民族团结用语最多的

是评价为好的学校的被试（16.6%），其次为较好（14.7%），一般的学校也有12.1%的被试使用了民族团结用语。这三类学校的被试使用民族团结用语的人次百分比都超过了无该教育的学校被试的10个百分点以上；三类学校的被试对民族文化风俗等相关知识进行描述的人次百分比高于无该教育学校的被试6.40—13.6个百分点。

表4-25　　　　学校民族团结教育情况对被试的民族团结

认知类型的影响　　　　（频次/百分比）

学校属性	教育情况	认知类型			χ^2
		自发	民族知识	民族团结	
总体	无	180 (95.8)	4 (2.1)	4 (2.1)	62.17***
	一般	701 (75.6)	114 (12.3)	112 (12.1)	
	较好	394 (69.6)	89 (15.7)	83 (14.7)	
	好	289 (74.9)	33 (8.5)	64 (16.6)	
村小	无	115 (96.6)	3 (2.5)	1 (0.8)	105.72***
	一般	72 (97.3)	2 (2.7)	0 (0)	
	较好	63 (48.1)	62 (47.3)	6 (4.6)	
乡小	一般	24 (100)	0 (0)	0 (0)	20.97***
	较好	40 (95.2)	2 (4.8)	0 (0)	
	好	121 (69.5)	29 (16.7)	24 (13.8)	
县小	一般	13 (92.9)	1 (7.1)	0 (0)	3.90
	较好	132 (86.3)	4 (2.6)	17 (11.1)	
	好	124 (86.1)	2 (1.4)	18 (12.5)	
乡中	无	18 (94.7)	1 (5.3)	0 (0)	25.07***
	一般	257 (63.0)	84 (20.6)	67 (16.4)	
	好	19 (59.4)	0 (0)	13 (40.6)	
县中	无	47 (94.0)	0 (0)	3 (6.0)	35.41***
	一般	335 (82.3)	27 (6.6)	45 (11.1)	
	较好	159 (66.3)	21 (8.8)	60 (25.0)	
	好	25 (69.4)	2 (5.6)	9 (25.0)	

对学校属性进行控制后，除了县级小学无显著性差异外，其他四类学校的民族团结教育情况与被试的民族团结认知类型存在显著相关，并且基本趋势与总体情况一致。值得注意的是：民族团结教育情况较好的村级小学，有43.7%的被试描述民族文化风俗知识，比无和一般学校的被试在该项上的百分比高出约45个百分点。比较小学与中学能够看到，使用民族团结用语的学生在中学明显增多。以评价为好的学校为例：好的县级小学使用民族团结用语的学生为12.5%，好的乡级小学使用民族团结用语的学生为13.8%，而好的县级中学使用民族团结用语的学生为25%，好的乡级中学使用民族团结用语的学生为40.6%。

经检验，性别不同，青少年的民族团结认知类型存在显著差异（ $\chi^2 = 12.18$ ， $p < 0.01$ ）；年级不同，青少年的民族团结认知类型也存在显著差异（ $\chi^2 = 106.86$ ， $p < 0.001$ ）。

2. 民族团结教育情况与青少年表达的民族间的交往行为

总体来看，被试编写的故事中，反映民族间和睦行为的百分比为56.6%，从冲突到和解的行为占18.9%，从冲突到分离的行为占12%，无关联占12.6%。

学校民族团结教育对此产生影响的分析结果见表4-26。

表4-26　　　　民族团结教育情况对青少年表达的民族间
交往行为的影响　　　　　　（频次/百分比）

		无关联	冲突—分离	冲突—和解	和睦	χ^2
教育情况	无	5 (2.7)	55 (29.3)	44 (23.4)	84 (44.7)	89.21***
	一般	122 (13.2)	104 (11.2)	162 (17.5)	539 (58.1)	
	较好	95 (16.8)	57 (10.1)	103 (18.2)	311 (54.9)	
	好	38 (9.8)	32 (8.3)	81 (21.0)	235 (60.9)	

表4-26结果说明，民族团结教育情况不同，被试所描述的民族间的行为有显著不同。

在被试编写的故事中，几个民族人物之间的行为没有关联，主要是因为被试将各民族的文化风俗习惯等进行单独描述造成的。这种情况在无民族团结教育学校最少，仅占该类学校被试各类行为总频次的2.7%，低于民族团结教育好、一般、较好学校被试对无关联行为的反映7.1—14.1个百分点。这一差别可能说明了无民族团结教育的学校，学生对各种民族文化风俗等知识的认识少于开展了民族团结教育的学校。

无民族团结教育的学校学生反映的冲突分离行为的频次百分比为29.3%，分别高于一般、较好和好学校学生对冲突分离行为的反映18.1个百分点、17.2个百分点、21个百分点。并且，无民族团结教育学校学生对和睦行为反映的频次百分比为44.7%，分别低于一般、较好和好学校学生对和睦行为的反映13.4个百分点、10.2个百分点、16.2个百分点。说明开展了民族团结教育的学校，学生对冲突分离行为的反映明显少于未开展学校。

经检验，性别不同，被试表达的民族间交往的行为方式差异显著（$\chi^2 = 48.65$，$p < 0.01$）；年级不同，被试表达的民族间交往的行为方式也存在显著差异（$\chi^2 = 277.37$，$p < 0.001$）；学校属性不同，被试表达的民族间交往的行为方式差异显著（$\chi^2 = 378.88$，$p < 0.001$）。

3. 民族团结教育情况与情感表达

在被试编写的故事中，有的人物不多，表达的情感比较单一；有的人物众多，情感错综复杂。为了探讨民族团结情感的问题，对包含多种情感的故事，研究者主要判断故事的核心人物所具有的主要情感。从总体来看，被试在故事中表达的友情最多，占情感总频次的25.7%；民族情占24%；情感表现不明显为23.3%；恋情占12.1%；排斥性情感占11.4%；亲情占3.5%。

表4-27　　　　民族团结教育情况、年级在青少年描述的民族
　　　　　　　之间情感类型上的人数百分比　　　（单位：百分比）

		友情	恋情	亲情	民族情	排斥性	其他	χ^2
教育情况	无	33.5	1.6	5.3	9.0	23.4	27.1	152.39***
	一般	19.6	18.0	2.5	27.8	11.4	20.6	
	较好	29.5	6.0	4.1	23.9	10.2	26.3	
	好	30.8	12.2	4.1	22.5	7.0	23.3	
年级	小四	34.3	4.8	7.8	8.4	10.2	34.3	281.97***
	小五	33.3	4.6	4.0	16.7	8.9	32.5	
	小六	36.4	9.2	1.5	27.7	7.2	17.9	
	初一	22.1	16.6	2.5	28.8	8.9	21.7	
	初二	19.8	14.2	2.6	29.7	18.4	15.2	
	初三	12.2	23.4	1.8	34.2	9.9	18.5	

　　表4-27结果表明，学校民族团结教育情况对青少年描述的情感有显著影响。比较突出的不同是在民族情和排斥性情感方面。无民族团结教育的学校，学生所表达的民族情，即对其他民族的赞美、认同，对祖国的热爱等情感最少，低于开展了该教育的学校13.5—18.8个百分点。故事中表现的排斥性情感，如对其他民族仇恨、羞辱、轻蔑等，以无民族团结教育的学校学生最多，占该类学校学生所表达的各类情感频次的23.4%；而这种情感随民族团结教育等级的增高而减少，好学校学生所表达的排斥性情感仅占7%，少于无该项教育的学校学生所表达的排斥性情感16.4个百分点。

　　年级对青少年在故事中表达什么样的情感有显著的影响，并且呈现出规律性的递增或递减。友情随年级的增加而逐渐减少；恋情随年级的增加而逐渐增加；亲情的表达逐渐减少；民族情的表达逐渐增加；排斥性情感表达在小学四、五、六年级，初一年级变化不大，但在初二年级突然增多达到最高，初三年级又下降。

　　经检验，学校属性不同，被试在故事中表现出的情感存在显著性差异（$\chi^2 = 312.64$，$p < 0.001$）。性别不同，被试在故事中表现出的

情感存在显著性差异（$\chi^2 = 31.01$，$p < 0.001$）。

（三）讨论

云南是我国多民族大家庭中最具有典型性的一个省，是我国民族种类、民族自治地方和特有民族最多的省份，是少数民族人口占全国第二的省份。本书的被试来自云南省6个地州村级、乡级、县级中小学校，民族成分涉及汉、彝、白、傣等17种，样本的选取具有较高的代表性。

1. 关于研究的内部信度

故事完成法属于投射技术中的构造技术，即要求被试从一个刺激概念中构造一个故事或图片。[1] 投射技术的假设是受访者将他们人格的无意识方面投射在测试项目上并将它们显露出来，[2] 人们在图画中看到的东西，说出了一些关于他们自己的事情并揭示了他们的人格。[3] 在研究项目的探索性阶段使用投射技术是有益的，而当投射技术使隐藏的态度或情感显现，要求验证假设时，就可以采用其他技术——能够产生概括人口特征的结果的技术，比如调查方法和态度量表。[4] 因此，采用故事完成法对青少年的民族团结心理进行初步探讨是可行的。

许多市场研究者拥护投射测验结果的内部信度（Internal reliability）检查，以使他们能够相信调查结果。[5] Griggs 在分析定性数据的文章中指出，"一种经典的验证结果的办法就是对同一现象采用不同

---

① Burns L. D., Lennon S. J., "Social perception: methods for measuring our perception of others", *International Textile and Apparel Association Special Publication*, 1993, p. 5.

② Colman A. M. A., "Dictionary of Psychology, Projective Tests", *Retrieved from www. oxfordreference. com*（23.07.2004）.

③ Tucker-Ladd C. E., "Psychological Self Help", *Retrieved from http: //mentalhelp. net/psyhelp/chap15/chap15o. htm*（9.12.2001）.

④ Webb J. R., "Understanding and designing marketing research", London. Academic Press, 1992, p. 129.

⑤ Boddy C., "Projective techniques in market research: valueless subjectivity or insightful reality?" *International Journal of Market Research*, Vol. 47, No. 3, 2005.

的方法，产生同样的结论"①。市场研究常常采用三角验证，使用三角检验可以建立可靠性，即采用两种或更多方法收集数据。② 举例法研究要求被试举出民族团结和有损民族团结的事例，其基本假设是如果被试具有良好的民族团结认知，就能够举出说明问题的事例；故事完成法研究要求被试选择两种以上民族，编写关于民族人物的故事，其基本假设是被试如果有良好的民族团结认知，编写的故事就会表现出这种认知的影响，这就是对同一问题采用两种不同方法进行考查。

举例法研究发现，在"民族团结"以明确的问题出现时，大多数被试会以概括化的语言描述他们认为民族团结（70.71%）和有损民族团结（68.96%）的做法和行为是什么，但他们可能是不能够、或不愿意举出具体的例子。相反，在无"民族团结"这个明确前提所指的情况下，故事完成法研究的大多数被试（74.9%的自发认知类型和8.5%的民族知识认知类型）没有在自己描述的故事中提炼或表达出"这个故事是关于民族团结"之类的意思。两个研究得到的结果似乎是相反的，但是，如果在概括性描述民族团结或有损民族团结的被试所占的比例上，再加上回答不知道的人数，两个研究在这一结果的比例上竟然令人惊奇的接近——描述团结与不知道的频次百分比84.28%；描述有损团结与不知道的频次百分比为77.65%；虽然编写了故事却未表达"民族团结"之意的频次百分比为83.4%（编写了故事但未提炼民族团结意思的被试可能存在两种情况，一是不知道，二是知道，但不能对民族团结问题产生自动联想）。两个研究结果的对照显示了一个共同的结论：大多数青少年没有形成良好的民族团结认知，其主要表现是：在民族团结这一前提条件明确的情况下，能够解释民族团结的含义和做法，但缺乏经过体验或思考的事例做支持；在前提含糊的情况下，不能自动对民族团结问题产生联想和反应。

---

① Griggs S., "Analysing qualitative data", *Journal of the Market Research Society*, Vol. 29, No. 3, 1987, p. 26.

② Donoghue S., "Projective techniques in consumer research", *Journal of Family Ecology and Consumer Sciences*, Vol. 28, No. 3, 2000.

在本节的举例法研究中还发现被试从国家和各民族两个层面考虑民族团结问题。这一结果符合我国对民族团结的界定，因为在我国，各民族团结的最终结果或目标是祖国统一、社会稳定、国家富强。也符合我国学者认为民族认同由国家民族成员身份认同和单一民族身份认同构成的观点。[①] 由于故事完成研究将故事限制在选择具体的民族人物上，可能限制了被试从国家层面对问题的思考。但在此研究中，研究者仍然发现了将故事上升到国家层面的考虑。例如，故事中（楚雄州七年级1名汉族男生编），汉族小孩对彝族小孩说："哇，你的衣服真漂亮！"彝族小孩说："当然，我们彝族的衣服是很好看的。"两个人共同参加北京奥运会开幕式，汉族小孩说："好宏伟啊！中国现在太棒了，我为祖国感到自豪。""嗯，祖国已经站起来了，太好了"……汉族小孩："中国的成就，离不开56个民族的团结，13亿人的共同努力"，彝族小孩："早在隋唐时期，南诏就与唐朝友好往来，1000多年的交往，使我们和同为一家了"…… 在对所有故事表现的情感进行初步归类分析时发现，从民族间的交往上升到对祖国的认同和赞美，表达了祖国情的频次为26（后将该项目归入民族情中），占总频次2067的1.3%。

2. 民族团结教育对青少年民族社会化的影响

影响民族团结认知、行为和情感的因素十分复杂。本章研究仅检验了学校民族团结教育情况、学校属性、年级、性别四个因素，结果表明，这四个因素都和被试的民族团结认知，情感、行为方式等有关。

研究重点检查了学校民族团结教育对学生的影响。目前各中小学校开展民族团结教育的方式和内容是不完全一致的，但基本上都包括民族文化知识、国家民族团结政策和理论等的学习。研究结果发现，不同的民族团结教育情况的确对被试的民族团结认知、情感、行为的

---

① 张庆林、史慧颖、范丰慧、张劲梅：《西南地区少数民族大学生民族认同内隐维度的调查》，《西南大学学报》（人文社会科学版）2007年第1期。

反映产生了不同的影响。在民族团结认知类型上，无民族团结教育的学校，被试对民族文化风俗描述的人很少，能使用民族团结用语，即能联想到民族团结问题的被试很少，而开展了该项教育的学校，这两种类型的学生都多于无该项教育的学校。无民族团结教育的学校，学生反映的民族人物间的冲突分离行为、排斥性情感明显多于开展了民族团结教育的学校，而该项教育开展越好的学校，学生反映的冲突分离行为越少，对民族、祖国的认同和热爱情感的反映较多。

　　研究结果也显示出：不论有没有进行民族团结教育，如果没有特定的、明确的民族团结问题刺激，多数学生是不会在不同民族的交往之间发生民族团结问题的自动联想的。民族团结是我国的一个重要社会问题，但从日常经验看来，在多民族聚居地，各个族群的人们通常和睦相处，又各自生活在自己的"地盘"，几乎不会自动或有意识地想到民族团结之类的政治性话语，尽管人们不时与他族人交往，但在交往中，人们的族别并不会作为一个被密切关注的重要对象发生作用。也许只有当不同族群的人之间发生利益冲突、信仰冲突和自尊心受损等情况时，才明确需要使用民族团结这样的政治话语来调和、处理这些矛盾。① 但是，当发生民族间的冲突时，如果人们不能自动联想到民族团结的问题，不能上升到国家团结、稳定的高度来指导自己的行为，问题的发展就有可能恶化，就有可能导致不良的社会影响，给国家民族带来损失。所以，加强民族团结教育，强化各族青少年对民族团结问题的自觉意识是必要的。

　　3. 研究的局限性和今后的研究方向

　　故事完成法在为本研究提供了丰富信息的同时，也带来了局限性。对民族团结的认知状况，研究者采用了明确的外部标准进行分类评价，可以说明被试是否对民族团结问题产生了自动联想。不可否认的是，一些故事比较明显地表达出被试对民族间交往的思考。比如，

---

　　① 尹可丽、尹绍清：《民族团结心理的研究内容与方法建构》，《云南民族大学学报》（哲学社会科学版）2008 年第 3 期。

在讲述了两种不同民族男女的恋情之后，被试会总结，因为两个人的相爱，两个民族的关系变得友好了等，然而对行为和情感方面的研究，的确不能说明，被试所描述的情感和行为中，其自身情感和行为的投射成分有多少？即这些情感和行为未必就是民族之间发生的，有可能仅是被试将自己与朋友同学等人的情感和行为附会在民族人物身上而已。特别是被试情感表达随年龄的变化有规律性的变化这一结果，更让我们有理由怀疑，被试投射的情感，可能是对自身情感体验的微妙反映。

将来的研究应该采用其他方法，进一步探讨友情、恋情等情感的发生对民族团结心理的形成发生的作用；确定民族团结认知类型及其功能等。研究还需要进一步明确，学校的民族团结教育情况、被试的学校属性、年级、性别、民族成分等因素对青少年民族团结认知、情感和行为的形成各自产生了怎样的作用等。

（四）小结

大多数青少年没有形成良好的民族团结认知，其主要表现是：在民族团结这一前提条件明确的情况下，能够解释民族团结的含义和做法，但缺乏经过体验或思考的事例做支持；在前提含糊的情况下，不能自动对民族团结问题产生联想和反应。

学校开展民族团结教育的状况与青少年的民族团结认知、行为和情感反映有关。没有开展民族团结教育的学校，自动联想到民族团结问题的被试明显比开展了该项教育的学校的被试少，而这类学校被试反映的民族之间的冲突分离行为、排斥性情感明显多于开展了民族团结教育的学校的被试。

学校属性、被试的年级、性别与被试的民族团结认知、情感和行为反映有关。

第五章

青少年的民族认同及族际交往

　　积极的民族认同，民族间良好的交往行为及较少冲突行为，是衡量青少年民族团结心理的重要指标。本章对各族青少年的民族认同及民族间的交往、冲突行为分别进行考察，目的是从上述三个方面反映当前各族青少年的民族团结心理及行为状况。本章各族青少年的人口学变量情况与第三章所描述的情况相同，对此不再重复介绍。

一　各族青少年的民族认同状况

（一）汉族学生的民族认同

　　7 个年级学生的本族文化认同的得分为 4.03—4.31，中华文化认同得分为 4.17—4.40。本族发展认同得分为 3.92—4.12，中华民族归属感得分为 3.53—3.85，说明汉族学生中华民族文化认同、本民族文化认同的得分高，本族发展认同、中华民族归属感的得分也较高。

表 5-1　　　汉族学生的民族认同情况（平均数/标准差）

年级	本族文化认同	本族发展认同	中华民族归属感	中华文化认同
总体	4.11 ± 0.82	3.98 ± 0.93	3.64 ± 1.12	4.26 ± 0.87
小学五年级	4.16 ± 0.83	4.04 ± 0.91	3.65 ± 1.20	4.30 ± 0.85
小学六年级	4.06 ± 0.86	3.93 ± 1.00	3.55 ± 1.14	4.17 ± 0.94

续表

年级	本族文化认同	本族发展认同	中华民族归属感	中华文化认同
初一	4.07 ± 0.79	3.93 ± 0.91	3.68 ± 1.05	4.28 ± 0.85
初二	4.10 ± 0.83	3.95 ± 0.92	3.60 ± 1.10	4.23 ± 0.87
初三	4.31 ± 0.66	4.08 ± 0.81	3.70 ± 1.09	4.40 ± 0.67
高一	4.25 ± 0.70	4.12 ± 0.87	3.85 ± 1.04	4.32 ± 0.84
高二	4.03 ± 0.87	3.92 ± 0.94	3.53 ± 1.16	4.21 ± 0.91
F	5.71***	3.51**	4.29***	3.14**
ω^2	0.01	0.00	0.00	0.00
多重比较	②③④⑦<⑤⑥	②③④⑦<⑥	②④⑦<⑥	②<⑤

注：①指小学五年级，②指小学六年级，③指初一，④指初二，⑤指初三，⑥指高一，⑦指高二。

* $p < 0.05$，* * $p < 0.01$，* * * $p < 0.001$，以下同。

7个年级的学生在四个因子上各自的得分存在着显著性差异，但这种差异并未反映出从低年级向高年级得分逐渐递增的现象，并且这些差异的效果量指标 ω^2 的值微乎其微。

对汉族学生的民族认同进行配对 t 检验，结果得知：汉族学生的本族文化认同（$M = 4.11$，$SD = 0.82$）的程度显著高于本族发展认同（$M = 3.98$，$SD = 0.92$）的程度（$t(4345) = 11.65$，$p < 0.001$）。中华文化认同（$M = 4.26$，$SD = 0.87$）的程度显著高于中华民族归属感（$M = 3.65$，$SD = 1.11$）的程度（$t(4345) = 32.58$，$p < 0.001$）。中华文化认同的得分（$M = 4.26$，$SD = 0.87$）与本族文化认同的得分（$M = 4.11$，$SD = 0.82$）存在显著性差异（$t(4346) = 12.79$，$p < 0.001$）。

（二）彝族学生的民族认同

六个年级彝族学生的本族文化认同的得分为3.81—4.13，本族发展认同得分为3.62—4.06，中华民族归属感得分为3.35—4.08，中华文化认同得分为4.18—4.33。说明彝族学生中华民族文化认同得分高，本族文化认同、本族发展认同、中华民族归属感的得分也较高。

　　6个年级的学生在本族文化认同、本族发展认同及中华民族归属感等三个因子的各自得分上存在着显著性差异，初一、初二学生的本族文化认同显著低于小学五年级学生、高二年级学生。初一、初二、高一、高二年级学生的本族发展认同、中华民族归属感的得分显著低于小学六年级学生。初二、高一、高二年级学生的中华民族归属感的得分显著低于小学五年级学生。说明初中、高中彝族学生对本族发展的认同、对中华民族的归属感比小学五、六年级学生的认同程度低。6个年级学生中华文化认同的得分高，并且没有显著性差异。

表5-2　　　　　彝族学生的民族认同情况（平均数/标准差）

年级	本族文化认同	本族发展认同	中华民族归属感	中华文化认同
总体	3.96 ± 0.81	3.84 ± 0.87	3.62 ± 1.13	4.25 ± 0.83
小学五年级	4.04 ± 0.79	3.92 ± 0.81	3.81 ± 1.02	4.30 ± 0.82
小学六年级	4.00 ± 0.84	4.06 ± 0.91	4.08 ± 1.00	4.33 ± 0.85
初一	3.85 ± 0.83	3.77 ± 0.84	3.56 ± 1.12	4.18 ± 0.83
初二	3.81 ± 0.79	3.62 ± 0.88	3.41 ± 1.02	4.20 ± 0.84
高一	4.13 ± 0.78	3.81 ± 0.87	3.42 ± 1.21	4.26 ± 0.84
高二	3.91 ± 0.81	3.82 ± 0.86	3.35 ± 1.25	4.23 ± 0.77
F	3.36**	3.90**	9.15***	0.74
ω^2	0.01	0.02	0.04	—
多重比较	③④<① ③④⑦<⑥	③④⑥⑦<② ④<①	④⑥⑦<① ③④⑥⑦<②	—

　　注：①指小学五年级，②指小学六年级，③指初一，④指初二，⑥指高一，⑦指高二。

　　对彝族学生的民族认同进行配对 t 检验，结果得知：彝族学生的本族文化认同（$M = 3.96$，$SD = 0.81$）的程度显著高于本族发展认同（$M = 3.83$，$SD = 0.87$）的程度（$t(868) = 4.76$，$p < 0.001$）。中华文化认同（$M = 4.24$，$SD = 0.83$）的程度显著高于中华民族归属感

（$M = 3.63$，$SD = 1.13$）的程度（t（868）$= 14.93$，$p < 0.001$）。中华文化认同的得分（$M = 4.24$，$SD = 0.83$）与本族文化认同的得分（$M = 3.96$，$SD = 0.81$）存在显著性差异（t（868）$= 10.36$，$p < 0.001$）。

（三）藏族学生的民族认同

6 个年级藏族学生的本族文化认同的得分为 4.16—4.53，本族发展认同得分为 3.89—4.34，中华民族归属感得分为 3.49—3.84，中华文化认同得分为 4.16—4.46。说明藏族学生本民族文化认同得分、本民族文化认同、本族发展认同得分高，中华民族归属感的得分较高。

6 个年级的学生在本族文化认同、本族发展认同、中华民族归属感、中华文化认同 4 个因子的各自得分上存在着显著性差异。小学五、六年级学生的本族文化认同显著低于高一、高二学生。小学五年级学生的本族发展认同显著低于高一、高二学生，而小学六年级、初一年级学生的本族发展认同显著低于 6 年级学生。小学六年级学生的中华民族归属感显著高于小学五年级、初一、初二学生，初二学生该项得分显著低于高一年级学生的得分。在中华文化认同上，小学五年级学生显著低于小学六年级、初一年级、高一、高二年级。综合来看，高一、高二年级的藏族学生在本族文化认同、本族发展认同和中华文化认同程度上显著高于小学五、六年级的学生。

表 5 - 3　　藏族学生的民族认同情况（平均数/标准差）

年级	本族文化认同	本族发展认同	中华民族归属感	中华文化认同
总体	4.33 ± 0.73	4.12 ± 0.81	3.66 ± 1.10	4.34 ± 0.76
小学五年级	4.17 ± 0.83	3.89 ± 0.93	3.55 ± 1.09	4.16 ± 0.83
小学六年级	4.16 ± 0.74	4.07 ± 0.81	3.84 ± 1.02	4.38 ± 0.73
初一	4.43 ± 0.65	4.06 ± 0.74	3.52 ± 1.09	4.36 ± 0.74
初二	4.37 ± 0.71	4.14 ± 0.82	3.49 ± 1.07	4.30 ± 0.78

续表

年级	本族文化认同	本族发展认同	中华民族归属感	中华文化认同
高一	4.46 ± 0.69	4.34 ± 0.68	3.71 ± 1.20	4.43 ± 0.72
高二	4.53 ± 0.63	4.33 ± 0.73	3.80 ± 1.13	4.46 ± 0.75
F	6.36***	6.12***	2.82*	2.75*
ω^2	0.03	0.03	0.01	0.01
多重比较	①<⑥⑦ ②<③⑥⑦	①<⑥⑦ ②③<⑥	①③④<② ④<⑦	①<②③⑥⑦

对藏族学生的民族认同进行配对 t 检验，结果得知：藏族学生的本族文化认同（$M=4.33$，$SD=0.73$）的程度显著高于本族发展认同（$M=4.11$，$SD=0.81$）的程度（$t(823)=7.78$，$p<0.001$）。中华文化认同（$M=4.34$，$SD=0.76$）的程度显著高于中华民族归属感（$M=3.66$，$SD=1.10$）的程度（$t(822)=17.04$，$p<0.001$）。中华文化认同的得分（$M=4.34$，$SD=0.76$）与本族文化认同的得分（$M=4.33$，$SD=0.73$）存在显著性差异（$t(822)=0.53$，$p>0.05$）。

（四）佤族学生民族认同情况

6个年级佤族学生的本族文化认同的得分为3.69—4.36，本族发展认同得分为3.49—4.13，中华民族归属感得分为3.21—3.71，中华文化认同得分为3.64—4.29。说明佤族学生本民族文化认同得分、中华民族文化认同、本族发展认同得分高，中华民族归属感的得分偏向"不确定"。

6个年级的学生在本族文化认同、本族发展认同、中华文化认同3个因子的各自得分上存在着显著性差异。多重比较结果发现，佤族学生本族文化认同的得分在初一年级显著下降，低于小学五、六年级，初二、高一学生得分比小学五、六年级有所上升，但高二年级学生的得分又比高一学生有明显下降。6个年级佤族学生中华文化认同、本族发展认同的得分情况与本族文化认同类似。

表5-4 佤族学生的民族认同情况 （平均数±标准差）

年级	本族文化认同	本族发展认同	中华民族归属感	中华文化认同
总体	4.04±0.87	3.82±0.91	3.35±1.13	3.97±0.98
小学五年级	4.10±0.81	3.83±0.96	3.44±1.18	4.04±0.98
小学六年级	4.03±0.76	3.85±0.80	3.21±1.15	3.96±0.82
初一	3.69±0.94	3.54±0.93	3.29±0.99	3.64±1.04
初二	4.36±0.87	4.13±0.89	3.38±1.18	4.29±0.91
高一	4.36±0.73	3.94±0.78	3.71±1.20	4.25±0.90
高二	3.73±1.05	3.49±0.96	3.31±1.00	3.68±1.19
F	12.04***	8.19***	2.01	7.85***
ω^2	0.06	0.04	—	0.04
多重比较	③<①②④⑥ ②③⑦<④ ⑦<⑥	③<②④ ⑦<④	—	③<①②④⑥ ②⑦<④

对佤族学生的民族认同进行配对 t 检验，结果得知：佤族学生的本族文化认同（$M=4.05$，$SD=0.87$）的程度显著高于本族发展认同（$M=3.82$，$SD=0.91$）的程度（t（822）$=7.45$，$p<0.001$）。中华文化认同（$M=3.97$，$SD=0.98$）的程度显著高于中华民族归属感（$M=3.36$，$SD=1.23$）的程度（t（819）$=13.44$，$p<0.001$）。中华文化认同的得分（$M=3.97$，$SD=0.98$）与本族文化认同的得分（$M=4.05$，$SD=0.87$）存在显著性差异（t（814）$=-2.19$，$p<0.05$）。

（五）傈僳族学生的民族认同

6个年级傈僳族学生的本族文化认同的得分为3.53—4.30，本族发展认同得分为3.45—3.95，中华民族归属感得分为3.51—4.02，中华文化认同得分为3.65—4.55。傈僳族学生本民族文化认同、本族发展认同、中华文化认同、中华民族归属感得分较高。

6个年级的学生在4个因子的各自得分上存在着显著性差异。各年级傈僳族学生本族文化认同的得分差异的效果量指标达到中等关联强度，小学五、六年级、初一、初二年级都显著低于高一、高二年级，初一年级学生得分还显著低于小学六年级、初二年级。

小学五年级、初一年级学生的本族发展认同得分显著低于初二、高一、高二年级学生，各年级学生在本族发展认同得分差异的效果量指标值很低。

初二年级傈僳族学生的中华民族归属感得分在所有年级中最低，显著低于小学五、六年级、高一、高二年级。高一年级学生该因子得分最高，显著高于小学五、六年级、初一年级学生。各年级学生该项得分差异的效果量指标值很低。

傈僳族各年级学生在中华文化认同得分差异的效果量指标达到中等关联强度。小学五年级学生该因子得分显著低于小学六年级、初二、高一、高二年级学生的得分。小学六年级、初一、初二年级学生得分显著低于高一、高二年级。说明傈僳族学生对中华文化的认同随着年龄的增加而增高，并表现出小学五、六年级与初一、初二年级，高一、高二年级三个分数段。

表 5 - 5　　　傈僳族学生的民族认同情况（平均数/标准差）

年级	本族文化认同	本族发展认同	中华民族归属感	中华文化认同
总体	3.83 ± 0.93	3.68 ± 0.96	3.57 ± 1.03	3.98 ± 0.98
小学五年级	3.67 ± 1.00	3.45 ± 1.04	3.58 ± 1.03	3.65 ± 1.11
小学六年级	3.91 ± 0.82	3.74 ± 0.90	3.60 ± 0.94	4.06 ± 0.89
初一	3.53 ± 0.92	3.48 ± 0.93	3.51 ± 1.03	3.79 ± 0.99
初二	3.85 ± 0.98	3.83 ± 0.91	3.36 ± 1.01	4.05 ± 0.92
高一	4.24 ± 0.72	3.93 ± 0.96	4.02 ± 0.96	4.40 ± 0.76
高二	4.30 ± 0.65	3.95 ± 0.79	3.75 ± 1.25	4.55 ± 0.57
F	9.83 ***	6.01 ***	4.84 ***	11.97 ***
ω^2	0.06	0.03	0.03	0.07
多重比较	①②<⑥⑦ ③<②④⑥⑦ ④<⑥⑦	①③<④⑥⑦	④<①②⑥⑦ ①②③<⑥	①<②④⑥⑦ ②③④<⑥⑦

注：①指小学五年级，②指小学六年级，③指初一，④指初二，⑤指初三，⑥指高一，⑦指高二。

对傈僳族学生的民族认同进行配对 t 检验，结果得知：傈僳族学生的本族文化认同（$M = 3.83$，$SD = 0.93$）的程度显著高于本族发展认同（$M = 3.67$，$SD = 0.96$）的程度（$t(742) = 5.18$，$p < 0.001$）。中华文化认同（$M = 3.98$，$SD = 0.97$）的程度显著高于中华民族归属感（$M = 3.59$，$SD = 1.03$）的程度（$t(758) = 8.78$，$p < 0.001$）。中华文化认同的得分（$M = 3.98$，$SD = 0.97$）与本族文化认同的得分（$M = 3.83$，$SD = 0.93$）存在显著性差异（$t(746) = 5.41$，$p < 0.001$）。

（六）白族学生的民族认同

7 个年级学生的本族文化认同的得分为 3.82—4.22，本族发展认同得分为 3.68—4.10，中华民族归属感得分为 3.14—4.06，中华文化认同得分为 4.05—4.44。白族学生中华文化认同、本族文化认同的得分高，本族发展认同、中华民族归属感的得分也较高。

表 5 - 6　　　　白族学生的民族认同情况（平均数/标准差）

年级	本族文化认同	本族发展认同	中华民族归属感	中华文化认同
总体	4.07 ± 0.82	3.92 ± 0.90	3.55 ± 1.17	4.22 ± 0.86
小学五年级	4.01 ± 0.71	4.04 ± 0.78	3.48 ± 1.26	4.09 ± 0.84
小学六年级	4.27 ± 0.76	4.10 ± 0.85	3.32 ± 1.22	4.36 ± 0.77
初一	3.82 ± 0.92	3.68 ± 1.02	3.63 ± 1.08	4.11 ± 0.97
初二	4.10 ± 0.88	3.80 ± 0.96	3.62 ± 1.09	4.26 ± 0.80
初三	4.22 ± 0.58	4.01 ± 0.58	3.14 ± 0.92	4.05 ± 0.95
高一	4.00 ± 1.01	3.75 ± 0.89	4.06 ± 0.93	4.23 ± 0.98
高二	4.20 ± 0.66	4.01 ± 0.84	3.75 ± 1.23	4.44 ± 0.69
F	5.14 ***	4.74 ***	4.84 ***	2.82 *
ω^2	0.03	0.03	0.03	0.01
多重比较	①<② ③<②⑦	③<①②	①②③⑤<⑥	①<⑦

注：①指小学五年级，②指小学六年级，③指初一，④指初二，⑤指初三，⑥指高一，⑦指高二。

7 个年级的学生在 4 种认同上各自的得分存在着显著性差异，这些差异的效果量指标 ω^2 的值低，并未反映出从低年级向高年级得分逐渐递增的现象。

对白族学生的民族认同进行配对 t 检验，结果得知：白族学生的本族文化认同（$M = 4.07$，$SD = 0.82$）的程度显著高于本族发展认同（$M = 3.92$，$SD = 0.89$）的程度（$t(757) = 5.08$，$p < 0.001$）。中华文化认同（$M = 4.22$，$SD = 0.86$）的程度显著高于中华民族归属感（$M = 3.56$，$SD = 1.17$）的程度（$t(757) = 15.33$，$p < 0.001$）。中华文化认同的得分（$M = 4.22$，$SD = 0.86$）与本族文化认同的得分（$M = 4.08$，$SD = 0.82$）存在显著性差异（$t(757) = -5.16$，$p < 0.001$）。

（七）傣族学生的民族认同

6 个年级傣族学生的本族文化认同的得分为 3.86—4.41，本族发展认同得分为 3.73—4.03，中华民族归属感得分为 3.38—3.67，中华文化认同得分为 3.69—4.45。傣族学生本族文化认同、中华文化认同得分高，本族发展认同及中华民族归属感得分较高。

6 个年级学生的本族文化认同、中华文化认同的得分分别存在着显著性差异，并且中华民族认同存在差异的效果量指标达到中等关联强度。小学五年级学生中华民族认同的得分显著低于其他 5 个年级。

表 5 - 7　　　　傣族学生的民族认同情况（平均数/标准差）

年级	本族文化认同	本族发展认同	中华民族归属感	中华文化认同
总体	4.07 ± 0.87	3.85 ± 0.92	3.50 ± 1.10	4.05 ± 0.98
小学五年级	3.86 ± 0.90	3.73 ± 0.92	3.38 ± 1.09	3.69 ± 1.06
小学六年级	4.06 ± 0.95	3.84 ± 1.06	3.41 ± 1.11	3.96 ± 1.11
初一	4.26 ± 0.76	4.03 ± 0.87	3.61 ± 1.13	4.26 ± 0.84
初二	3.99 ± 0.86	3.81 ± 0.86	3.67 ± 1.01	4.26 ± 0.78

续表

年级	本族文化认同	本族发展认同	中华民族归属感	中华文化认同
高一	4.41 ± 0.62	3.87 ± 0.76	3.50 ± 1.07	4.38 ± 0.69
高二	4.28 ± 0.77	3.68 ± 0.84	3.39 ± 1.29	4.45 ± 0.67
F	5.49***	2.03	1.53	10.51***
ω^2	0.03	—	—	0.07
多重比较	①③<②⑥⑦ ④<③⑥	—	—	①<②③④⑥⑦

注：①指小学五年级，②指小学六年级，③指初一，④指初二，⑥指高一，⑦指高二。

对傣族学生的民族认同进行配对 t 检验，结果得知：傣族学生的本族文化认同（$M = 4.07$，$SD = 0.87$）的程度显著高于本族发展认同（$M = 3.98$，$SD = 0.92$）的程度（$t (635) = 7.01$，$p < 0.001$）。中华文化认同（$M = 4.05$，$SD = 0.98$）的程度显著高于中华民族归属感（$M = 3.50$，$SD = 1.10$）的程度（$t (639) = 11.02$，$p < 0.001$）。中华文化认同的得分（$M = 4.05$，$SD = 0.98$）与本族文化认同的得分（$M = 4.07$，$SD = 0.87$）存在显著性差异（$t (636) = 0.54$，$p > 0.05$）。

（八）壮族学生民族认同情况

4 个年级壮族学生的本族文化认同的得分为 3.68—4.15，本族发展认同得分为 3.42—4.25，中华民族归属感得分为 3.55—4.03，中华文化认同得分为 3.73—4.45。壮族学生中华文化认同得分高，本族文化认同得分、本族发展认同得分、中华民族归属感得分较高。

4 个年级的学生在民族认同的 4 个因子的各自得分上存在着显著性差异，并且在本族发展认同、中华文化认同因子上得分的差异效果量指标 ω^2 的值达到了中等关联强度。

多重比较结果发现，初一、初二壮族学生本族文化认同、中华民族归属感、中华文化认同的得分都显著低于小学五年级学生这三类认同的得分。小学六年级、初一、初二学生的本族发展认同的得分显著低于小学五年级学生；初一年级学生的本族发展认同的得分显著低于小学六年级学生。说明初一、初二壮族学生各项民族认同的得分显著低于小学五年级学生。见表5-8。

表5-8　　　　壮族学生的民族认同情况（平均数/标准差）

年级	本族文化认同	本族发展认同	中华民族归属感	中华文化认同
总体	3.85 ± 0.96	3.77 ± 1.10	3.76 ± 1.09	4.07 ± 1.08
小学五年级	4.15 ± 0.87	4.25 ± 1.08	4.03 ± 1.17	4.45 ± 0.87
小学六年级	3.83 ± 0.81	3.83 ± 0.95	3.96 ± 0.99	4.08 ± 0.98
初一	3.68 ± 1.00	3.42 ± 1.01	3.59 ± 0.97	3.73 ± 1.20
初二	3.68 ± 0.99	3.57 ± 1.08	3.55 ± 1.09	4.03 ± 1.04
F	6.55***	14.74***	5.32**	10.10***
ω^2	0.04	0.10	0.03	0.07
多重比较	③④＜①	②③④＜① ③＜②	③④＜①	③④＜①

注：①指小学五年级，②指小学六年级，③指初一，④指初二，⑥指高一，⑦指高二。

以上结果说明，年级与壮族学生的本族发展认同、中华文化认同存在着实际的联系。年级越低，壮族学生对本族发展的认同、对中华文化的认同程度越高。

对壮族学生的民族认同进行配对 t 检验，结果得知：壮族学生的本族文化认同（$M=3.85$，$SD=0.96$）的程度显著高于本族发展认同（$M=3.77$，$SD=1.10$）的程度（$t(376)=2.02$，$p<0.05$）。中华文化认同（$M=4.07$，$SD=1.08$）的程度显著高于中华民族归属感（$M=3.76$，$SD=1.09$）的程度（$t(376)=4.34$，$p<0.001$）。中华文化认同的得分（$M=4.07$，$SD=1.08$）与本族文化认同的得分（$M=3.85$，$SD=0.96$）存在显著性差异（$t(376)=5.47$，$p<0.001$）。

（九）哈尼族学生的民族认同

6个年级哈尼族学生的本族文化认同的得分为3.97—4.39，本族发展认同得分为 3.75—4.04，中华民族归属感得分为 3.57—4.08，中华文化认同得分为 4.22—4.60。哈尼族学生中华民族文化认同、本民族文化认同得分高，本族发展认同及中华民族归属感得分较高。

6 个年级学生中华民族认同的得分存在显著性差异。小学五年级学生中华民族认同的得分显著低于高一年级学生的得分，初一年级学生中华民族认同的得分显著低于初二年级、高一年级学生的得分。

表5-9　　　　哈尼族学生的民族认同情况（平均数/标准差）

年级	本族文化认同	本族发展认同	中华民族归属感	中华文化认同
总体	4.08 ± 0.78	3.87 ± 0.86	3.82 ± 0.98	4.35 ± 0.75
小学五年级	4.03 ± 0.79	3.76 ± 0.85	3.87 ± 1.11	4.22 ± 0.86
小学六年级	4.07 ± 0.75	3.83 ± 0.88	3.57 ± 1.24	4.28 ± 0.84
初一	4.06 ± 0.82	4.04 ± 0.90	3.72 ± 1.02	4.49 ± 0.65
初二	3.97 ± 0.83	3.75 ± 0.88	3.85 ± 0.85	4.22 ± 0.84
高一	4.28 ± 0.66	3.99 ± 0.77	3.89 ± 0.99	4.60 ± 0.41
高二	4.39 ± 0.49	4.00 ± 0.73	4.08 ± 0.89	4.54 ± 0.49
F	1.90	1.41	1.09	2.74 *
ω^2	—	—	—	0.03
多重比较				① < ⑥；③ < ④⑥；

注：①指小学五年级，②指小学六年级，③指初一，④指初二，⑥指高一，⑦指高二。

对哈尼族学生的民族认同进行配对 t 检验，结果得知：哈尼族学生的本族文化认同（$M = 4.08$，$SD = 0.77$）的程度显著高于本族发展认同（$M = 3.87$，$SD = 0.86$）的程度（$t(325) = 5.06$，$p < 0.001$）。中华文化认同（$M = 4.36$，$SD = 0.75$）的程度显著高于中华民族归属感（$M = 3.83$，$SD = 0.97$）的程度（$t(334) = 8.40$，$p < 0.001$）。中华文化认同的得分（$M = 4.34$，$SD = 0.76$）与本族文化认同的得分（$M = 4.07$，$SD = 0.78$）存在显著性差异（$t(332) = 6.92$，$p < 0.001$）。

（十）苗族学生民族认同情况

6 个年级苗族学生的本族文化认同的得分为 3.77—4.10，本族发展认同得分为 3.46—4.02，中华民族归属感得分为 3.24—3.63，中华文化认同得分为 4.14—4.41。苗族学生中华文化认同、本族文化认同得分高，本族发展认同及中华民族归属感得分较高。

6 个年级学生 4 种民族认同的得分都不存在显著性差异，说明苗族学生 4 种民族认同的情况未随着年级的增高发生变化。

表 5 - 10　　　　苗族学生的民族认同情况（平均数/标准差）

年级	本族文化认同	本族发展认同	中华民族归属感	中华文化认同
总体	4.05 ± 0.86	3.84 ± 0.93	3.53 ± 1.12	4.27 ± 0.83
小学五年级	4.10 ± 0.87	3.94 ± 0.87	3.58 ± 1.10	4.14 ± 0.79
小学六年级	4.07 ± 0.75	3.95 ± 0.96	3.62 ± 1.16	4.41 ± 0.67
初一	4.09 ± 0.92	4.02 ± 0.84	3.63 ± 1.01	4.38 ± 0.92
初二	3.97 ± 1.06	3.46 ± 1.14	3.24 ± 1.27	4.10 ± 0.86
高一	4.16 ± 0.81	3.71 ± 1.02	3.38 ± 1.06	4.38 ± 0.87
高二	3.77 ± 0.84	3.58 ± 0.74	3.43 ± 1.21	4.05 ± 0.95
F	0.82	1.94	0.60	1.50

对苗族学生的民族认同进行配对 t 检验，结果得知：苗族学生的本族文化认同（$M = 4.05$，$SD = 0.85$）的程度显著高于本族发展认同（$M = 3.85$，$SD = 0.93$）的程度（$t(237) = 3.62$，$p < 0.001$）。中华文化认同（$M = 4.27$，$SD = 0.83$）的程度显著高于中华民族归属感（$M = 3.54$，$SD = 1.12$）的程度（$t(240) = 9.02$，$p < 0.001$）。中华文化认同的得分（$M = 4.28$，$SD = 0.82$）与本族文化认同的得分（$M = 4.05$，$SD = 0.85$）存在显著性差异（$t(236) = 4.47$，$p < 0.001$）。

（十一）纳西族学生民族认同情况

4 个年级纳西族学生的本族文化认同的得分为 4.03—4.53，本族发展认同得分为 3.72—4.27，中华民族归属感得分为 3.55—4.05，中华文化认同得分为 4.04—4.58。

4 个年级的学生在本族文化认同、本族发展认同与中华文化认同的得分分别存在着显著性差异，这些差异的效果量指标 ω^2 的值是低等关联强度。

多重比较结果发现，初一、初二纳西族学生本族文化认同的得分显著低于高二学生的得分。初一学生的本族发展认同的得分显著低于其他三个年级学生的得分。初一、初二纳西族学生中华文化认同的得分显著低于高二学生的得分。

表 5 – 11　　　　纳西族学生的民族认同情况（平均数/标准差）

年级	本族文化认同	本族发展认同	中华民族归属感	中华文化认同
总体	4.28 ± 0.70	4.12 ± 0.77	3.76 ± 1.14	4.35 ± 0.82
初一	4.20 ± 0.73	3.72 ± 0.83	3.55 ± 1.09	4.04 ± 0.96
初二	4.03 ± 0.74	4.13 ± 0.73	3.78 ± 1.07	4.27 ± 0.86
高一	4.27 ± 0.74	4.25 ± 0.76	3.60 ± 1.19	4.42 ± 0.77
高二	4.53 ± 0.55	4.27 ± 0.69	4.05 ± 1.14	4.58 ± 0.63
F	3.77*	4.35**	1.72	3.27*
ω^2	0.01	0.06	—	0.04
多重比较	③④ < ⑦	③ < ④⑥⑦	—	③ < ⑦

注：③指初一，④指初二，⑥指高一，⑦指高二。

对纳西族学生的民族认同进行配对 t 检验，结果得知：纳西族学生的本族文化认同（$M = 4.28$，$SD = 0.70$）的程度显著高于本族发展认同（$M = 4.12$，$SD = 0.77$）的程度（$t(156) = 3.00$，$p < 0.01$）。中华文化认同（$M = 4.35$，$SD = 0.82$）的程度显著高于中华民族归属感（$M = 3.76$，$SD = 1.14$）的程度（$t(156) = 6.69$，$p < 0.001$）。中华文化认同的得分（$M = 4.35$，$SD = 0.81$）与本族文化认同的得分（$M = 4.28$，$SD = 0.70$）不存在显著性差异（$t(156) = 1.22$，$p > 0.05$）。

二 各族学生族内及族际交往的情况

（一）汉族学生的族内及族际交往

从小学五年级到高二年级，汉族学生与本族人交往的得分为3.26—3.34，与他族学生交往的得分为2.91—3.08。配对 t 检验结果得知，汉族学生在与本族同学交往的得分（ $M = 3.31$ ， $SD = 0.55$ ）和与他族同学交往的得分（ $M = 3.00$ ， $SD = 0.54$ ）上存在十分显著的差异（ t （4388） $= 33.77$ ， $p < 0.001$ ）。说明与他族学生的交往相比，汉族学生更喜欢与汉族人在一起，与汉族同学的关系更好、汉族朋友更多。汉族学生与他族学生交往的分数接近或达到3分，这也说明，汉族学生喜欢与他族学生在一起，与他族学生的关系好，也有一些他族朋友。

表5－12　　汉族学生与本族、他族人交往的情况（平均数/标准差）

	小学五年级	小学六年级	初一	初二	初三	高一	高二	F
本族	3.34 (0.56)	3.34 (0.57)	3.32 (0.55)	3.28 (0.57)	3.31 (0.47)	3.33 (0.49)	3.26 (0.56)	2.01
他族	2.97 (0.57)	3.04 (0.58)	3.01 (0.52)	2.97 (0.52)	2.91 (0.47)	3.08 (0.46)	3.05 (0.53)	4.31***

注：括号内为标准差，表5－13至表5－22同此。

7个年级的汉族学生在本族交往的得分不存在显著性差异，在与他族交往的得分上分别存在十分显著的差异，但差异的效果量指标 ω^2 的值微乎其微。多重比较结果得知，高一学生在他族交往上的得分显著高于小学五年级、初二、初三年级的学生。

（二）彝族学生的族内及族际交往

从小学五年级到高二年级，彝族学生与本族人交往的得分为3.05—3.30，与他族学生交往的得分为3.06—3.20。配对 t 检验结果得知，彝族学生在与本族同学交往的得分（$M = 3.24$，$SD = 0.50$）和与他族同学交往的得分（$M = 3.13$，$SD = 0.54$）上存在十分显著的差异（$t(880) = 5.41$，$p < 0.001$）。说明与他族学生的交往相比，彝族学生更喜欢与彝族人在一起，与彝族同学的关系更好、彝族朋友更多。彝族学生与他族学生交往的分数大于 3 分，这也说明，彝族学生喜欢与他族学生在一起，与他族学生的关系好，也有一些他族朋友。

表 5 - 13　彝族学生与本族、他族人交往的情况（平均数/标准差）

	小学五年级	小学六年级	初一	初二	高一	高二	F	多重
本族	3.21 (0.55)	3.30 (0.53)	3.28 (0.45)	3.05 (0.43)	3.30 (0.45)	3.26 (0.53)	4.87***	④＜②③⑥⑦
他族	3.06 (0.56)	3.13 (0.57)	3.15 (0.49)	3.14 (0.54)	3.20 (0.55)	3.09 (0.56)	1.21	—

注：②指小学六年级，③指初一，④指初二，⑥指高一，⑦指高二。

6 个年级的彝族学生在他族交往的得分上不存在显著性差异，在与本族交往的得分上存在十分显著的差异，差异的效果量指标 ω^2 的值为 0.02。多重比较结果得知，初二彝族学生在本族交往上的得分显著低于小学六年级、初一、高一、高二年级的学生。

（三）藏族学生的族内及族际交往

从小学五年级到高二年级，藏族学生与本族人交往的得分为 3.32—3.44，与他族学生交往的得分为 3.02—3.17。配对 t 检验结果得知，藏族学生在与本族同学交往的得分（$M = 3.35$，$SD = 0.47$）和与他族同学交往的得分（$M = 3.07$，$SD = 0.49$）上存在十分显著的差异（$t(823) = 14.40$，$p < 0.001$）。说明与他族学生的交往相比，藏族学生更喜欢与藏族人在一起，与藏族同学的关系更好、藏族朋友更多。藏族学生与他族学生交往的分数大于 3 分，这也说明，藏族学生也喜欢与他族学生在一起，与他族学生的关系好，也有一些他族朋友。

表5-14　藏族学生与本族、他族人交往的情况（平均数/标准差）

	小学五年级	小学六年级	初一	初二	高一	高二	F	多重
本族	3.27 (0.53)	3.32 (0.47)	3.39 (0.45)	3.35 (0.43)	3.41 (0.51)	3.44 (0.42)	2.32*	①<③⑥⑦, ②<⑦
他族	3.02 (0.54)	3.07 (0.48)	3.03 (0.46)	3.03 (0.45)	3.11 (0.50)	3.17 (0.45)	1.21	—

注：①指小学五年级，②指小学六年级，③指初一，⑥指高一，⑦指高二。

6个年级的藏族学生在他族交往的得分上不存在显著性差异，在与本族交往的得分上存在十分显著的差异，差异的效果量指标 ω^2 的值微乎其微。多重比较结果得知，小学五年级学生在本族交往上的得分显著低于初一、高一、高二年级的学生，6年级学生的本族交往得分也显著低于高二年级学生。高一、高二年级的藏族学生比其他年级学生对待本族交往更积极。

（四）佤族学生的族内及族际交往

配对 t 检验结果得知，佤族学生在与本族同学交往的得分（$M = 3.24$，$SD = 0.53$）和与他族同学交往的得分（$M = 3.06$，$SD = 0.51$）上存在十分显著的差异（$t(829) = 8.77$，$p < 0.001$）。说明与他族学生的交往相比，佤族学生更喜欢与佤族人在一起，与佤族同学的关系更好。佤族学生与他族学生交往的分数大于3分，这也说明，佤族学生也喜欢与他族学生在一起，与他族学生的关系好，也有一些他族朋友。

表5-15　佤族学生与本族、他族人交往的情况（平均数/标准差）

	小学五年级	小学六年级	初一	初二	高一	高二	F	多重
本族	3.24 (0.52)	3.25 (0.47)	3.08 (0.58)	3.45 (0.45)	3.25 (0.49)	3.12 (0.70)	8.00***	③<①②⑥ ①②③⑥⑦<④
他族	3.04 (0.54)	3.10 (0.48)	2.97 (0.57)	3.16 (0.44)	3.12 (0.44)	2.97 (0.51)	2.99*	①③⑦<④ ③<②

注：①指小学五年级，②指小学六年级，③指初一，④指初二，⑥指高一，⑦指高二。

从小学五年级到高二年级，佤族学生与本族人交往的得分为 3.08—3.45，与他族学生交往的得分为 2.97—3.16。6 个年级的佤族学生他族交往、本族交往的得分都存在十分显著的差异，差异的效果量指标 ω^2 的值低。多重比较结果得知，初一学生在本族交往上的得分显著低于小学五、六年级学生和高一学生，初二年级与本族交往的得分显著高于其他 5 个年级学生的得分。小学五年级、初一、高二年级学生与他族交往的得分显著低于初二年级学生，初一年级学生与他族交往的得分显著低于小学六年级学生。初二年级的佤族学生比其他 5 个年级学生与本族、他族学生的交往更积极。

（五）傈僳族学生族内及族际交往

配对 t 检验结果得知，傈僳族学生在与本族同学交往的得分（$M = 3.22$，$SD = 0.53$）和与他族同学交往的得分（$M = 3.02$，$SD = 0.51$）上存在十分显著的差异（$t(764) = 10.02$，$p < 0.001$）。说明与他族学生的交往相比，傈僳族学生更喜欢与本族人在一起，与本族同学的关系更好。傈僳族学生与他族学生交往的分数大于 3 分，这也说明，傈僳族学生也喜欢与他族学生在一起，与他族学生的关系好，也有一些他族朋友。

表 5-16　傈僳族学生与本族、他族人交往的情况（平均数/标准差）

	小学五年级	小学六年级	初一	初二	高一	高二	F	多重
本族	3.24 (0.62)	3.28 (0.45)	3.09 (0.51)	3.23 (0.52)	3.27 (0.47)	3.25 (0.56)	2.43*	③<②
他族	2.98 (0.59)	2.93 (0.52)	2.97 (0.49)	3.09 (0.48)	3.14 (0.49)	3.13 (0.42)	3.32***	①②③<④⑥ ②<⑦

注：①指小学五年级，②指小学六年级，③指初一，④指初二，⑥指高一，⑦指高二。

从小学五年级到高二年级，傈僳族学生与本族人交往的得分为 3.09—3.28，与他族学生交往的得分为 2.93—3.13。6 个年级的傈僳族学生他族交往、本族交往的得分都存在十分显著的差异，差异的效

果量指标 ω^2 的值低。多重比较结果得知，初一年级学生与本族交往得分显著低于小学六年级学生。小学五、六年级、初一年级学生与他族交往的得分显著低于初二、高一学生，小学六年级学生他族交往得分显著低于高二年级学生的得分。

（六）白族学生的族内及族际交往

配对 t 检验结果得知，白族学生在与本族同学交往的得分（$M = 3.26$，$SD = 0.58$）和与他族同学交往的得分（$M = 3.07$，$SD = 0.54$）上存在十分显著的差异（$t(761) = 7.41$，$p < 0.001$）。

7 个年级的白族学生本族交往得分存在显著性差异，差异的效果量指标 ω^2 的值低。多重比较结果得知，小学五年级学生本族交往的得分显著高于初一、高二年级，小学六年级学生本族交往得分显著高于初一、高一、高二年级。小学五、六年级学生对待本族交往比初一和高中一、二年级学生更积极。7 个年级学生在他族交往得分上不存在显著差异。

表5-17　白族学生与本族、他族人交往的情况（平均数/标准差）

	小学五年级	小学六年级	初一	初二	初三	高一	高二	F
本族	3.32 (0.59)	3.36 (0.58)	3.15 (0.61)	3.25 (0.50)	3.36 (0.46)	3.19 (0.56)	3.12 (0.59)	3.19**
他族	3.09 (0.58)	3.09 (0.60)	2.98 (0.50)	3.00 (0.51)	3.20 (0.34)	3.17 (0.52)	3.11 (0.51)	1.88

（七）傣族学生的族内及族际交往

配对 t 检验结果得知，傣族学生在与本族同学交往的得分（$M = 3.24$，$SD = 0.60$）和与他族同学交往的得分（$M = 3.06$，$SD = 0.55$）上存在十分显著的差异（$t(639) = 7.10$，$p < 0.001$）。说明与他族学生的交往相比，傣族学生更喜欢与本族人在一起，与本族同学的关系更好。傣族学生与他族学生交往的分数大于 3 分，这也说明，傣族

学生也喜欢与他族学生在一起，与他族学生的关系好，也有一些他族朋友。

6个年级的傣族学生本族交往得分不存在显著性差异，他族交往的得分也不存在显著性差异。说明，从小学五年级到高中二年级，傣族学生与本族、他族同学交往的情况大致相同，没有随着年级的变化而发生变化。

表5－18　傣族学生与本族、他族人交往的情况（平均数/标准差）

	小学五年级	小学六年级	初一	初二	高一	高二	F
本族	3.16 (0.63)	3.22 (0.57)	3.33 (0.59)	3.21 (0.59)	3.35 (0.59)	3.36 (0.43)	2.04
他族	3.04 (0.55)	3.13 (0.49)	2.99 (0.58)	3.05 (0.60)	3.08 (0.41)	3.23 (0.48)	1.53

（八）壮族学生的族内及族际交往

配对 t 检验结果得知，壮族学生在与本族同学交往的得分（$M = 3.32$，$SD = 0.53$）和与他族同学交往的得分（$M = 2.99$，$SD = 0.56$）上存在十分显著的差异（$t(376) = 11.88$，$p < 0.001$）。说明与他族学生的交往相比，壮族学生更喜欢与壮族人在一起，与壮族同学的关系更好。壮族学生与他族学生交往的分数接近3分，这也说明，壮族学生也喜欢与他族学生在一起，与他族学生的关系好，也有一些他族朋友。

表5－19　壮族学生与本族、他族人交往的情况（平均数/标准差）

	小学五年级	小学六年级	初一	初二	F	ω^2	多重比较
本族	3.48 (0.50)	3.48 (0.70)	3.20 (0.48)	3.23 (0.49)	8.82***	0.06	③④<①
他族	3.08 (0.63)	3.03 (0.67)	2.89 (0.48)	3.00 (0.50)	2.51	—	—

注：①指小学五年级，③指初一，④指初二。

从小学五年级到初二年级，壮族学生与本族人交往的得分为
3.20—3.48，与他族学生交往的得分为2.89—3.08。4个年级的壮族
学生与本族交往的得分存在十分显著的差异，差异的效果量指标 ω^2
的值是低关联强度。多重比较结果得知，初一、初二学生在本族交往
上的得分显著低于小学五学生。4个年级的壮族学生与他族交往的情
况没有显著性差异。

壮族学生与本族人的交往随着年级的增高有显著减少，而与他族
人的交往情况并未随年级的变化而发生变化。

（九）哈尼族学生的族内及族际交往

配对 t 检验结果得知，哈尼族学生在与本族同学交往的得分
（$M = 3.27$，$SD = 0.46$）和与他族同学交往的得分（$M = 3.20$，$SD = 0.49$）上存在显著的差异（$t(332) = 2.36$，$p < 0.05$）。说明与他族
学生的交往相比，哈尼族学生更喜欢与本族人在一起，与本族同学的
关系更好。哈尼族学生与他族学生交往的分数大于3分，这也说明，
哈尼族学生也喜欢与他族学生在一起，与他族学生的关系好，也有一
些他族朋友。

6个年级的哈尼族学生本族交往得分不存在显著性差异，他族交
往的得分也不存在显著性差异。说明，从小学五年级到高中二年级，
哈尼族学生与本族、他族同学交往的情况大致相同，没有随着年级的
变化而发生变化。

表5-20 哈尼族学生与本族、他族人交往的情况
（平均数/标准差）

	小学五年级	小学六年级	初一	初二	高一	高二	F
本族	3.26 (0.53)	3.23 (0.51)	3.18 (0.48)	3.29 (0.42)	3.31 (0.49)	3.39 (0.40)	1.17
他族	3.15 (0.55)	3.27 (0.41)	3.24 (0.53)	3.14 (0.50)	3.34 (0.41)	3.29 (0.38)	1.41

(十) 苗族学生的族内及族际交往

配对 t 检验结果得知，苗族学生在与本族同学交往的得分（$M = 3.29$，$SD = 0.57$）和与他族同学交往的得分（$M = 3.15$，$SD = 0.60$）上存在显著的差异（$t(241) = 3.68$，$p < 0.001$）。说明与他族学生的交往相比，苗族学生更喜欢与本族人在一起，与本族同学的关系更好。苗族学生与他族学生交往的分数大于 3 分，这也说明，苗族学生也喜欢与他族学生在一起，与他族学生的关系好，也有一些他族朋友。

6 个年级的苗族学生本族交往得分不存在显著性差异，他族交往的得分存在显著性差异（效果量指标 ω^2 为 0.04，为低关联强度），初一、高一和高二年级的学生与他族同学交往的情况明显比小学五年级学生多。

表 5 – 21　　　　苗族学生与本族、他族人交往的情况

（平均数／标准差）

	小学五年级	小学六年级	初一	初二	高一	高二	F
本族	3.24 (0.62)	3.23 (0.58)	3.42 (0.47)	3.05 (0.70)	3.31 (0.54)	3.46 (0.47)	1.99
他族	2.94 (0.54)	3.10 (0.63)	3.31 (0.61)	3.11 (0.59)	3.35 (0.52)	3.21 (0.58)	2.87*

(十一) 纳西族学生民族间交往情况

配对 t 检验结果得知，纳西族学生在与本族同学交往的得分（$M = 3.36$，$SD = 0.48$）和与他族同学交往的得分（$M = 3.17$，$SD = 0.48$）上存在十分显著的差异（$t(156) = 4.27$，$p < 0.001$）。说明与他族学生的交往相比，纳西族学生更喜欢与壮族人在一起，与纳西族同学的关系更好。纳西族学生与他族学生交往的分数接近 3 分，这也说明，纳西族学生也喜欢与他族学生在一起，与他族学生的关系好，也有一些他族朋友。

表 5 - 22　　　　纳西族学生与本族、他族人交往的情况

（平均数/标准差）

	初一	初二	高一	高二	F	ω^2	多重比较
本族	3.32 (0.57)	3.24 (0.50)	3.34 (0.40)	3.46 (0.45)	1.42	—	—
他族	3.00 (0.49)	3.07 (0.61)	3.25 (0.40)	3.29 (0.39)	3.68*	0.05	③<⑥⑦ ④<⑦

注：③指初一，④指初二，⑥指高一，⑦指高二。

4 个年级的纳西族学生与本族交往的得分不存在显著差异，但与他族交往存在着较为显著的差异，差异的效果量指标 ω^2 的值是低关联强度。多重比较结果得知，初一、初二学生在他族交往上的得分显著低于高二年级学生的得分。

三　各族学生族际冲突行为及原因

研究将导致学生间冲突行为的原因分为两类：一是与民族有关的原因；二是其他原因。

（一）汉族学生与少数民族学生间的冲突行为及原因

汉族学生在 2010 年 9 月至 2011 年 11 月期间，被同学或其他人取笑、辱骂、与同学或其他人吵架、打架这三类冲突行为的发生人数分别超过了 50%，但在 50% 以上经历过冲突行为的人中，报告因为与民族有关的原因（比如：自己被取笑的原因是因为取笑自己的人和自己"有不同的民族习惯"，又如，发生争执的原因是"不同的民族有不同想法"等）而被人取笑、辱骂、与人吵架打架的人数分别低于 10%。感到被别人排斥的人数为 41.7%，其中，报告因为与民族有关的原因（比如，排斥我的人和我是不同的民族）的人数仅占 6.2%。36.9% 的人报告遭遇不公正待遇，其中，报告自己遭受不公正待遇的原因（比如，老师偏向少数民族学生）与民族有

关的人数占 7.4%。可见，汉族学生因与民族有关的原因而与同学或其他人发生 5 种冲突行为的人数百分比为 5.5%—9.6%，低于10%。

表 5-23　　　　　汉族学生与同学或他人发生冲突行为的人数　　（人数/百分比）

项目内容	无冲突	有冲突	
		其他原因	与民族有关
被同学或他人取笑	1986 (44.9)	2009 (45.5)	424 (9.6)
被同学或他人辱骂	2194 (49.6)	1980 (44.8)	245 (5.5)
与同学或他人吵架打架	2053 (46.5)	2093 (47.4)	273 (6.2)
被别人排斥	2577 (58.3)	1570 (35.5)	272 (6.2)
遭受不公正待遇	2791 (63.2)	1303 (29.5)	325 (7.4)

进一步地考察发现，报告与同学或其他人有冲突行为的男生与女生，在这 5 个项目上都不存在显著性差异。即男生与女生报告因其他原因，或者因与民族有关的原因而与人发生上述 5 种冲突行为的人数大致相当。

少民学校的汉族学生报告因与民族相关的原因受到同学或其他人取笑的人数百分比高于汉族学校汉族学生所报告的 12 个百分点，高于混合学校汉族学生所报告的 10.7 个百分点。少民学校的汉族学生报告自己因与民族有关的原因而被人取笑、受到排斥、遭到不公正待遇的人数显著多于其他两类学校的汉族学生。

三类学校的汉族学生报告因与民族有关的原因被人辱骂的人数，与他人发生吵架打架的人数没有显著性差异。

表5－24　　　不同民族组成学校的汉族学生与他人发生冲突
行为的情况　　　　　　　　（人数/百分比）

项目	汉族学校		少民学校		混合学校		χ^2
	其他	民族	其他	民族	其他	民族	
取笑	1141 (84.4)	211 (15.6)	199 (72.4)	76 (27.6)	662 (83.1)	135 (16.9)	23.18***
辱骂	1115 (88.3)	148 (11.7)	235 (89.0)	29 (11.0)	622 (90.1)	68 (9.9)	1.58
吵架、 打架	1191 (88.8)	150 (11.2)	222 (86.7)	34 (13.3)	668 (88.2)	89 (11.8)	0.95
排斥	888 (84.2)	167 (15.8)	167 (81.9)	37 (18.1)	505 (88.1)	68 (11.9)	6.58*
不公正	764 (81.6)	172 (18.4)	131 (73.2)	48 (26.8)	404 (79.4)	105 (20.6)	6.86*

　　考察不同年级的学生所报告的冲突行为及原因，结果发现：绝大多数报告有冲突行为的学生，他们与人发生的冲突和民族方面的原因无关，仅有少数人报告发生的冲突行为与民族方面有关。并且报告冲突行为的这少部分人呈现出两头高、中间低的现象，即小学五、六年级报告因与民族有关原因而与他人发生冲突的人数百分比高于初一、二、三年级，高中一、二年级报告因与民族有关原因而与他人发生冲突的人数百分比也高于初一、二、三年级。小学五、六年级学生除报告因与民族有关原因而被人取笑的人数百分比高于高中一、二年级学生外，其余4类冲突的人数百分比都低于高中一、二年级。说明高中汉族学生因与民族有关的原因而被人辱骂、与人吵架或打架、被人排斥、感到遭受不公正待遇的人数比小学、初中有所增加。

表5-25　　　不同年级的汉族学生与他人发生冲突行为的情况　（人数/百分比）

	取笑		辱骂		吵架、打架		排斥		不公正	
	其他	民族	其他	民族	其他	民族	其他	民族	其他	民族
小学五年级	369 (78.0)	104 (22.0)	379 (89.4)	45 (10.6)	406 (89.0)	50 (11.0)	300 (85.0)	53 (15.0)	218 (77.3)	64 (22.7)
小学六年级	322 (75.9)	102 (24.1)	328 (89.9)	37 (10.1)	347 (87.0)	52 (13.0)	264 (86.6)	41 (13.4)	220 (75.9)	70 (24.1)
初一	482 (86.4)	76 (13.6)	477 (90.7)	49 (9.3)	517 (90.9)	52 (9.1)	389 (86.6)	60 (13.4)	304 (82.6)	64 (17.4)
初二	445 (87.4)	64 (12.6)	460 (93.3)	33 (6.7)	466 (94.3)	28 (5.7)	342 (88.8)	43 (11.2)	286 (88.3)	38 (11.7)
初三	78 (88.6)	10 (11.4)	76 (88.4)	10 (11.6)	83 (90.2)	9 (9.8)	68 (97.1)	2 (2.9)	63 (87.5)	9 (12.5)
高一	189 (82.9)	39 (17.1)	167 (81.9)	37 (18.1)	180 (81.1)	42 (18.9)	127 (77.0)	38 (23.0)	127 (76.0)	40 (24.0)
高二	123 (80.9)	29 (19.1)	93 (73.2)	34 (26.8)	94 (70.1)	40 (29.9)	80 (69.6)	35 (30.4)	85 (68.0)	40 (32.0)
χ^2	36.28***		54.07***		77.06***		44.38***		35.26	

（二）彝族学生民族间冲突行为及原因

彝族学生在2010年9月至2011年11月期间，被同学或其他人取笑、与同学或其他人吵架、打架这两类冲突行为的发生人数分别超过了50%，但在50%以上经历过冲突行为的人中，报告因为与民族有关的原因而被人取笑、与人吵架打架的人数百分比分别为11.2%、9.0%。被同学或他人辱骂的人数百分比为48%，其中，报告与民族有关的人数占8.3%。感到被别人排斥的人数为40.6%，其中，报告与民族有关的人数仅占7.9%。37.6%的人报告遭遇不公正待遇，其中，报告自己遭受不公正待遇的原因（比如，老师不理解少数民族）与民族有关的人数占11.0%。彝族学生因与民族有关的原因而与同学或其他人发生5种冲突行为的人数百分比为7.9%—11.2%。

进一步地考察发现，报告与同学或其他人有冲突行为的男生与女生，在这 5 个项目上都不存在显著性差异。

表 5 - 26　　　　**彝族学生与同学或他人发生冲突行为的人数**　　（人数/百分比）

项目内容	无冲突	有冲突	
		其他原因	与民族有关
被同学或他人取笑	407（46.0）	378（42.8）	99（11.2）
被同学或他人辱骂	460（52.0）	351（39.7）	73（8.3）
与同学或他人吵架打架	435（49.2）	369（41.7）	80（9.0）
被别人排斥	525（59.4）	289（32.7）	70（7.9）
遭受不公正待遇	552（62.4）	235（26.6）	97（11.0）

三类学校的彝族学生报告因与民族有关的原因被人取笑的人数、受到不公正待遇的人数没有显著性差异。三类学校的彝族学生报告被人辱骂、与人吵架打架、受人排斥的原因存在十分显著的差异。汉族学校的彝族学生报告自己因与民族有关的原因而被人辱骂、与人吵架或打架、受人排斥的人数显著多于其他两类学校的彝族学生。汉族学校的彝族学生报告因与民族相关的原因受到同学或其他人辱骂的人数百分比高于少民族学校彝族学生所报告的 16.6 个百分点，高于混合学校汉族学生所报告的 17.1 个百分点。

表 5 - 27　　　　**不同民族组成学校的彝族学生与他人发生**
冲突行为的情况　　（人数/百分比）

项目	汉族学校		少民学校		混合学校		χ^2
	其他	民族	其他	民族	其他	民族	
取笑	99（73.9）	35（26.1）	110（80.9）	26（19.1）	167（81.5）	38（18.5）	3.17
辱骂	81（70.4）	34（29.6）	107（87.0）	16（13.0）	161（87.5）	23（12.5）	16.64***

续表

项目	汉族学校		少民学校		混合学校		χ^2
	其他	民族	其他	民族	其他	民族	
吵架、打架	81 (69.8)	35 (30.2)	105 (86.1)	17 (13.9)	182 (86.7)	28 (13.3)	16.20***
排斥	74 (69.2)	33 (30.8)	73 (80.2)	18 (19.8)	140 (88.1)	19 (11.9)	14.48***
不公正	71 (68.9)	32 (31.1)	55 (67.1)	27 (32.9)	107 (73.8)	38 (26.2)	1.34

考察不同年级的彝族学生所报告的冲突行为及原因，结果发现：大多数报告有冲突行为的学生，他们与人发生的冲突和民族方面的原因无关，报告发生的冲突行为与民族方面有关的人数是少部分。6个年级的学生所报告的被人辱骂、与人吵架或打架、受人排斥这三项行为的原因存在显著性差异。小学六年级学生报告的因民族有关的原因而被辱骂、与人吵架打架、受人排斥的人数百分比最低，没超过报告有这些冲突行为的小学六年级学生人数的10%。高二学生报告的因民族有关的原因而被辱骂（35.1%）、与人吵架打架（28.9%）、受人排斥（33.3%）的人数百分比最高，是报告有冲突行为的高二学生人数中的1/3。高一学生所报告的因民族有关原因而发生的这三种冲突行为的人数百分比低于高二，但却比其他4个年级的学生高。说明高中彝族学生因与民族有关的原因而发生的被辱骂、与人吵架打架、受人排斥等行为多于初中、小学。

表5-28　　不同年级的彝族学生与他人发生冲突行为的情况　（人数/百分比）

	取笑		辱骂		吵架、打架		排斥		不公正	
	其他	民族	其他	民族	其他	民族	其他	民族	其他	民族
小学五年级	70 (76.1)	22 (23.9)	70 (84.3)	13 (15.7)	70 (85.4)	12 (14.6)	64 (85.3)	11 (14.7)	48 (78.7)	13 (21.3)

	取笑		辱骂		吵架、打架		排斥		不公正	
	其他	民族	其他	民族	其他	民族	其他	民族	其他	民族
小学六年级	73 (82.0)	16 (18.0)	81 (91.0)	8 (9.0)	84 (95.5)	4 (4.5)	60 (92.3)	5 (7.7)	43 (78.2)	12 (21.8)
初一	90 (81.1)	21 (18.9)	73 (80.2)	18 (19.8)	74 (77.1)	22 (22.9)	47 (72.3)	18 (27.7)	43 (68.3)	20 (31.7)
初二	49 (75.4)	16 (24.6)	59 (89.4)	7 (10.6)	56 (83.6)	11 (16.4)	50 (86.2)	8 (13.8)	42 (76.4)	13 (23.6)
高一	55 (78.6)	15 (21.4)	44 (75.9)	14 (24.1)	53 (74.6)	18 (25.4)	46 (73.0)	17 (27.0)	37 (60.7)	24 (39.3)
高二	41 (82.0)	9 (18.0)	24 (64.9)	13 (35.1)	32 (71.1)	13 (28.9)	22 (66.7)	11 (33.3)	22 (59.5)	15 (40.5)
χ^2	2.04		17.10**		19.47**		17.14**		9.64	

（三）藏族学生民族间冲突行为及原因

藏族学生在 2010 年 9 月至 2011 年 11 月期间，与同学或其他人吵架或打架的人数超过了 60%，但在这 60% 以上的人中，报告因为与民族有关的原因而与人吵架打架的人数百分比仅占 2.2%。被同学或他人取笑、辱骂的人数百分比分别超过了 40%，其中，报告与民族有关原因而被取笑、被辱骂的人数分别占 9.5%、1.9%。感到被别人排斥、遭遇不公正待遇的人数多于 20%，其中，报告与民族有关原因而被排斥、遭遇不公正待遇的人数分别为 3.2%、4%。藏族学生因与民族有关的原因而与他人发生的冲突行为，除被取笑的人数百分比为 9.5% 之外，其他 4 种冲突行为的人数百分比都在 5% 以下。

表 5-29　　　　藏族学生与同学或他人发生冲突行为的人数　　（人数/百分比）

项目内容	无冲突	有冲突	
		其他原因	与民族有关
被同学或他人取笑	396（48.1）	350（42.5）	78（9.5）
被同学或他人辱骂	454（55.1）	354（43.0）	16（1.9）
与同学或他人吵架打架	318（38.6）	488（59.2）	18（2.2）
被别人排斥	586（71.1）	212（25.7）	26（3.2）
遭受不公正待遇	600（72.8）	191（23.2）	33（4.0）

进一步地考察发现，报告与同学或其他人有冲突行为的男生与女生，在被人取笑、与人吵架打架两个项目上存在显著性差异。男生报告因与民族有关的原因而被人取笑的人数百分比高于女生 8.5 个百分点（$\chi^2 = 5.10$，$p < 0.05$）。男生报告因与民族有关的原因而与他人吵架或打架的人数百分比高于女生 3.4 个百分点（$\chi^2 = 4.23$，$p < 0.05$）。

少民学校和混合学校的藏族学生除了在被人辱骂这一行为的原因上存在着显著性差异之外，其余 4 项都没有显著性差异。

表 5-30　　　　两类学校的藏族学生与他人发生冲突行为的情况　　（人数/百分比）

项目	少民学校		混合学校		χ^2
	其他	民族	其他	民族	
取笑	191（79.9）	48（20.1）	159（84.1）	30（15.9）	1.26
辱骂	187（93.5）	13（6.5）	167（98.2）	3（1.8）	4.98*
吵架、打架	261（95.3）	13（4.7）	227（97.8）	5（2.2）	2.46
排斥	113（87.6）	16（12.4）	99（90.8）	10（9.2）	0.63
不公正	110（88.0）	15（12.0）	81（81.8）	18（18.2）	1.68

考察不同年级的藏族学生所报告的冲突行为及原因，结果发现：6个年级的学生所报告的被人取笑、辱骂、与人吵架或打架这三项行为的原因存在显著性差异，在被人排斥、受到不公正待遇这两项上不存在显著性差异。小学五、六年级的藏族学生报告因与民族有关原因而被他人取笑的人数百分比多于初二、高一、高二年级学生此原因上的人数百分比。高一学生报告因与民族有关原因而被人辱骂、与人吵架或打架的人数百分比高于其他5个年级。

表5-31　　不同年级的藏族学生与他人发生冲突行为的情况　（人数/百分比）

	取笑		辱骂		吵架、打架		排斥		不公正	
	其他	民族	其他	民族	其他	民族	其他	民族	其他	民族
小学五年级	40 (66.7)	20 (33.3)	71 (97.3)	2 (2.7)	94 (96.9)	3 (3.1)	32 (88.9)	4 (11.1)	19 (79.2)	5 (20.8)
小学六年级	88 (79.3)	23 (20.7)	98 (97.0)	3 (3.0)	122 (96.1)	5 (3.9)	62 (88.6)	8 (11.4)	57 (86.4)	9 (13.6)
初一	52 (81.2)	12 (18.8)	50 (100.0)	0 (0)	75 (100.0)	0 (0)	33 (97.1)	1 (2.9)	25 (83.3)	5 (16.7)
初二	55 (88.7)	7 (11.3)	47 (95.9)	2 (4.1)	75 (97.4)	2 (2.6)	23 (88.5)	3 (11.5)	32 (94.1)	2 (5.9)
高一	69 (87.3)	10 (12.7)	54 (87.1)	8 (12.9)	63 (90.0)	7 (10.0)	40 (85.1)	7 (14.9)	35 (79.5)	9 (20.5)
高二	46 (88.5)	6 (11.5)	34 (97.1)	1 (2.9)	59 (98.3)	1 (1.7)	22 (88.0)	3 (12.0)	23 (88.5)	3 (11.5)
χ^2	14.87*		14.37*		12.18*		3.05		4.32	

（四）佤族学生民族间冲突行为及原因

佤族学生在2010年9月至2011年11月期间，被同学或他人取笑、辱骂、与人吵架或打架的人数百分比分别超过了60%，其中，报告与民族有关原因而被取笑、被辱骂、与人吵架或打架的人数分别占13.5%、10.7%、10.2%。感到被别人排斥、遭遇不公正待遇的人数也分别达到了 50% ，其中，报告与民族有关原因而被排斥、遭遇不公正待遇的人数分别为 11.3% 、12.5% 。佤族学生因与民族有关的原因而与他人发生的 5 种冲突行为的人数百分比为 10.2%—13.5% 。

表 5 – 32　　　**佤族学生与同学或他人发生冲突行为的人数**　　（人数/百分比）

项目内容	无冲突	有冲突	
		其他原因	与民族有关
被同学或他人取笑	295 （35.5）	423 （51.0）	112 （13.5）
被同学或他人辱骂	297 （35.8）	444 （53.5）	89 （10.7）
与同学或他人吵架打架	326 （39.3）	419 （50.5）	85 （10.2）
被别人排斥	408 （49.2）	328 （39.5）	94 （11.3）
遭受不公正待遇	415 （50.0）	311 （37.5）	104 （12.5）

进一步地考察发现，报告与同学或其他人有冲突行为的佤族男生与女生在 5 项行为上都不存在显著性差异。

汉族学校、少民学校和混合学校的佤族学生除了在被人辱骂这一行为的原因上存在着显著性差异之外，其余 4 项都没有显著性差异。混合学校的佤族学生报告因与民族有关原因而被人辱骂的人数百分比高于少民学校佤族学生报告的 22.4 个百分点，高于汉族学校佤族学生报告的 32 个百分点。

表 5 – 33　　　**三类学校的佤族学生与他人发生冲突行为的情况**　　（人数/百分比）

项目	汉族学校		少民学校		混合学校		χ^2
	其他	民族	其他	民族	其他	民族	
取笑	17 （85.0）	3 （15.0）	360 （80.0）	90 （20.0）	45 （70.3）	19 （29.7）	3.62
辱骂	18 （94.7）	1 （5.3）	393 （85.1）	69 （14.9）	32 （62.7）	19 （37.3）	18.29***

续表

项目	汉族学校		少民学校		混合学校		χ^2
	其他	民族	其他	民族	其他	民族	
吵架、打架	12 (75.0)	4 (25.0)	366 (84.1)	69 (15.9)	40 (76.9)	12 (23.1)	2.49
排斥	12 (85.7)	2 (14.3)	272 (76.8)	82 (23.2)	43 (81.1)	10 (18.9)	1.03
不公正	14 (73.7)	5 (26.3)	261 (75.0)	87 (25.0)	35 (74.5)	12 (25.5)	0.02

考察不同年级的佤族学生所报告的冲突行为，结果发现：6个年级的学生所报告的被人辱骂、排斥这两项行为的原因存在显著性差异。小学六年级、高二年级的佤族学生报告因与民族有关原因而被人辱骂的人数百分比比其他年级少。小学五年级佤族学生报告的被人排斥的人数百分比在6个年级中最高。

表5-34　　**不同年级的佤族学生与他人发生冲突行为的情况**　（人数/百分比）

	取笑		辱骂		吵架、打架		排斥		不公正	
	其他	民族	其他	民族	其他	民族	其他	民族	其他	民族
小学五年级	92 (77.3)	27 (22.7)	98 (77.8)	28 (22.2)	83 (75.5)	27 (24.5)	67 (65.7)	35 (34.3)	54 (62.8)	32 (37.2)
小学六年级	128 (85.3)	22 (14.7)	142 (90.4)	15 (9.6)	125 (88.0)	17 (12.0)	84 (80.0)	21 (20.0)	87 (79.1)	23 (20.9)
初一	63 (78.8)	17 (21.2)	60 (78.9)	16 (21.1)	63 (81.8)	14 (18.2)	66 (85.7)	11 (14.3)	55 (79.7)	14 (20.3)
初二	88 (80.7)	21 (19.3)	85 (79.4)	22 (20.6)	95 (87.2)	14 (12.8)	68 (76.4)	21 (23.6)	67 (77.0)	20 (23.0)
高一	23 (63.9)	13 (36.1)	26 (83.9)	5 (16.1)	20 (74.1)	7 (25.9)	18 (81.8)	4 (18.2)	22 (78.6)	6 (21.4)
高二	29 (70.7)	12 (29.3)	33 (91.7)	3 (8.3)	33 (84.6)	6 (15.4)	25 (92.6)	2 (7.4)	26 (74.3)	9 (25.7)
χ^2	10.70		12.53 *		10.05		15.44 **		9.01	

（五）傈僳族学生民族间冲突行为及原因

傈僳族学生在 2010 年 9 月至 2011 年 11 月期间，因与民族有关的原因而与他人发生的 5 种冲突行为的人数百分比为 0.9%—5.4%。

表 5-35　　**傈僳族学生与同学或他人发生冲突行为的人数**　　（人数/百分比）

项目内容	无冲突	有冲突	
		其他原因	与民族有关
被同学或他人取笑	389（50.4）	341（44.2）	42（5.4）
被同学或他人辱骂	418（54.1）	347（44.9）	7（0.9）
与同学或他人吵架打架	415（53.8）	337（43.7）	20（2.6）
被别人排斥	491（63.6）	259（33.5）	22（2.8）
遭受不公正待遇	546（70.7）	195（25.3）	31（4.0）

进一步地考察发现，报告与同学或其他人有冲突行为的傈僳族男生与女生在 5 项行为上都不存在显著性差异。

汉族学校、少民学校和混合学校的傈僳族学生除了在受到不公正待遇这一行为的原因上存在着显著性差异之外，其余 4 项都没有显著性差异。混合学校的傈僳族学生报告因与民族有关原因而受到不公正待遇的人数百分比高于少民学校傈僳族学生报告的 10.5 个百分点，高于汉族学校傈僳族学生报告的 22.6 个百分点。

考察不同年级的傈僳族学生所报告的冲突行为，结果发现：6 个年级的学生所报告的受到不公正待遇的原因存在显著性差异，其余 4 项都没有显著性差异。高二年级的傈僳族学生报告因与民族有关原因而受到不公正待遇的人数百分比在所有年级中最高，为 37.5%，其次是小学六年级，为 20%，初二年级最低，为 2.9%。

（六）白族学生民族间冲突行为及原因

白族学生在 2010 年 9 月至 2011 年 11 月期间，因与民族有关的原因与他人发生冲突的 5 种行为的人数百分比为 5.5%—9.3%，按从高到低排列，依次是被排斥、遭受不公正待遇、被取笑、被辱骂、与人吵架或打架。

表 5 - 36　　　　**白族学生与同学或他人发生冲突行为的人数**　　（人数/百分比）

项目内容	无冲突	有冲突	
		其他原因	与民族有关
被同学或他人取笑	383（50.1）	316（41.3）	66（8.6）
被同学或他人辱骂	393（51.4）	330（43.1）	42（5.5）
与同学或他人吵架打架	350（45.8）	373（48.8）	42（5.5）
被别人排斥	468（61.2）	226（29.5）	71（9.3）
遭受不公正待遇	502（65.6）	193（25.2）	70（9.2）

　　进一步地考察发现，报告与同学或其他人有冲突行为的男生与女生，在这 5 个项目上都不存在显著性差异。

　　汉族学校、少民学校和混合学校三类学校学生报告被取笑、被排斥的人数分别存在显著性差异。混合类学校白族学生报告因与民族有关原因被人取笑的人数百分比高于汉族学校、少民学校白族学生 17.6 个、13.9 个百分点。少民学校白族学生报告因与民族原因被人排斥的人数百分比高于汉族学校学生 19.7 个百分点。

表 5 - 37　　　　**不同民族组成学校的白族学生与他人发生冲突**
行为的情况　　（人数/百分比）

项目	汉族学校		少民学校		混合学校		χ^2
	其他	民族	其他	民族	其他	民族	
取笑	70（89.7）	8（10.3）	166（86.0）	27（14.0）	80（72.1）	31（27.9）	12.96**
辱骂	57（87.7）	8（12.3）	182（91.0）	18（9.0）	91（85.0）	16（15.0）	2.55
吵架、打架	70（88.6）	9（11.4）	190（91.3）	18（8.7）	113（88.3）	15（11.7）	0.99
排斥	50（89.3）	6（10.7）	110（71.0）	45（29.0）	66（76.7）	20（23.3）	7.62*
不公正	36（80.0）	9（20.0）	104（72.2）	40（27.8）	53（71.6）	21（28.4）	1.23

三类学校的白族学生报告因与民族有关的原因被人辱骂的人数，与他人吵架打架、受到不公正待遇的人数没有显著性差异。考察不同年级的学生所报告的冲突行为，结果发现：各年级学生在被人排斥的人数百分比不存在显著性差异。7 个年级的白族学生报告的其他 4 类冲突行为存在显著性差异，并在被辱骂、与人吵架或打架、受到不公正待遇这三类行为上呈现出两头高、中间低的现象，即小学五年级、高二年级学生报告因与民族有关原因而与他人发生这三类冲突的人数百分比高于其他年级。小学五年级学生报告因与民族有关原因被取笑的人数百分比在 7 个年级中最高。

表 5 - 38　　　不同年级的白族学生与他人发生冲突行为的情况　（人数/百分比）

	取笑		辱骂		吵架、打架		排斥		不公正	
	其他	民族	其他	民族	其他	民族	其他	民族	其他	民族
小学五年级	58 (63.7)	33 (36.3)	76 (80.0)	19 (20.0)	93 (84.5)	17 (15.5)	47 (66.2)	24 (33.8)	39 (54.9)	32 (45.1)
小学六年级	86 (88.7)	11 (11.3)	93 (92.1)	8 (7.9)	96 (91.4)	9 (8.6)	63 (85.1)	11 (14.9)	47 (74.6)	16 (25.4)
初一	78 (94.0)	5 (6.0)	76 (97.4)	2 (2.6)	87 (97.8)	2 (2.2)	52 (77.6)	15 (22.4)	49 (83.1)	10 (16.9)
初二	34 (82.9)	7 (17.1)	32 (86.5)	5 (13.5)	42 (93.3)	3 (6.7)	27 (77.1)	8 (22.9)	21 (91.3)	2 (8.7)
初三	3 (75.0)	1 (25.0)	3 (100.0)	0 (0)	3 (100)	0 (0)	7 (77.8)	2 (22.2)	3 (100)	0 (0)
高一	29 (80.6)	7 (19.4)	29 (90.6)	3 (9.4)	36 (92.3)	3 (7.7)	17 (77.3)	5 (22.7)	21 (84.0)	4 (16.0)
高二	28 (93.3)	2 (6.7)	21 (80.8)	5 (19.2)	16 (66.7)	8 (33.3)	13 (68.4)	6 (31.6)	13 (68.4)	6 (31.6)
χ^2	35.35 ***		16.59 *		25.18 ***		7.90		21.80 ***	

（七）傣族学生民族间冲突行为及原因

傣族学生在 2010 年 9 月至 2011 年 11 月期间，因与民族有关的原因而与他人发生的 5 种冲突行为的人数百分比为 4.8%—12.7%。

表 5-39　　傣族学生与同学或他人发生冲突行为的人数　　（人数/百分比）

项目内容	无冲突	有冲突	
		其他原因	与民族有关
被同学或他人取笑	288 (44.6)	276 (42.7)	82 (12.7)
被同学或他人辱骂	289 (44.7)	315 (48.8)	42 (6.5)
与同学或他人吵架打架	262 (40.6)	353 (54.6)	31 (4.8)
被别人排斥	357 (55.3)	228 (35.3)	61 (9.4)
遭受不公正待遇	374 (57.9)	208 (32.2)	64 (9.9)

进一步地考察发现，报告与同学或其他人有冲突行为的傣族男生与女生在 5 项行为上都不存在显著性差异。

汉族学校、少民学校和混合学校的傣族学生除了在受到不公正待遇这一行为的原因上存在着显著性差异之外，其余 4 项都没有显著性差异。少民学校的傣族学生报告因与民族有关原因而受到不公正待遇的人数百分比为 32.6%，高于汉族学校傣族学生报告的 22.1 个百分点，高于混合学校傣族学生报告的 16.3 个百分点。

表 5-40　　不同民族组成学校的傣族学生与他人发生冲突
行为的情况　　（人数/百分比）

项目	汉族学校		少民学校		混合学校		χ^2
	其他	民族	其他	民族	其他	民族	
取笑	33(76.7)	10(23.3)	130(76.0)	41(24.0)	110(78.6)	30(21.4)	0.29
辱骂	41(87.2)	6(12.8)	166(91.2)	16(8.8)	143(94.1)	9(5.9)	2.45
吵架、打架	42(89.4)	5(10.6)	156(87.6)	22(12.4)	115(88.5)	15(11.5)	0.12
排斥	26(81.2)	6(18.8)	112(75.7)	36(24.3)	88(82.2)	19(17.8)	1.74
不公正	34(89.5)	4(10.5)	91(67.4)	44(32.6)	82(83.7)	16(16.3)	12.53***

考察不同年级的傣族学生所报告的冲突行为，结果发现：6个年级的学生所报告的被人辱骂的原因存在显著性差异，其余4项都没有显著性差异。初二年级的傣族学生报告因与民族有关原因而被人辱骂的人数百分比在所有年级中最高，为22.2%，其次是小学五年级，为12.7%，小学六年级最低，为5.5%。

（八）壮族学生民族间冲突行为及原因

在2010年9月至2011年11月期间，壮族学生因与民族有关的原因而与他人发生的5种冲突行为的人数百分比为1.9%—13.3%。

表5-41　　　壮族学生与同学或他人发生冲突行为的人数　　（人数/百分比）

项目内容	无冲突	有冲突	
		其他原因	与民族有关
被同学或他人取笑	157 (41.6)	170 (45.1)	50 (13.3)
被同学或他人辱骂	183 (48.5)	184 (48.8)	10 (2.7)
与同学或他人吵架打架	161 (42.7)	209 (55.4)	7 (1.9)
被别人排斥	209 (55.4)	146 (38.7)	22 (5.8)
遭受不公正待遇	239 (63.4)	116 (30.8)	22 (5.8)

进一步地考察发现，报告与同学或其他人有冲突行为的壮族男生与女生在5项行为上都不存在显著性差异。

汉族学校、少民学校和混合学校的壮族学生在被人辱骂、受到不公正待遇这2类行为的原因上存在着显著性差异，其余3项都没有显著性差异。汉族学校的壮族学生报告因与民族有关原因而被人辱骂的人数百分比高于混合学校壮族学生报告的11.4个百分点，高于少民学校壮族学生报告的9.8个百分点。汉族学校的壮族学生报告因与民族有关原因而遭到不公正待遇的人数百分比高于少民学校壮族学生报告的22.2个百分点，高于混合学校壮族学生报告的20个百分点。

表 5 - 42   三类学校的壮族学生与他人发生冲突行为的情况   （人数/百分比）

项目	汉族学校		少民学校		混合学校		χ^2
	其他	民族	其他	民族	其他	民族	
取笑	31 (81.6)	7 (18.4)	96 (77.4)	28 (22.6)	43 (74.1)	15 (25.9)	0.73
辱骂	32 (86.5)	5 (13.5)	105 (96.3)	4 (3.7)	47 (97.9)	1 (2.1)	6.71*
吵架、打架	36 (94.7)	2 (5.3)	123 (96.9)	4 (3.1)	50 (98.0)	1 (2.0)	0.77
排斥	29 (85.3)	5 (14.7)	78 (85.7)	13 (14.3)	39 (90.7)	4 (9.3)	0.73
不公正	18 (66.7)	9 (33.3)	72 (88.9)	9 (11.1)	26 (86.7)	4 (13.3)	7.66*

考察不同年级的壮族学生所报告的冲突行为，结果发现：6 个年级的学生所报告 5 项行为的原因不存在显著性差异。

（九）哈尼族学生民族间冲突行为及原因

哈尼族学生在 2010 年 9 月至 2011 年 11 月期间，因与民族有关的原因而与他人发生的 5 种冲突行为的人数百分比为 2.9%—14.0%。

表 5 - 43   哈尼族学生与同学或他人发生冲突行为的人数   （人数/百分比）

项目内容	无冲突	有冲突	
		其他原因	与民族有关
被同学或他人取笑	118 (34.5)	176 (51.5)	48 (14.0)
被同学或他人辱骂	140 (40.9)	192 (56.1)	10 (2.9)
与同学或他人吵架打架	108 (31.6)	220 (64.3)	14 (4.1)
被别人排斥	166 (48.5)	156 (45.6)	20 (5.8)
遭受不公正待遇	175 (51.2)	132 (38.6)	35 (10.2)

进一步地考察发现，报告与同学或其他人有冲突行为的哈尼族男生与女生在 5 项行为上都不存在显著性差异。

汉族学校、少民学校和混合学校的哈尼族学生在被人取笑、与人吵架或打架、受到不公正待遇这 3 类行为的原因上存在着显著性差异。少民学校的哈尼族学生报告因与民族有关原因而被人取笑的人数百分比高于汉族学生哈尼族学生报告的 14.6 个百分点，高于混合学校哈尼族学生报告的 19.6 个百分点。汉族学校的哈尼族学生报告因与民族有关原因而与人吵架或打架的人数百分比高于少民学校哈尼族学生报告的 11 个百分点，高于混合学校哈尼族学生报告的 13.9 个百分点。

汉族学校的哈尼族学生报告因与民族有关原因而受到不公正待遇的人数百分比为 33.3%，高于混合学校哈尼族学生报告的 21.3 个百分点。

表 5-44　　　　**不同民族组成学校的哈尼族学生与他人**

发生冲突行为的情况　　　　（人数/百分比）

项目	汉族学校		少民学校		混合学校		χ^2
	其他	民族	其他	民族	其他	民族	
取笑	21(80.8)	5(19.2)	49(66.2)	25(33.8.)	102(85.7)	17(14.3)	10.38**
辱骂	18(85.7)	3(14.3)	75(97.4)	2(2.6)	96(95.0)	5(5.0)	4.73
吵架、打架	24(82.8)	5(17.2)	75(93.8)	5(6.2)	116(96.7)	4(3.3)	7.87*
排斥	26(81.2)	6(18.8)	112(75.7)	36(24.3)	88(82.2)	19(17.8)	1.74
不公正	16(66.7)	8(33.3)	41(70.7)	17(29.3)	73(88.0)	10(12.0)	8.56*

考察不同年级的哈尼族学生所报告的冲突行为，结果发现：6 个年级的学生所报告 5 项冲突行为没有显著性差异。

（十）苗族学生民族间冲突行为及原因

苗族学生在 2010 年 9 月至 2011 年 11 月期间，因与民族有关的原因而与他人发生的 5 种冲突行为的人数百分比为 11.9%—16.5%。

表 5-45　　　　**苗族学生与同学或他人发生冲突行为的人数**　　（人数/百分比）

项目内容	无冲突	有冲突	
		其他原因	与民族有关
被同学或他人取笑	112（46.1）	91（37.4）	40（16.5）
被同学或他人辱骂	127（52.3）	87（35.8）	29（11.9）
与同学或他人吵架打架	119（49.0）	94（38.7）	30（12.3）
被别人排斥	136（56.0）	70（28.8）	37（15.2）
遭受不公正待遇	139（57.2）	66（27.2）	38（15.6）

　　进一步地考察发现，报告与同学或其他人有冲突行为的苗族男生与女生在 5 项行为上都不存在显著性差异。

　　汉族学校、少民学校和混合学校的苗族学生在被人取笑、被人辱骂、与人吵架或打架、被人排斥、受到不公正待遇 5 类冲突行为的原因上都不存在显著性差异。

表 5-46　　　　**不同民族组成学校的苗族学生与他人发生冲突**
　　　　　　　　　　　　　行为的情况　　　　　　　　（人数/百分比）

项目	汉族学校		少民学校		混合学校		χ^2
	其他	民族	其他	民族	其他	民族	
取笑	33（70.2）	14（29.8）	33（64.7）	18（35.3）	25（75.8）	8（24.2）	1.17
辱骂	28（71.8）	11（28.2）	33（76.7）	10（23.3）	26（76.5）	8（23.5）	0.32
吵架、打架	29（67.4）	14（32.6）	33（75.0）	11（25.0）	32（86.5）	5（13.5）	3.96
排斥	21（55.3）	17（44.7）	28（71.8）	11（28.2）	21（70.0）	9（30.0）	2.71
不公正	26（65.0）	14（35.0）	24（64.9）	13（35.1）	16（59.3）	11（40.7）	0.28

　　考察不同年级的苗族学生所报告的冲突行为，结果发现：6 个年级的学生所报告被人辱骂、受到排斥、受到不公正待遇 3 项冲突行为存在显著性差异。

　　在报告被人辱骂、感到被人排斥、觉得遇到不公正待遇的苗族学生中，报告因民族原因而被人辱骂、被人排斥及遇到不公正待遇的人数百分比随着年级的增高明显增多。高一学生报告因民族原因被人辱骂的人数百分比高达 72.7%，高二也达到 50%；初一学生报告因民族原因受到排斥的人数百分比达到 57.1%，高一学生为 54.4%，高二为 40%；高一学生报告因民族原因遇到不公正待遇的人数百分比达到 61.5%，高二年级达到 58.3%。高中苗族学生比小学、初中苗族学生更多的报告因民族原因而被人辱骂、感到被人排斥（初一学生除外）和遇到不公正待遇。

表 5 - 47　　　　不同年级的苗族学生与他人发生冲突行为的情况　　（人数/百分比）

	取笑		辱骂		吵架、打架		排斥		不公正	
	其他	民族	其他	民族	其他	民族	其他	民族	其他	民族
小学五年级	19 (65.5)	10 (34.5)	23 (95.8)	1 (4.2)	26 (81.2)	6 (18.8)	20 (71.4)	8 (28.6)	18 (85.7)	3 (14.3)
小学六年级	32 (82.1)	7 (17.9)	28 (82.4)	6 (17.6)	32 (88.9)	4 (11.1)	21 (77.8)	6 (22.2)	20 (74.1)	7 (25.9)
初一	16 (66.7)	8 (33.3)	16 (72.7)	6 (27.3)	11 (61.1)	7 (38.9)	9 (42.9)	12 (57.1)	11 (61.1)	7 (38.9)
初二	10 (76.9)	3 (23.1)	12 (80.0)	3 (20.0)	12 (80.0)	3 (20.0)	9 (90.0)	1 (10.0)	7 (53.8)	6 (46.2)
高一	5 (35.7)	9 (64.3)	3 (27.3)	8 (72.7)	6 (54.5)	5 (45.5)	5 (45.5)	6 (54.4)	5 (38.5)	8 (61.5)
高二	9 (75.0)	3 (25.0)	5 (50.0)	5 (50.0)	7 (58.3)	5 (41.7)	6 (60.0)	4 (40.0)	5 (41.7)	7 (58.3)
χ^2	11.25		23.49 ***		10.85		11.73 *		12.30 *	

（十一）纳西族学生民族间冲突行为及原因

在 2010 年 9 月至 2011 年 11 月期间，纳西族学生因与民族有关的原因而与他人发生的 5 种冲突行为的人数百分比为 1.9%—7.0%。

表5-48 纳西族学生与同学或他人发生冲突行为的人数 （人数/百分比）

项目内容	无冲突	有冲突	
		其他原因	与民族有关
被同学或他人取笑	77 （49.0）	69 （43.9）	11 （7.0）
被同学或他人辱骂	88 （56.1）	66 （42.0）	3 （1.9）
与同学或他人吵架打架	68 （43.3）	85 （54.1）	4 （2.5）
被别人排斥	109 （69.4）	40 （25.5）	8 （5.1）
遭受不公正待遇	108 （68.8）	43 （27.4）	6 （3.8）

由于报告因与民族有关原因而与其他人发生冲突行为的纳西族学生的人数较少，未对性别、年级、学校民族等进行考察。

四 各族学生的民族认同、族际交往 及族际间冲突的情况小结

汉族学生与同族、他族学生的交往，表现出更偏好与同族交往，但也喜爱、接受他族学生的特点。汉族学生因与民族有关的原因而与同学或其他人发生5种冲突行为的人数百分比，少于参与调查的汉族学生总数的10%，仅有少数人报告发生的冲突行为与民族方面有关。少民学校的汉族学生报告自己因与民族有关的原因而被人取笑、受到排斥、遭到不公正待遇的人数显著多于汉族学校、混合学校的汉族学生。报告冲突行为的这少部分人呈现出两头高、中间低的现象，即小学五、六年级报告因与民族有关原因而与他人发生冲突的人数百分比高于初一、二、三年级，高中一、二年级报告因与民族有关原因而与他人发生冲突的人数百分比也高于初一、二、三年级。高中汉族学生因与民族有关的原因而被人辱骂、与人吵架或打架、被人排斥、感到遭受不公正待遇的人数比小学、初中有所增加。

彝族学生中华民族文化认同得分高于4分，本族文化认同、本族发展认同、中华民族归属感的得分高于3.50。彝族学生对中华民

文化认同的程度高，对本民族文化认同、本民族发展认同的程度较高，中华民族归属感较强。彝族学生与同族、他族学生的交往，表现出更偏好与同族交往，但也喜爱、接受他族学生的特点。彝族学生因与民族有关的原因而与他人发生5种冲突行为的人数百分比低，占参与调查的彝族学生总数的7.9%—11.2%。汉族学校的彝族学生报告自己因与民族有关的原因而被人辱骂、与人吵架或打架、受人排斥的人数显著多于少民学校和混合学校的彝族学生。6个年级的学生在被人取笑、遭受不公正待遇方面不存在显著性差异。高中彝族学生因与民族有关的原因而发生的被辱骂、与人吵架打架、受人排斥等行为多于初中、小学。

藏族学生中华民族文化认同、本族文化认同、本族发展认同的得分都超过了4分，中华民族归属感的得分高于3.50。藏族学生对中华民族文化认同、本民族文化认同、本民族发展认同的程度高，中华民族归属感较强。藏族学生更偏好与同族交往，但也喜爱、接受与他族学生的交往。藏族学生因与民族有关的原因而与他人发生5种冲突行为的人数百分比很低，占参与调查的藏族学生总数的2.2%—9.5%。少民学校和混合学校的藏族学生在5项冲突行为的原因上没有显著性差异。小学五、六年级的藏族学生因与民族有关原因而被他人取笑的人数多于初二、高一、高二年级学生。高一年级藏族学生因与民族有关原因而被人辱骂、与人吵架或打架的人数多于其他5个年级。

佤族学生本族文化认同得分超过4分，本族发展认同与中华文化认同得分都接近4分，说明佤族学生本民族文化认同、中华民族文化认同、本族发展认同程度高。佤族学生的中华民族归属感得分为3.35分，偏向"不确定"佤族学生更偏好与同族交往，但也喜爱、接受与他族学生的交往。初二年级的佤族学生比其他5个年级学生与本族、他族学生的交往更积极。佤族学生因与民族有关的原因而与他人发生的5种冲突行为的人数百分比为10%—14%。汉族学校、少民学校和混合学校的佤族学生在被人辱骂这一行为上存在着显著性差异。混合学校的佤族学生报告因与民族有关原因而被人辱骂的人数百分比高于少民学校、汉族学校的佤族学生。小学六年级、高二年级的佤族学生报告因与民族有关原因而被人辱骂的人数百分比比其他年级少。小学五年级佤族学生报告的被人排斥的人数百分比在 6 个年级中最多。

傈僳族学生民族认同的 4 个因子得分为 3.57—3.98，说明傈僳族学生的本民族文化认同、本族发展认同、中华文化认同程度较高，中华归属感较高。傈僳族学生更偏好与同族交往，但也喜爱、接受与他族学生的交往。傈僳族学生因与民族有关的原因而与他人发生的 5 种冲突行为的人数百分比在 0.9%—5.4%。汉族学校、少民学校和混合学校的傈僳族学生在受到不公正待遇这一行为上存在显著性差异。混合学校傈僳族学生报告因与民族有关原因而受到不公正待遇的人数百分比高于少民学校、汉族学校的傈僳族学生。不同年级的傈僳族学生在受到不公正待遇这一行为上存在显著性差异。高二年级的傈僳族学生报告因与民族有关原因而受到不公正待遇的人数百分比在所有年级中最高。

白族学生民族认同 4 个因子得分为 3.55—4.22，说明白族学生中华民族文化认同、本民族文化认同的得分高，本族发展认同、中华民族归属感的得分也较高。白族学生的中华文化认同得分显著高于本族文化认同的得分。白族学生更偏好与同族交往，但也喜爱、接受与他族学生的交往。白族学生因与民族有关的原因而与他人发生的 5 种冲突行为的人数百分比在 5.5%—9.3%，按从高到低排列，依次是被排斥、遭受不公正待遇、被取笑、被辱骂、与人吵架或打架。汉族学校、少民学校和混合学校的白族学生在被人取笑、受人排斥这两种行为上存在显著性差异。混合类学校白族学生报告因与民族有关原因被人取笑的人数百分比高于汉族学校、少民学校白族学生。少民学校白族学生报告因民族原因被人排斥的人数百分比高于汉族学校、混合学校学生的报告。7 个年级的白族学生在遭受不公正待遇、被取笑、被辱骂、与人吵架或打架这四类冲突行为上分别存在显著性差异。小学五年级、高 3 年级白族学生报告因与民族有关原因而被他人辱骂、与人吵架或打架、受到不公正待遇这三类冲突的人数百分比高于其他年级。小学五年级白族学生报告因与民族有关原因被取笑的人数百分比在 7 个年级中最高。

傣族学生民族认同 4 个因子得分为 3.50—4.07。傣族学生中华民族文化认同、本民族文化认同的得分高，本族发展认同、中华民族归属感的得分也较高。傣族学生对中华文化认同的程度与对本族文化认同的程度没有显著性差异。傣族学生更偏好与同族交往，但也喜爱、接受与他族学生的交往。傣族学生因与民族有关的原因而与他人发生的 5 种冲突行为的人数百分比为 4.8%—12.7%，按从高到低排列，依次是被取笑、遭受不公正待遇、被排斥、被辱骂、与人吵架或打架。汉族学校、少民学校和混合学校的傣族学生在受到不公正待遇这一行为的原因上存在显著性差异。少民学校的傣族学生报告因与民族有关原因而受到不公正待遇的人数百分比显著高于汉族学校、混合学校傣族学生的报告。6 个年级的傣族学生在被人辱骂这类冲突行为上存在显著性差异。初二年级的傣族学生报告因与民族有关原因而被人辱骂的人数百分比在所有年级中最高，其次是小学五年级学生的报告。

壮族学生对中华民族文化、本民族文化的认同程度高，对本族发展认同的程度及中华民族归属感较高。壮族学生对中华文化认同的程度与对本族文化认同的程度没有显著性差异。壮族学生更偏好与同族交往，但也喜爱、接受与他族学生的交往。壮族学生与本族人的交往随着年级的增高显著减少，而与他族人的交往情况并未随年级的变化而发生变化。壮族学生因与民族有关的原因而与他人发生的 5 种冲突行为的人数百分比为 1.9%—13.3%。汉族学校、少民学校和混合学校的壮族学生在被人辱骂、受到不公正待遇这两类行为的原因上存在着显著性差异。汉族学校的壮族学生报告因与民族有关原因而被人辱骂、受到不公正待遇的人数百分比显著高于混合学校、少民学校壮族学生的报告。

哈尼族学生民族认同 4 个因子得分为 3.82—4.35。哈尼族学生中华民族文化认同、本民族文化认同的得分高，本族发展认同、中华民族归属感的得分也较高。哈尼族学生的中华民族文化认同程度显著高于本族文化认同的程度。高一哈尼族学生的中华民族认同程度显著高于小学五年级、初一年级学生。哈尼族学生更偏好与同族交往，但也喜爱、接受与他族学生的交往。哈尼族学生因与民族有关的原因而与他人发生的 5 种冲突行为的人数百分比为 2.9%—14.0%，按从高到低排列，依次是被取笑、遭受不公正待遇、被排斥、与人吵架或打架、被辱骂。少民学校的哈尼族学生报告因与民族有关原因而被人取笑的人数比汉族学校、混合学校多。汉族学校的哈尼族学生报告因与民族有关原因而与人吵架或打架的人数比少民学校、混合学校多。汉族学校的哈尼族学生报告因与民族有关原因而受到不公正待遇的人数比混合学校、少民学校多。

苗族学生民族认同 4 个因子得分为 3.53—4.27。苗族学生中华民族文化认同、本民族文化认同得分高，本族发展认同及中华民族归属感得分较高。苗族学生 4 种民族认同的情况未随着年级的增高发生变化。苗族学生的中华文化认同程度显著高于本族文化认同程度。苗族学生更偏好与同族交往，但也喜爱、接受与他族学生的交往。苗族学生因与民族有关的原因而与他人发生的 5 种冲突行为的人数百分比为 11.9%—16.5%，按从高到低排列，依次是被取笑、遭受不公正待遇、被排斥、与人吵架或打架、被辱骂。汉族学校、少民学校和混合学校的苗族学生报告的被人取笑、被人辱骂、与人吵架或打架、被人排斥、受到不公正待遇 5 类冲突行为不存在显著性差异。在报告被人辱骂、感到被人排斥、觉得遇到不公正待遇的苗族学生中，报告因民族原因而被人辱骂、被人排斥及遇到不公正待遇的人数百分比随着年级的增高明显增多。

纳西族学生中华民族文化认同、本民族文化认同、本族发展认同的得分高，中华民族归属感得分较高。4 个年级的学生本族文化认同、本族发展认同与中华文化认同的得分分别存在着显著性差异，这些差异的效果量指标 ω^2 的值是低等关联强度。纳西族学生的本民族文化认同与中华民族文化认同的得分没有显著性差异。纳西族学生更偏好与同族交往，但也喜爱、接受与他族学生的交往。高中生与他族的交往比初中学生更积极，但年级的增加并不是导致他族交往增加的实际原因。纳西族学生因与民族有关的原因而与他人发生的 5 种冲突行为的人数百分比为 1.9%—7.0%。

第六章

青少年民族团结心理的影响因素

中国青少年民族团结心理的产生及发展，离不开新中国对民族平等、团结、和谐、互助的民族关系的不断追求和努力的社会前提条件。在这样一种倡导民族团结的社会氛围之下，家庭成员，主要是父母对子女如何看待本族身份和历史、如何看待和处理与其他民族的关系的教育，父母自身与他民族的交往经历，可能会对子女的民族团结知识的认知、民族认同、民族间交往等产生影响。美国心理学家常用"民族与种族社会化"（ethnic-racail socialization）这一概念来评估父母向子女传递有关民族特征以及民族间关系处理的信息的过程，本章引入此概念来表征中国青少年的父母对子女进行的民族特征及民族间关系处理的过程，并假设父母对子女的民族社会化是影响青少年民族团结心理的一个重要因素。

影响青少年民族团结心理产生和发展的核心要素是学校教育，尤其是学校对学生实施的民族团结教育，因此，本章假设学生在学校中参加的各种民族团结教育活动对学生的民族团结心理有着重要的影响。另外，学生的年龄、性别、民族身份等人口学变量，学生所属学校学生的民族成分构成等生态环境变量也有可能是影响学生民族团结认知、民族认同、民族间交往行为的因素。

本章首先报告民族社会化问卷与学生民族团结活动情况问卷的编制，然后对青少年民族团结心理及各影响因素之间的关系进行分析。

一 青少年民族团结心理影响因素的评估工具

（一）民族社会化问卷的修订

1. 民族社会化的界定

民族与种族社会化是少数民族家庭教养的核心成分，是父母向孩子传递关于种族和民族特征信息的过程[①②]，它影响青少年的民族认同、心理健康、学业表现等，因而具有重要的研究价值。

民族与种族社会化研究是近年来美国少数民族心理学的一个重点研究领域。美国心理学家对该领域的研究，始于 20 世纪 80 年代对非裔家庭的种族社会化研究；90 年代开始出现对多种少数民族群体，比如波多黎各人、多美尼加人、华人的民族社会化研究；最近几年开始出现对白人的研究。该领域的主要研究内容涉及民族与种族社会化的结构、预测因素、作用机制等。

Hughes 等人指出，无论研究者如何表述种族社会化或民族社会化的维度，都可以用四个维度来概括：文化社会化、偏见准备、促使不信任、种族平等主义与沉默。文化社会化，指父母教给孩子有关种族或民族的传统与历史；偏见准备，指父母努力促进孩子对歧视的认识并让他们做好应对歧视的准备；促使不信任，指父母对孩子强调族际交往中需要保持小心和怀疑态度；种族平等主义与沉默，指父母或者明确鼓励孩子在种族群体成员身份之上重视自己的个体特征，或者在

---

① Hughes D. , Rodriguez J. , Smith E. P. , Johnson D. J. , Stevenson H. C. , Spicer P. , "Parents' Ethnic-Racial Socialization Practices: A Review of Research and Directions for Future Study", *Developmental Psychology*, Vol. 42, No. 5, 2006.

② Hughes D. , Witherspoon D. , Rivas-Drake D. , West-Bey N. , "Received Ethnic-Racial Socialization Messages and Youths' Academicand Behavioral Outcomes: Examining the Mediating Role of Ethnic Identity and Self-Esteem", *Cultural Diversity and Ethnic Minority Psychology*, Vol. 15, No. 2, 2009.

与子女讨论时避免提及种族问题。[1]

民族与种族社会化和青少年的民族认同的多种成分有关，包括民族历史与传统、群内目标和民族自豪感。[2] 另外，文化社会化维度对民族认同的影响得到了较多的证实。家庭的文化社会化实践有助于儿童和青少年民族认同的发展;[3] 母亲的文化社会化与青年的民族认同有正相关。[4] 与白人青少年相比，少数民族青少年和大学生报告了更高水平的民族认同，[5] 导致这些一致结果的一个可能因素是少数民族家庭投入了更多的文化社会化，由此培养了更多对民族认同的认识和好奇心，越多的家庭文化社会化与越多的民族认同的探索和承诺有关。[6]

民族与种族社会化影响青少年的成长表现。成长表现指青少年的心理成长表现（比如心理健康状况），也指学业表现（例如学习行为表现、学业成绩），等等。

民族与种族社会化和民族认同被视为黑人青年的心理与社会适应的保护性因子。[7] 但有的研究结果却发现民族与种族社会化对青少年

---

[1] Hughes D., Rodriguez J., Smith E. P., Johnson D. J., Stevenson H. C., Spicer P., "Parents' Ethnic-Racial Socialization Practices: A Review of Research and Directions for Future Study", *Developmental Psychology*, Vol. 42, No. 5, 2006.

[2] Umaña-Taylor A. J., Fine M. A., "Examining Ethnic Identity among Mexican-Origin Adolescents Living in the United States", *Hispanic Journal of Behavioral Sciences*, Vol. 26, No. 1, 2004.

[3] Umaña-Taylor A. J., and Bhanot R., Shin N., "Ethnic identity formation during adolescence: the critical role of families", *Journal of Family Issues*, Vol. 27, No. 3, 2006.

[4] McHale S. M., Crouter A. C., Kim J., Burton L. M., Davis K. D., Dotterer A. M. et al., "Mothers' and fathers' racial socialization in African American families: Implications for youth", *Child Development*, Vol. 77, 2006.

[5] Syed M., Azmitia M., "Longitudinal trajectories of ethnic identity during the college years", *Journal of Research on Adolescence*, Vol. 19, No. 4, 2009.

[6] Juang L., Syed M., "Family cultural socialization practices and ethnic identity in college-going emerging adults", *Journal of Adolescence*, doi: 10.1016/j. adolescence. 2009. 11. 008.

[7] Whaley A. L., McQueen J. P., "Evaluating cohort and intervention effects on black adolescents' ethnic-racial identity: A cognitive-cultural approach", *Evaluation and Program Planning*, Vol. 33, 2010.

心理健康的影响有时是消极的，[①] 民族与种族社会化作用于青少年的学业表现。民族与种族社会化可能包括有关机会的信息，这些信息反过来会影响青年自己的机会观念，进而在学业领域投入持续的努力。[②] 另外，某些类型的信息，比如偏见准备可能会减轻青少年对他们的民族智力、能力的刻板印象，进而影响行为表现和成绩。[③] 最后，民族与种族社会化信息可能影响青少年建立相对于他们民族群体的学业目标。比如，一项在学校进行的干预研究发现，那些被鼓励把学业成绩看成认同的重要成分的非裔美国学生，相比那些不这样做的学生更少缺席，成绩更好。[④] 与成绩相当的欧裔学生相比，积极的文化社会化信息解释了华裔和墨西哥裔学生较高水平的学业动机。[⑤⑥]

中国少数民族心理研究对青少年民族社会化问题的关注不多。有个别研究曾对少数民族的社会化问题进行了探讨。比如，傅金芝的研究发现，哈尼族、景颇族、纳西族和拉祜族的家庭教育内容中，包含有较多的对本民族传统道德规范、风俗习惯的教育，极少量的本民族传统文化教育。[⑦] 与学校教育相比，村寨习俗、宗教活动和同伴群体

① Bynum M. S., Burton E. T., Best C., "Racism experiences and psychological functioning in African American college freshmen: Is racial socialization a buffer?" *Cultural Diversity and Ethnic Minority Psychology*, Vol. 13, No. 1, 2007.

② Chavous T. M., Bernat D. H., Schmeelk-cone K., caldwell C. H., Kokn-wood L., Zimmerman M., "Racial identity and academic attaiment among African American", *Child Development*, Vol. 74, No. 4, 2003.

③ Mendoza-Denton R., Downey G., Purdie V. J., Davis A., Pietrzak J., "Sensitivity to status-based rejection: Implications for African American students' college experience", *Journal of Personality and Social Psychology*, Vol. 83, No. 4, 2002.

④ Oyserman D., Harrison K., Bybee D., "Can racial identity be promotive of academic efficacy?" *International Journal of Behavioral Development*, Vol. 25, No. 4, 2001.

⑤ Huynh V. W., Fuligni A. J., "Ethnic socialization, discrimination, and the academic adjustment of Adolescents", *UC Los Angeles: California Center for Population Research*. Retrieved from: http://escholarship.org/uc/item/74m35318, 2007.

⑥ Huynh V. W., Fuligni A. J., "Ethnic socialization and the academic adjustment of adolescents from Mexican, Chinese, and European backgrounds", *Developmental Psychology*, Vol. 44, No. 4, 2008.

⑦ 傅金芝：《云南省农村四种少数民族家庭教育的分析与对策研究》，《云南师范大学学报》（哲学社会科学版）1998 年第 2 期。

对多数傣族学生的社会化发挥了真正的作用。① 张世富指出我国少数民族的社会化过程具有较多世俗性、生活性。②

由于民族社会化信息可能包括了一系列诸如民族自豪感、民族历史和传统，歧视觉察，群际间的警惕和不信任，以及群际间的多样性和平等性的观念。③ 这些信息可以分为两类：一是民族内部的信息，包括民族自豪感、民族历史和传统等；二是有关不同民族之间关系的信息，比如歧视觉察，各民族群体之间的警惕、不信任，或平等主义的信息。由此可见，我国之前对少数民族的社会化研究包括的内容较为宽泛，并非专门针对民族特征、民族间关系等有关信息传递的研究。中国少数民族父母向孩子传递了哪些类型的民族社会化信息？这些信息的传递对子女民族认同、民族间的交往行为产生了什么样的影响？诸多问题，目前少见已发表的相应研究予以回答。

Huges 和 Jonason 于 2001 年编制的父母的民族社会化问卷由 15 个条目 3 个维度组成。3 个维度分别是文化社会化与平等主义，偏见准备和促使不信任。④ Tran 和 Richard（2010）修订了 Huges 和 Jonason 编制民族社会化问卷，该问卷由 16 个条目构成，所包含的维度与原问卷相同。⑤

美国心理学家达成共识的民族与种族社会化的四个维度实质上是以"离"为特征的。偏见准备和促使不信任是与对方在心理与行为上的分离，文化社会化和种族平等主义是在强调民族个体特征的独特性上与对方的分离。中国父母对孩子传递的民族社会化信息，除了有

---

① 尹可丽：《傣族的心理与行为研究》，云南民族出版社 2005 年版，第 12—15 页。

② 张世富：《民族心理学》，山东教育出版社 1996 年版，第 142 页。

③ Brown T. L. , Krishnakumar A. , "Development and validation of the adolescent racial and ethnic socialization scale（ARESS）in African American families", *Journal of Youth and Adolescence*, Vol. 36, 2007.

④ Hughes D. , Johnson D. J. , "Correlates in children's experiences of parents' racial socialization behaviors", *Journal of Marriage and the Family*, Vol. 63, No. 4, 2001.

⑤ Tran A. G. T. T. , Lee R. M. , "Perceived ethnic-racial socialization, ethnic identity, and social competence among Asian American late adolescents", *Cultural Diversity and Ethnic Minority Psychology*, Vol. 16, No. 2, 2010.

"离"的特征之外，还有可能存在着"和"的倾向。中国父母对孩子的文化社会化和平等主义，其目的并非指向独特性，而是指向"和"。对于中国人来说，自身的独特性是保持"和"的基础。"和而不同"就是尊重差异，崇尚和谐，反对搞单一的同质化，也反对不同事物之间的冲突、对抗。这一宗旨表现在民族关系上，就是《尚书·尧典》中讲到的"协和万邦"，意思是说热爱和平，反对侵略，主张各国互相尊重，和睦相处。兼容并蓄，相反相成。就是要承认和尊重多元，既认同于自己本民族的文化，又要以博大宽容的精神对待其他民族的文化。①

对汉族、傣族、景颇族学生和成人获取民族团结知识的渠道的调查发现，11—55 岁以上的人都会与亲友谈及有关民族团结的问题，其中，11—23 岁青少年选择渠道排名前三位的是：学校课程、亲友谈论、学校活动。"亲友谈论"是青少年选择的第二个有关民族团结信息的渠道来源，而亲友之中，父母是向孩子传递民族之间要平等、友爱等和民族团结有关信息的最主要的人员。② 因此，中国父母对子女的民族社会化内容也可能包含有促进民族和睦相处的相关信息。

综上所述，本研究参考 Huges 和 Jonason 编制，Tran 和 Richard 修订的青少年父母的民族社会化问卷，在保留原题项的基础之上，增加了"和"的维度，以编制适合考察中国青少年父母的民族社会化的问卷。

2. 方法

（1）被试

被试为 10967 名学生，这些学生的人口学变量情况见第一章。

（2）研究工具

民族社会化经历问卷（Pecieved ethnic-racial socialization）。问卷基本保留了 16 个原问卷的题项，但将原问卷中以"或"这样表述的

① 王瑜卿、肖锐：《和谐民族交往的思想渊源及其现实意义》，《中央民族大学学报》（哲学社会科学版）2012 年第 2 期。
② 数据来源于本课题的研究者 2008 年完成的云南省教育厅科研基金项目《青少年民族团结观的研究》，项目编号：07Y20933。

句子分为两个句子，以方便被试做出更准确的判断。比如，"Talked to you about important people or events in the history of your racial/ethnic group?"该项目被分为两个句子"与你谈论本民族的重要人物"和"向你谈论本民族发生过的重要事件"。此外，问卷增加了 7 个题项，以考察父母是否向孩子传递了"和"的信息。问卷最后由 29 个题项组成。

问卷为 5 点评分，选择项目为"从不这样""偶尔这样""有时这样""经常这样""几乎总是这样"。计分从 1 分至 5 分。要求被试判断 2010 年 9 月至 2011 年 11 月这段时间里，父母是否与他（她）进行过问卷提供的 29 项交流。

（3）统计分析

采用 SPSS 16.0 进行数据的管理与分析。探索性因素分析采用主成分法分析，旋转方法为直交。验证性因素分析使用 AMOS 18.0 统计软件。

3. 结果与分析

由于藏族群体具有自己的语言、文字和宗教，是备受关注的少数民族群体之一。因此，本章首先选择藏族学生的数据作为探索性因素数据，然后根据藏族学生数据因素分析的结果建立起验证性因素分析模型。采用多群组分析来完成验证性因素分析。多群组验证性因素考察不同群组是否有相同的因素模型，即检验通过对藏族学生数据所提出的验证性因素模型是否同时适配于傣族、彝族、苗族、回族、白族、哈尼族、壮族、傈僳族、佤族、汉族、瑶族及纳西族。

（1）探索性因素分析结果

对 824 名藏族学生民族社会化经历的探索性因素分析，因子旋转方法为直交。根据项目载荷表，对满足以下三个标准中任何一个的项目进行删除：a. 项目载荷过低：项目的最大载荷 < 0.40。b. 交叉载荷过高：最大的两个交叉载荷绝对值均 ≥ 0.40。c. 交叉载荷过于接近：最大的两个交叉载荷绝对值之差 < 0.10。另外，还以一个因子包括的项目至少应为 3 个为标准对项目进行筛选。根据题项删除标准，

删除了 9 个项目。20 个题项问卷的取样适当性 KMO 值为 0.81，Bartlett 球度检验值 $\chi^2 = 2776.00$，$df = 190$，$p < 0.001$。得到 5 个特征根大于 1 的公因子，一共能够解释 49.6% 的变异。5 个因素结构清晰，各项目均在相应因素上具有较大载荷，处于 0.46—0.79。命名因子 1 为"促进和睦"，因子 2 为"促使不信任"，因子 3 为"文化社会化"，因子 4 为"接触他族"，因子 5 为"偏见准备"。

表 6 – 1   藏族学生民族社会化经历问卷探索性因素分析结果

题号	项目内容	1	2	3	4	5	共同度
N219	说某件事以告诉你，要尊重其他民族同学的生活习惯	0.67	-0.14	-0.06	0.29	0.05	0.56
N25	告诉你要与其他民族的同学和睦相处	0.65	0.07	0.06	-0.06	-0.10	0.45
N210	在你知道的情况下，帮助其他民族有困难的人	0.64	0.03	0.07	0.03	0.08	0.04
N220	鼓励你与其他民族的人交朋友	0.61	-0.11	0.01	0.22	0.00	0.43
N216	说某事以向你解释所有的人不论是什么民族都是平等的	0.58	-0.09	0.17	0.07	-0.15	0.37
N215	与你谈论不同民族之间互助互爱的事情	0.51	-0.07	0.12	0.36	0.06	0.42
N229	做某件事来告诉你不要随便与其他民族的人来往	-0.06	0.78	-0.01	-0.03	0.08	0.62
N228	说某件事以告诉你要与其他民族的孩子保持距离	-0.06	0.76	0.06	-0.04	0.18	0.62
N224	告诉你要回避其他民族，因为他们对你的本民族有偏见	-0.11	0.72	0.06	0.21	0.14	0.61
N24	向你谈论本民族发生过的重要事件	0.13	0.03	0.68	0.00	0.05	0.48
N27	向你谈论其他民族发生过的重要事件	0.03	0.11	0.68	0.12	0.05	0.49
N26	与你谈论其他民族的重要人物	0.00	-0.02	0.67	0.18	0.09	0.49
N23	与你谈论本民族的重要人物	0.14	0.02	0.62	0.05	0.15	0.43
N225	告诉你其他民族的风俗习惯	0.14	-0.02	0.09	0.72	0.05	0.55
N226	向你解释其他民族的宗教信仰	0.13	0.11	0.16	0.71	0.10	0.57
N214	带你去参加其他民族的节日活动	0.14	0.04	0.07	0.61	-0.03	0.39

续表

题号	项目内容	1	2	3	4	5	共同度
N211	告诉你因为你是某种民族，你必须做得更好才能获得与其他民族同等的待遇	0.04	−0.05	0.14	−0.04	0.79	0.65
N212	与你谈论别人可能会因为你是某种民族而对你的能力产生看法	−0.14	0.18	0.11	0.13	0.67	0.52
N222	与你谈论其他人对本民族的偏见或者成见	0.02	0.39	0.02	−0.02	0.57	0.48
N223	与你谈论电视中出现的对本民族的不正确看法	0.17	0.32	0.15	0.10	0.46	0.37
旋转后特征值		2.41	2.08	1.92	1.78	1.73	
贡献率（%）		12.05	10.37	9.56	8.92	8.65	

注：1 指促进和睦因子，2 指促使不信任，3 代表文化社会化，4 代表接触他族，5 代表偏见准备。

（2）多群组验证性因素分析结果

为了检验由藏族学生数据得到的 5 因子模型是否适用于其他民族的学生。研究对傣族学生 658 名、彝族 884 人、苗族 245 人、回族 135 人、白族 765 人、哈尼族 345 人、壮族 381 人、傈僳族 780 人、佤族 830 人、汉族 4419 人、瑶族 100 人及纳西族 178 人的数据进行多群组验证性因素分析。一个拟合良好的模型，其 χ^2/df 应该小于 5，$RMSEA$ 小于 0.08，NFI、CFI、GFI、$AGFI$ 应该大于 0.90，但由于卡方统计量容易受到样本大小影响，因此除了卡方统计量外，还需同时参考其他拟合度指标。[①] 多群组验证性因素分析可以选择检验二个模型：预设模型 A，允许不同群体有不同的回归系数、不同截距；平行模型 B，限制不同群体的回归系数相同或为相等的数值。由于卡方值易受样本大小变化的影响，如果各群组的样本较大，则卡方值的差异量（$\triangle\chi^2$）很容易达到显著，因此采用 Amos 进行嵌套模型的差异比较时，本书采用 NFI 值、IFI 值、RFI 值、TLI 值的增加量来考察比较

① 荣泰生：《AMOS 与研究方法》，重庆大学出版社 2009 年版，第 128 页。

模型的组间测量恒等性。如果 NFI 值、IFI 值、RFI 值、TLI 值的增加量小于 0.05，则可接受两个模型无差异的虚无假设。[1]

以促进和睦的 6 个项目、促使不信任的 3 个项目、文化社会化的 4 个项目、接触他族的 3 个项目、偏见准备的 4 个项目为观测变量，以促进和睦、促使不信任、文化社会化、接触他族、偏见准备为潜变量进行多群组的验证性因素分析。见表 6-2 预设模型 A 中，由于模型适配度指标 $\chi^2/df = 3.19 < 5$，$RMSEA$ 值 $= 0.02 < 0.08$，GFI 值 $= 0.94 > 0.90$，表示预设模型 A 可以被接受，12 个民族具有相同因素分析模型。民族社会化经历问卷的平行模型 B 的适配度指标 $\chi^2/df = 3.07 < 5$，$RMSEA$ 值 $= 0.02 < 0.08$，GFI 值 $= 0.94 > 0.90$，表示限制 12 个民族群体具有相同的回归系数时，平行模型 B 可以被接受。模型 A 与模型 B 的差异比较结果表明，NFI 值、IFI 值、RFI 值、TLI 值的增加量小于 0.05，两个模型可以视为相等。模型 A 与模型 B 具有跨群组效度，即通过对藏族被试进行探索性因素分析获得的促进和睦的 5 个项目、促进不信任的 3 个项目、文化社会化的 4 个项目、接触他族的 3 个项目、偏见准备的 4 个项目可以使用测量另外 12 种民族的民族社会化经历。

表 6-2　　　　　民族社会化的跨群组验证性因素分析结果

模型	χ^2	df	χ^2/df	$RMSEA$	GFI	NFI Delta-1	IFI Delta-2	RFI rho-1	TLI rho2
A	6121.75	1920	3.19	0.02	0.94	0.01	0.01	-0.01	-0.01
B	6403.20	2085	3.07	0.02	0.94	—	—	—	—

（3）民族社会化经历问卷的信度

表 6-3 是使用 13 种民族学生的数据分别检查民族社会化经历问卷的信度的结果。

---

[1]　吴明隆：《结构方程模型——AMOS 的操作与应用》，重庆大学出版社 2009 年版，第 408 页。

表6-3　　　　　民族社会化经历问卷的内部一致性信度

	汉	彝	藏	佤	傈	白	傣	壮	哈	苗	纳	回	瑶
1	0.79	0.80	0.71	0.74	0.72	0.81	0.74	0.84	0.82	0.77	0.73	0.77	0.75
2	0.75	0.69	0.71	0.66	0.70	0.79	0.72	0.65	0.70	0.64	0.54	0.70	0.86
3	0.73	0.76	0.61	0.65	0.70	0.77	0.67	0.69	0.72	0.69	0.72	0.62	0.69
4	0.63	0.62	0.56	0.52	0.55	0.68	0.58	0.65	0.69	0.61	0.64	0.39	0.62
5	0.67	0.62	0.61	0.60	0.60	0.73	0.61	0.65	0.57	0.46	0.59	0.53	0.72
总体	0.82	0.81	0.74	0.76	0.79	0.88	0.77	0.81	0.81	0.75	0.75	0.70	0.84

注：1指促进和睦因子，2指促使不信任，3代表文化社会化，4代表接触他族，5代表偏见准备。

4. 讨论

Huges 和 Jonason 编制，Tran 和 Richard 修订的民族社会化经历问卷包含文化社会化／平等主义、偏见准备及促使不信任3个因子。本研究采用藏族学生的民族社会化经历数据，经过探索性因素分析获得了5个因子，保留了原量表的文化社会化、偏见准备及促使不信任因子。平等主义的题项在原量表中与文化社会化共同组成了一个因子，但在本书中被合并入促进和睦因子中，表现出与美国人不一致的情况。除了促进和睦因子之外，探索性因素分析还获得了一个接触他族文化因子，该因子包括的三个题项都与他族文化有关系，但并未能纳入文化社会化因子。问卷设置的与本族文化有关系的其他题项，比如，讲解本族的宗教，参与本族节日等题项，也未能纳入文化社会化因子，并且由于这些题项符合探索性因素分析删除题项的标准，所以只能删除。原量表的文化社会化因子，还包括有阅读本族和他族有关书籍的题项，但在本书中，这两个题项由于单独形成了一个维度而被删除，因而未能纳入文化社会化因子。

多群组因素分析结果表明，12个民族学生的民族社会化经历数据能够较好地拟合与藏族学生的数据建构的5因子模型。综合探索性因素分析结果和多群组验证性因素分析的结果，说明中国青少年的民族社会化经历问卷具有良好的结构效度。

对 13 种民族学生完成的民族社会化经历问卷分别进行信度分析，结果发现，13 种民族学生的民族社会化经历总问卷的 *Cronbach's Alpha* 系数都在 0.70 之上。除苗族的偏见准备因子与回族的接触他族因子的 *Cronbach's Alpha* 系数小于 0.50 之外，其余各因子的 *Cronbach's Alpha* 系数都在 0.50 之上。综合多位学者的看法，吴明隆指出量表分层面最低的内部一致性信度系数要在 0.50 以上，最好能高于 0.60，而整份量表最低的内部一致性信度系数要在 0.70 以上，最好能高于 0.80。[①] 根据这一指标，中国青少年的民族社会化经历问卷具有良好的内部一致性信度。

综上，民族社会化经历问卷的效度和信度达到了心理测量学的推荐指标，可用于测量中国青少年的民族社会化经历。

（二）学生民族团结教育活动问卷的效度及信度分析

《学生民族团结教育活动问卷》与教师用卷的内容是一致的。问卷列出了中小学常开展的一些民族团结教育活动，请学生勾画出2010 年 9 月至 2011 年 11 月，参与这些活动的次数。问卷有 12 个项目和一个开放式问题。12 个题项的备选次数从 0 次、1 次、2 次、3 次、4 次以上，共 5 个类别。1 个开放式问题请被试对其认为未列出的活动方式做补充。

1. 探索性因素分析结果

824 名藏族学生的民族团结教育活动问卷得分进行项目分析和探索性因素分析。12 个题项的得分与总分的相关为 0.42—0.61，都达到了十分显著水平。

探索性因素分析的因子旋转方法为斜交。12 个题项问卷的取样适当性 KMO 值为 0.84，Bartlett 球度检验值 $\chi^2 = 1974.00$，$df = 66$，$p < 0.001$。得到 3 个特征根大于 1 的公因子，一共能够解释 50.89%

---

① 吴明隆：《问卷统计分析实务——SPSS 操作与应用》，重庆大学出版社 2010 年版，第 244 页。

的变异。3 个因素结构清晰，各项目均在相应因素上具有较大载荷，处于 0.46—0.79。命名因子 1 为"知识活动"，因子 2 为"观摩活动"，因子 3 为"文体活动"。

表 6-4　　　　　民族团结教育活动问卷因素分析摘要

项目内容	知识	观摩	文体	共同度
参加爱我中华、知我中华的读书演讲系列活动	0.70	-0.15	0.04	0.44
听广播站宣传民族团结知识	0.68	-0.18	0.14	0.44
参加民族知识竞赛活动	0.67	0.12	-0.09	0.50
观看黑板报宣传的民族团结知识	0.60	0.06	0.08	0.44
参加民族团结的主题班会或班队会	0.60	0.16	0.01	0.47
听民族文化、宗教政策知识讲座	0.54	0.35	-0.14	0.53
参观民族团结教育基地，如纪念馆、博物馆等	-0.07	0.74	0.06	0.54
调查家乡各民族的巨大变化	-0.04	0.72	0.05	0.51
参加各民族学生结对帮扶手拉手活动	0.18	0.58	-0.04	0.44
参加民族节日活动	-0.10	0.22	0.75	0.65
参加民族歌舞文艺活动	-0.01	0.21	0.74	0.67
跳课间民族健身操	0.21	-0.31	0.66	0.48
旋转后特征值	3.15	2.59	2.09	—
贡献率（%）	31.33	10.75	8.82	—

三个因子与问卷总分之间的相关情况见表 6-5。三因子之间的两两相关为低程度的相关，三因子各族与总分的相关为中高相关。说明问卷的结构效度良好。

表 6-5　　　学生民族团结教育活动问卷各因子与总分的相关

	知识活动	观摩活动	文体活动	活动总分
知识活动	1			
观摩活动	0.47**	1		
文体活动	0.36**	0.35**	1	
活动总分	0.87**	0.73**	0.69**	1

2. 多群组验证性因素分析结果

为了检验由藏族学生数据得到的 5 因子模型是否适用于其他民族的学生。研究对傣族学生 658 名、彝族 884 人、苗族 245 人、回族 135 人、白族 765 人、哈尼族 345 人、壮族 381 人、傈僳族 780 人、佤族 830 人、汉族 4419 人、瑶族 100 人及纳西族 178 人的数据进行多群组验证性因素分析。

以知识活动的 6 个项目、观摩活动的 3 个项目、文体活动的 3 个项目为观测变量，以知识活动、观摩活动和文体活动为潜变量进行多群组的验证性因素分析。预设模型 A 中，由于模型适配度指标 *RMSEA* 值 = 0.02 < 0.08，*GFI* 值 = 0.94 > 0.90，表示预设模型 A 可以被接受，12 个民族具有相同因素分析模型。民族社会化经历问卷的平行模型 B 的适配度指标 *RMSEA* 值 = 0.02 < 0.08，*GFI* 值 = 0.94 > 0.90，表示限制 12 个民族群体具有相同的回归系数时，平行模型 B 可以被接受。模型 A 与模型 B 的差异比较结果表明，NFI 值、IFI 值、RFI 值、TLI 值的增加量小于 0.05，两个模型可以视为相等。模型 A 与模型 B 具有跨群组效度，即通过对藏族被试进行探索性因素分析获得的知识活动的 6 个项目、观摩活动的 3 个项目、文体活动的 3 个项目可以使用测量另外 12 种民族学生的民族团结教育活动。

表 6 - 6　　学校民族团结教育活动的跨群组验证性因素分析结果

模型	χ^2	df	χ^2/df	*RMSEA*	*GFI*	NFI Delta - 1	IFI Delta - 2	RFI rho - 1	TLI rho2
A	3558.86	612	5.82	0.02	0.94	0.00	0.00	- 0.01	- 0.01
B	3721.30	711	5.23	0.02	0.94	—	—	—	—

3. 学生民族团结教育活动问卷的信度分析

表 6 - 7 是使用 13 种民族学生的数据分别检查民族社会化经历问卷的信度的结果。

表6-7　　　　　学生民族团结教育问卷的内部一致性信度

	汉	彝	藏	佤	傈	白	傣	壮	哈	苗	纳	回	瑶
知识	0.82	0.84	0.75	0.75	0.81	0.86	0.81	0.80	0.80	0.82	0.81	0.88	0.83
观摩	0.68	0.70	0.59	0.51	0.67	0.78	0.62	0.65	0.55	0.59	0.68	0.69	0.66
文体	0.69	0.57	0.59	0.65	0.66	0.68	0.65	0.65	0.51	0.54	0.62	0.68	0.16
总体	0.87	0.88	0.77	0.81	0.87	0.90	0.84	0.86	0.84	0.87	0.84	0.90	0.84

4. 讨论

本节考察了学生民族团结教育问卷的信效度。以藏族学生数据进行探索性因素分析，获得了三个因子，分别是知识活动、观摩活动和体验活动。多群组验证性因素分析结果说明，由藏族学生数据探索得到的三个因子的模型，与其他12种民族学生的数据拟合程度良好。

对各民族学生该问卷总的内部一致性信度及各因子的内部一致性信度结果的考察说明，13种民族学生该问卷的总的内部一致性信度在0.77—0.90，问卷总的信度良好。对三个因子的信度分别考察，结果得知，除了瑶族学生在文体活动这一因子的信度很低之外，其他各族学生在各因子上的得分都分别超过了0.50。

综上，学生民族团结教育活动问卷达到了心理测量学所要求的各项指标，可用于测量各族学生的民族团结教育活动。

应该指出的是，对同样内容教师问卷的因素分析得到的因子结构，与学生问卷的因子结构存在不一致。教师民族团结教育活动问卷得到了两个因子。这一结果可能是因为教师报告的活动次数与学生报告的活动次数分布存在差异而导致的。本书第二章第四节呈现了教师和学生报告的开展12项活动的情况，按开展次数从多到少排列，的确发现教师和学生所报告的各类活动的次数多少是不同的。为了更准确地把握影响学生的民族团结心理的因素，本研究采用学生数据分析得到的因子结构进行后续相关研究的分析。

5. 父母的他族交往行为的测量

本书采用两个题项考察各族学生的父母与他族人交往的情况。问题一为"你的父母交往的朋友或熟人中有多少是其他民族的人",选项为：没有、几乎没有、有一些、很多。问题二为"你的父母是否参加其他民族举行的各种活动（比如，节日活动，婚礼）。选项为：没有、几乎没有、有几次、很多次。

二 青少年民族团结心理影响因素的情况

（一）家庭因素

1. 父母对子女的民族社会化活动

（1）各族学生的总体情况

表 6-8 列出了 11 种民族的学生报告的民族社会化经历。各族学生民族社会化 5 个维度的得分按照从高到低的顺序依次排列：促进和睦得分最高，其次是接触他族、文化社会化、偏见准备、促使不信任。11 个民族学生促进和睦因子的得分都超过了 3 分，处于"经常这样"与"有时这样"之间，其中纳西族学生此项目的得分最高，接近"经常这样"，其余学生此项目的得分接近"有时这样"。接触他族维度的得分处于"偶尔这样"与"有时这样"之间，其中，彝族、藏族、佤族、傈僳族、白族、傣族、纳西族学生接触他族得分接近"有时这样"，而汉族、壮族、哈尼族、苗族学生的接触他族得分接近"偶尔这样"。文化社会化维度的得分也处于"偶尔这样"与"有时这样"之间，11 种民族学生此项因子的得分都接近"偶尔这样"。偏见准备处于"从不这样"和"偶尔这样"之间，并且 11 种民族学生的得分都偏向于"偶尔这样"。促使不信任因子的得分也处于"从不这样"和"偶尔这样"之间，其中，汉族、彝族、佤族、傈僳族、白族、傣族、壮族、苗族学生的得分接近"偶尔这样"，而藏族、哈尼族、纳西族学生的得分更接近"从不这样"。

表6-8 各族学生的民族社会化经历的情况（平均数/标准差）

民族类别	促进和睦	促使不信任	文化社会化	接触他族	偏见准备
汉族	3.11 ± 0.88	1.59 ± 0.84	2.14 ± 0.82	2.44 ± 0.86	1.81 ± 0.78
彝族	3.23 ± 0.89	1.52 ± 0.78	2.10 ± 0.88	2.50 ± 0.86	1.81 ± 0.77
藏族	3.47 ± 0.69	1.46 ± 0.73	2.31 ± 0.69	2.60 ± 0.76	1.90 ± 0.74
佤族	3.21 ± 0.79	1.82 ± 0.90	2.22 ± 0.72	2.51 ± 0.78	2.10 ± 0.81
傈僳族	3.27 ± 0.78	1.79 ± 0.90	2.37 ± 0.85	2.68 ± 0.81	2.85 ± 1.09
白族	3.14 ± 0.89	1.62 ± 0.91	2.25 ± 0.89	2.51 ± 0.88	1.85 ± 0.85
傣族	3.22 ± 0.81	1.72 ± 0.88	2.30 ± 0.78	2.68 ± 0.83	1.99 ± 0.79
壮族	3.07 ± 0.95	1.56 ± 0.79	1.85 ± 0.70	2.22 ± 0.79	1.73 ± 0.72
哈尼族	3.19 ± 0.91	1.33 ± 0.64	1.94 ± 0.73	2.43 ± 0.90	1.75 ± 0.68
苗族	3.22 ± 0.82	1.59 ± 0.79	2.21 ± 0.83	2.43 ± 0.82	1.88 ± 0.68
纳西族	3.51 ± 0.74	1.33 ± 0.60	2.23 ± 0.76	2.79 ± 0.80	1.75 ± 0.71
总体	3.19 ± 0.86	1.60 ± 0.84	2.19 ± 0.81	2.50 ± 0.84	1.88 ± 0.79

（2）不同性别的各族学生民族社会化经历的差异比较

表6-9是各族男女学生民族社会化经历得分的情况及差异比较结果。

表6-9 各族学生的民族社会化经历的性别差异情况
（平均数/标准差）

民族类别		促进和睦	促使不信任	文化社会化	接触他族	偏见准备
汉族	男	3.05 ± 0.88	1.67 ± 0.86	2.18 ± 0.84	2.44 ± 0.88	1.86 ± 0.81
	女	3.16 ± 0.88	1.51 ± 0.79	2.11 ± 0.80	2.43 ± 0.83	1.76 ± 0.75
	t	-4.12 ***	6.42 ***	2.88 **	0.46	4.28 ***
彝族	男	3.13 ± 0.88	1.61 ± 0.82	2.17 ± 0.93	2.53 ± 0.90	1.86 ± 0.79
	女	3.31 ± 0.87	1.45 ± 0.75	2.05 ± 0.82	2.47 ± 0.82	1.77 ± 0.75
	t	-3.03 **	2.87 **	2.10 *	1.01	1.64
藏族	男	3.39 ± 0.67	1.52 ± 0.77	2.32 ± 0.69	2.60 ± 0.76	1.94 ± 0.75
	女	3.55 ± 0.70	1.40 ± 0.69	2.31 ± 0.70	2.61 ± 0.76	1.86 ± 0.74
	t	-3.48 **	2.34 *	0.20	-0.17	1.48

民族类别		促进和睦	促使不信任	文化社会化	接触他族	偏见准备
佤族	男	3. 13 ± 0. 77	1. 95 ± 0. 94	2. 27 ± 0. 77	2. 48 ± 0. 76	2. 13 ± 0. 80
	女	3. 26 ± 0. 80	1. 72 ± 0. 86	2. 19 ± 0. 69	2. 54 ± 0. 80	2. 08 ± 0. 82
	t	− 2. 28 *	3. 59 ***	1. 74	0. 41	0. 41
傈僳族	男	3. 17 ± 0. 78	1. 80 ± 0. 89	2. 35 ± 0. 83	2. 64 ± 0. 80	2. 13 ± 0. 80
	女	3. 35 ± 0. 77	1. 79 ± 0. 92	2. 40 ± 0. 86	2. 71 ± 0. 83	2. 15 ± 0. 83
	t	− 3. 19 **	0. 18	− 0. 76	− 1. 14	− 0. 34
白族	男	3. 01 ± 0. 91	1. 63 ± 0. 82	2. 20 ± 0. 84	2. 44 ± 0. 86	1. 76 ± 0. 77
	女	3. 24 ± 0. 87	1. 61 ± 0. 98	2. 30 ± 0. 93	2. 56 ± 0. 90	1. 91 ± 0. 91
	t	− 3. 55 ***	0. 33	− 1. 40	− 1. 88	− 2. 45 *
傣族	男	3. 05 ± 0. 79	1. 79 ± 0. 89	2. 30 ± 0. 80	2. 67 ± 0. 86	2. 03 ± 0. 82
	女	3. 33 ± 0. 81	1. 69 ± 0. 89	2. 29 ± 0. 78	2. 68 ± 0. 81	1. 98 ± 0. 77
	t	− 4. 30 ***	1. 39	0. 09	− 0. 10	0. 68
壮族	男	3. 07 ± 0. 95	1. 63 ± 0. 82	1. 89 ± 0. 68	2. 25 ± 0. 80	1. 76 ± 0. 69
	女	3. 07 ± 0. 95	1. 51 ± 0. 77	1. 83 ± 0. 71	2. 19 ± 0. 78	1. 70 ± 0. 73
	t	− 0. 05	1. 39	0. 80	0. 69	0. 78
哈尼族	男	3. 14 ± 0. 92	1. 40 ± 0. 72	2. 04 ± 0. 74	2. 44 ± 0. 91	1. 75 ± 0. 64
	女	3. 25 ± 0. 89	1. 26 ± 0. 54	1. 84 ± 0. 67	2. 39 ± 0. 89	1. 74 ± 0. 70
	t	− 1. 10	1. 92	2. 39 *	0. 44	0. 07
苗族	男	3. 13 ± 0. 84	1. 62 ± 0. 71	2. 20 ± 0. 78	2. 32 ± 0. 76	1. 92 ± 0. 73
	女	3. 30 ± 0. 79	1. 56 ± 0. 86	2. 21 ± 0. 86	2. 51 ± 0. 86	1. 85 ± 0. 64
	t	− 1. 60	− 0. 59	− 0. 17	− 1. 77	0. 72
纳西族	男	3. 38 ± 0. 77	1. 42 ± 0. 67	2. 30 ± 0. 83	2. 85 ± 0. 80	1. 83 ± 0. 72
	女	3. 59 ± 0. 71	1. 27 ± 0. 55	2. 20 ± 0. 72	2. 75 ± 0. 80	1. 71 ± 0. 70
	t	− 1. 76	1. 54	0. 80	0. 77	1. 06

从表 6 - 9 数据得知,汉族、彝族、藏族、佤族、傈僳族、白族、傣族这 7 种民族的女生接受到的父母促进和睦的信息显著多于男生所接受到的此类信息。检查未达到显著水平的壮族、哈尼族、苗族和纳西族学生的数据,发现除壮族学生外,其他三种民族学生的女性此项

的得分也稍比男生高。因此，各族女生比男生得到的促进和睦信息更多。

汉族、彝族、藏族、佤族民族的男生接受到父母促使不信任的信息显著高于女生所接受到的，从其他民族来看，虽然男女在此项上的得分未达到显著水平，但女生的得分都比男生稍低，说明各族男生比女生得到的促使不信任信息更多。

汉族、彝族、哈尼族父母给男孩的文化社会化信息显著高于给女孩的。其他各族父母给予男孩和女孩的文化社会化信息没有显著性差异。

各族父母给予男孩和女孩的接触他族信息不存在男女的显著性差异。

汉族男孩的父母明显地比女孩的父母给了孩子更多偏见准备信息，而白族女孩的父母明显地比男孩的父母给了孩子更多偏见准备信息。

（3）不同民族组成学校的各族学生民族社会化经历的差异比较

表6-10呈现了汉族学校、少民学校和混合学校三种学校中，各族学生报告的民族社会化经历的比较。

以促进和睦维度上存在的差异来比较，三类学校的汉族、彝族、傈僳族、傣族、壮族、苗族学生分别在此项得分上存在显著性差异，而三类学校的藏族、佤族、白族、哈尼族和纳西族在此项的得分上都不存在显著性差异。少民学校、混合学校的汉族学生比汉族学校的汉族学生更多地接受到父母的促进和睦信息。少民学校的彝族学生比汉族学校、混合学校的彝族学生更多地接受到父母的促进和睦信息。混合学校的傈僳族学生比汉族学校、少民学校的傈僳族学生更多地接受到父母的促进和睦信息。混合学校的傣族学生比少民学校的傣族学生更多地接受到父母的促进和睦信息。混合学校的壮族学生比汉族学校、少民学校的壮族学生更多地接受到父母的促进和睦信息。少民学校的苗族学生比汉族学校、混合学校的苗族学生更多地接受到父母的促进和睦信息。

以促使不信任维度上存在的差异来比较，三类学校的汉族、彝族、佤族、傈僳族、傣族、哈尼族分别在此项得分上存在显著性差异，而三类学校的藏族、白族、壮族、苗族和纳西族在此项的得分上都不存在显著性差异。汉族学校和少民学校的汉族学生比混合学校的汉族学生得到此类信息更多，汉族学校和少民学校的彝族学生也比混合学校的彝族学生得到此类信息更多。少民学校的佤族学生比混合学校的佤族学生得到此类信息更多。少民学校的傈僳族学生比混合学校的傈僳族学生得到此类信息更多。汉族学校和少民学校的傣族学生比混合学校的傣族学生得到此类信息更多。汉族学校和少民学校的哈尼族学生比混合学校的哈尼族学生得到此类信息更多。

三类学校的汉族、彝族、佤族、傈僳族、白族、傣族、壮族、哈尼族学生文化社会化维度的得分存在显著性差异。汉族学校、少民学校的汉族、彝族学生得到文化社会化信息多于混合学校的汉族、彝族学生所得到的。少民学校的佤族学生得到文化社会化信息多于混合学校的佤族学生所得到的。少民学校的傈僳族、白族、傣族学生得到文化社会化信息多于汉族学校和混合学校的傈僳族、白族、傣族学生所得到的。少民学校的哈尼族学生得到文化社会化信息多于汉族学校的哈尼族学生所得到的。而汉族学校的壮族学生得到文化社会化信息多于少民学校的壮族学生所得到的。

汉族、彝族、傈僳族、哈尼族学生在接触他族维度的得分分别存在显著性差异。少民学校、混合学校的汉族、傈僳族学生比汉族学校的汉族学生、傈僳族更多地接受到父母的接触他族信息。少民学校的彝族学生比混合学校的彝族学生更多地接受到父母的接触他族信息。混合学校的哈尼族学生比汉族学校的哈尼族学生更多地接受到父母的接触他族信息。

除壮族、纳西族之外，三类学校的其他 9 种民族学生在偏见准备维度上的得分各自存在显著性差异。混合学校的汉族、彝族学生得到的偏见准备信息少于汉族、少民学校汉族、彝族学生所报告的。

混合学校的藏族学生报告的偏见准备信息少于少民学校藏族学生的报告，而汉族学校、混合学校的傈僳族、白族、傣族、哈尼族、苗族所报告的偏见准备信息都分别少于少民学校的这5种学生的报告。

表6-10 　不同民族组成学校学生男女的民族社会化经历的
差异比较（平均数/标准差）

民族类别		促进和睦	促使不信任	文化社会化	接触他族	偏见准备
汉族	汉	3.08 ± 0.88	1.63 ± 0.87	2.19 ± 0.80	2.41 ± 0.84	1.84 ± 0.80
	少	3.18 ± 0.83	1.71 ± 0.91	2.21 ± 0.83	2.54 ± 0.84	1.91 ± 0.81
	混	3.15 ± 0.90	1.46 ± 0.73	2.03 ± 0.83	2.47 ± 0.90	1.73 ± 0.74
	F	3.78 *	23.68 ***	18.27 ***	6.24 **	13.41 ***
		汉 < 少、混	混 < 汉、少	混 < 汉、少	汉 < 少、混	混 < 汉、少
彝族	汉	3.19 ± 0.91	1.63 ± 0.86	2.25 ± 0.96	2.53 ± 0.93	1.93 ± 0.83
	少	3.37 ± 0.80	1.59 ± 0.81	2.30 ± 0.84	2.60 ± 0.84	1.95 ± 0.80
	混	3.14 ± 0.91	1.37 ± 0.66	1.83 ± 0.75	2.38 ± 0.79	1.61 ± 0.65
	F	5.58 **	10.43 ***	29.65 ***	5.48 **	20.35 ***
		汉、混 < 少	混 < 汉、少	混 < 汉、少	混 < 少	混 < 汉、少
藏族	少	3.46 ± 0.64	1.47 ± 0.71	2.32 ± 0.63	2.58 ± 0.70	1.99 ± 0.73
	混	3.49 ± 0.74	1.44 ± 0.75	2.30 ± 0.76	2.63 ± 0.82	1.80 ± 0.74
	t	-0.50	0.56	0.53	-0.87	3.73 ***
佤族	汉	3.17 ± 0.83	1.82 ± 0.87	2.23 ± 0.82	2.70 ± 0.89	2.38 ± 1.03
	少	3.19 ± 0.76	1.86 ± 0.91	2.26 ± 0.72	2.51 ± 0.76	2.11 ± 0.81
	混	3.33 ± 0.96	1.49 ± 0.79	1.93 ± 0.66	2.48 ± 0.90	1.95 ± 0.74
	F	1.15	6.10 **	8.03 ***	0.90	3.36 *
		—	混 < 少	混 < 少	—	多重比无差异
傈僳族	汉	2.96 ± 0.85	1.68 ± 0.93	2.15 ± 0.83	2.36 ± 0.76	1.87 ± 0.88
	少	3.21 ± 0.76	1.91 ± 0.92	2.44 ± 0.87	2.71 ± 0.82	2.21 ± 0.83
	混	3.49 ± 0.75	1.53 ± 0.78	2.27 ± 0.78	2.67 ± 0.79	2.03 ± 0.73
	F	15.18 ***	14.47 ***	5.10 **	4.86 **	6.83 **
		汉、少 < 混	混 < 少	汉、混 < 少	汉 < 少、混	汉、混 < 少

续表

民族类别		促进和睦	促使不信任	文化社会化	接触他族	偏见准备
白族	汉	3.15 ± 0.84	1.52 ± 0.89	2.11 ± 0.74	2.51 ± 0.82	1.71 ± 0.84
	少	3.17 ± 0.91	1.69 ± 0.97	2.40 ± 0.92	2.49 ± 0.91	2.00 ± 0.92
	混	3.08 ± 0.90	1.55 ± 0.81	2.10 ± 0.90	2.54 ± 0.89	1.69 ± 0.69
	F	0.73	2.86	10.46***	0.27	12.46***
		—	—	汉、混<少	—	汉、混<少
傣族	汉	3.22 ± 0.80	1.57 ± 0.78	2.19 ± 0.77	2.66 ± 0.84	1.81 ± 0.77
	少	3.10 ± 0.77	1.93 ± 0.94	2.40 ± 0.79	2.65 ± 0.81	2.16 ± 0.83
	混	3.38 ± 0.83	1.52 ± 0.79	2.21 ± 0.77	2.72 ± 0.85	1.86 ± 0.71
	F	8.39***	17.51***	5.30**	0.52	13.41***
		少<混	汉、混<少	汉、混<少	—	汉、混<少
壮族	汉	3.11 ± 0.83	1.53 ± 0.69	2.13 ± 0.69	2.14 ± 0.66	1.82 ± 0.70
	少	3.23 ± 1.00	1.51 ± 0.78	1.77 ± 0.65	2.28 ± 0.82	1.70 ± 0.69
	混	2.66 ± 0.76	1.70 ± 0.86	1.87 ± 0.79	2.13 ± 0.81	1.74 ± 0.79
	F	12.85***	1.92	6.96**	1.61	0.72
		混<汉、少	—	少<汉	—	—
哈尼族	汉	2.98 ± 0.99	1.22 ± 0.35	1.74 ± 0.60	2.14 ± 0.83	1.48 ± 0.62
	少	3.19 ± 0.85	1.49 ± 0.79	2.08 ± 0.70	2.35 ± 0.82	1.91 ± 0.71
	混	3.21 ± 0.92	1.27 ± 0.58	1.91 ± 077	2.53 ± 0.94	1.70 ± 0.66
	F	1.01	4.37*	3.28*	3.54*	6.25**
		—	汉、混<少	汉<少	汉<混	汉、混<少
苗族	汉	3.16 ± 0.82	1.65 ± 0.85	2.26 ± 0.86	2.47 ± 0.93	1.84 ± 0.67
	少	3.50 ± 0.68	1.55 ± 0.73	2.30 ± 0.78	2.46 ± 0.73	2.04 ± 0.62
	混	2.97 ± 0.89	1.56 ± 0.79	2.01 ± 6.80	2.32 ± 0.72	1.75 ± 0.74
	F	8.03***	0.47	2.35	0.80	3.55*
		汉、混<少	—	—	—	汉、混<少
纳西族	少	3.31 ± 0.74	1.30 ± 0.50	2.03 ± 0.73	2.84 ± 0.79	1.70 ± 0.68
	混	3.57 ± 0.73	1.34 ± 0.63	2.30 ± 0.77	2.77 ± 0.81	1.77 ± 0.72
	t	-1.84	-0.27	-1.86	0.49	-0.50

2. 父母的民族间交往行为

表 6 - 11 是各族学生报告的父母是否有他族朋友、是否参与他族人举办的活动的情况。从表中数据可以得知，11 种民族的学生所报告的父母与他族人交往的情况具有明显的一致性：除 79% 的白族学生报告父母有他族朋友之外，其余 10 种民族学生报告父母有他族朋友的人数超过了 80%。11 种民族学生报告父母参与他族人举行的各类活动的人数都在 70% 以上。说明无论是什么民族，大部分学生的父母都与他族人有着或多或少的友好往来。

表 6 - 11　　各族学生报告的父母与他族交往的行为百分比

民族	内容	没有	几乎没有	有一些	很多
汉族 (4408)	朋友	9.4	11.0	64.7	14.9
	活动	11.6	16.4	52.3	19.8
彝族 (883)	朋友	8.3	7.9	58.6	25.3
	活动	7.3	11.8	47.8	33.1
藏族 (824)	朋友	8.5	10.4	58.6	22.5
	活动	7.6	9.3	54.1	28.9
佤族 (829)	朋友	8.2	8.8	62.6	20.4
	活动	9.4	11.0	50.7	29.0
傈僳族 (778)	朋友	8.4	13.5	51.3	26.9
	活动	9.4	15.7	39.7	35.2
白族 (763)	朋友	9.6	11.4	57.8	21.2
	活动	11.8	16.4	49.1	22.8
傣族 (657)	朋友	4.7	12.2	60.9	22.2
	活动	7.5	12.8	44.4	35.4
壮族 (381)	朋友	5.0	8.4	68.5	18.1
	活动	8.7	15.7	58.0	17.6
哈尼族 (341)	朋友	4.7	4.7	59.6	31.0
	活动	3.8	7.9	42.5	45.7
苗族 (243)	朋友	11.9	6.6	67.5	14.0
	活动	12.3	15.6	51.0	21.0
纳西族 (157)	朋友	6.4	2.5	41.4	49.7
	活动	3.2	3.8	43.3	49.7

3. 父母因民族身份而感受到的不公正待遇

表6-12是各族学生报告的父母曾感受到的不公正待遇的情况。各族学生报告的父母因为与民族有关的原因，比如少数民族被人欺负等原因的人数百分比很低，在11.5%以下。其中，藏族、纳西族、傈僳族学生报告有此情况的人数百分比低于2%。相较而言，苗族、佤族较多，报告父母曾有此经历的学生人数在10%左右。

表6-12　各族学生报告的父母感受到的不公正待遇情况的百分比

	没有不公正体验	有但与民族原因无关	有并与民族原因有关
汉族（4419）	69.2	25.0	5.9
彝族（884）	68.4	23.9	7.7
藏族（824）	78.8	20.3	1.0
佤族（830）	49.9	40.5	9.6
傈僳族（780）	70.4	27.7	1.9
白族（756）	71.1	22.7	6.1
傣族（658）	63.7	31.5	4.9
壮族（378）	69.6	28.0	2.4
哈尼族（342）	59.4	38.6	2.0
苗族（243）	60.5	28.0	11.5
纳西族（157）	77.1	21.7	1.3

4. 讨论

首先，各族学生的民族社会化总体情况说明，各族父母对孩子进行的5类民族社会化活动并不经常发生，而是有时发生、偶尔发生的。各族父母有时会向孩子传递促进和睦信息、接触他族信息，偶尔也会向孩子传递文化社会化、偏见准备和促使不信任信息。

各族父母有时会向孩子传递促进和睦的信息，这些信息涉及告诉孩子与其他民族的同学和睦相处、鼓励孩子与其他民族的人交朋友、在孩子知道的情况下帮助其他民族有困难的人、和孩子谈论不同民族间互助互爱的事情、说某件事以告诉孩子要尊重其他民族同学的生活习惯、说某件事以向孩子解释所有的人不论是什么民族都是平等的。

彝族、藏族、佤族、傈僳族、白族、傣族、纳西族学生的父母有时还会带孩子去参加其他民族的节日活动，告诉孩子其他民族的风俗习惯、解释其他民族的宗教信仰，而汉族、壮族、哈尼族、苗族学生只是偶尔这样做。

11 种民族学生的父母只是偶尔向他们讲述本族的重要事件和重要人物。

11 种民族学生的父母都会偶尔告诉孩子因为他是某种民族，所以必须做得更好才能获得与其他民族同等的待遇，偶尔也会与孩子谈论别人可能会对孩子的能力产生看法是因为孩子是某种民族的缘故。偶尔也会和孩子谈论他人对本民族的偏见或成见、谈论媒体对本民族不正确的看法。

汉族、彝族、佤族、傈僳族、白族、傣族、壮族、苗族学生的父母偶尔会告诉孩子要回避其他民族、要与其他民族的孩子保持距离，不要随便与他族人来往。

上述研究结果在文化社会化、偏见准备与促使不信任方面与国外相关研究类似。采用相似问卷，Huges 和 Jonson（2001）对小学三年级、四年级和五年级学生的调查得知，文化社会化得分为 2.74，偏见准备为 1.95，促使不信任为 0.20。[1] Huges 等人（2009）对小学四、五年级的非裔美国人和白种人的民族社会化研究得知，文化社会化的得分非裔美国人男女生都在 2.00 以上，偏见准备高于 1.50 低于 1.76，而白种男女生的文化社会化得分在 2 分左右，偏见准备得分低于 1.50。[2] Tran 和 Richard（2010）对 17—23 岁的亚裔美国青年的研究发现，文化社会化得分为 2.27，偏见准备得分为 2.24，不信任得

---

① Hughes D., Johnson D. J., "Correlates in Children's Experiences of Parents' Racial Socialization Behaviors", *Journal of Marriage and the Family*, Vol. 63, No. 4, 2001.

② Hughes D., Hagelskamp C., Way N., Foust M. D., "The Role of Mothers' and Adolescents' Perceptions of Ethnic-racial Socialization in Shaping Ethnic-racial Identity Among Early Adolescent Boys and Girls", *Jounal of Youth Adolescence*, Vol. 38, No. 5, 2009.

分为 1.98。① 从这些研究的结果来看，父母会向孩子传递文化社会化、偏见准备和不信任的信息，但这种行为是偶尔发生的，并非经常性行为。值得指出的是，在多民族聚居地，汉族学生与其他少数民族学生一样，同样接受到了父母的民族社会化信息。生活在民族多样化的环境中，民族与种族社会化尤其可能出现在所有的家庭。② 本节结果表明，虽然汉族人口数量在少数民族聚居地往往与当地多种少数民族人口之和差不多，但由于生活在多民族地区，汉族父母有时仍然需要向孩子传递民族社会化信息。

第二，各族女生比男生得到的促进和睦信息更多，而各族男生比女生得到的促使不信任信息更多。对非裔美国家庭的一些研究发现，男孩更易接受到关于种族隔阂的信息，而女孩更易获得种族自豪感的信息。③ 男孩和女孩关于民族和种族的体验不同，与女孩相比，男孩更可能被他人视为威胁，④ 这也许可用来解释为什么中国各族男生会更多地获得促使不信任的信息，而女孩获得了更多促进和睦的信息。

在保存传统文化理想方面，拉丁裔和亚裔美国移民家庭的父母对女儿的社会化多于儿子。但是，也有一些研究结果表明，在民族与种族社会化中不存在性别差异。⑤ 本书中，文化社会化的情况多样，汉

---

① Tran A. G. T. T. , Lee R. M. , "Perceived Ethnic-Racial Socialization, Ethnic Identity, and Social Competence Among Asian American Late Adolescents", *Cultural Diversity and Ethnic Minority Psychology* ⓒ 2010 *American Psychological Association*, Vol. 16, No. 2, 2010.

② Hughes D. , Witherspoon D. , Rivas-Drake D. , West-Bey N. , "Received Ethnic-Racial Socialization Messages and Youths' Academicand Behavioral Outcomes: Examining the Mediating Role of Ethnic Identity and Self-Esteem", *Cultural Diversity and Ethnic Minority Psychology*, Vol. 15, No. 2, 2009.

③ Hughes D. , Rodriguez J. , Smith E. P. , Johnson D. J. , Stevenson H. C. , Spicer P. , "Parents' Ethnic-Racial Socialization Practices: A Review of Research and Directions for Future Study", *Developmental Psychology*, Vol. 42, No. 5, 2006.

④ Stevenson H. C. , Cameron R. , Herrero-Taylor T. , Davis G. Y. , "Development of The Teenager Experience of Racial Socialization Scale: Correlates of Race-Related Socialization Frequency from The Perspective of Black Youth", *Journal of Black Psychology*, Vol. 28, No. 2, 2002.

⑤ Hughes D. , Rodriguez J. , Smith E. P. , Johnson D. J. , Stevenson H. C. , Spicer P. , "Parents' Ethnic-Racial Socialization Practices: A Review of Research and Directions for Future Study", *Developmental Psychology*, Vol. 42, No. 5, 2006.

族、彝族、哈尼族父母给男孩的文化社会化信息显著多于给女孩的，但其他各族父母给予男孩和女孩的文化社会化信息并没有显著性差异。接触他族的实质也是文化社会化，而各族父母给予男孩和女孩的接触他族信息不存在性别显著性差异。

第三，不同民族组成的学校中，各族学生的民族社会化经历有着共同点，也存在不同。主要的相同点是少民学校的汉、彝、藏等族学生得到了更多偏见准备，而混合学校的汉族、彝族、傈僳族等族学生得到了更多的促进和睦信息和更少的促使不信任信息。

中国是一个多民族国家，民族分布格局具有各民族大杂居、单一民族小聚居的特点。当前，随着中国工业化、城镇化的快速发展，民族分布和交往格局正在发生重大变化，城市和散杂居地区的少数民族人口不断增加，各民族交错居住在同一社区的现象日益普遍。受到民族居住地影响，中国多民族聚居地中小学校，从生源的民族成分划分，自然形成了汉族占多数的学校、某种少数民族占多数的学校和多种民族学生混杂的学校。

近年来，国外的研究者开始注意到社区环境这一生态因素对民族社会化的影响。Hughes 等人 2006 年指出，在群际间存在的憎恨程度、亲密关系和竞争等不同的社区，关于种族的信息类型是不同的。一些研究发现，与主要是黑人的社区和主要是白人的社区相比，综合社区中存在更多的偏见准备。[1]

本书将学生所处学校学生的民族组成作为一个重要的生态因素来考虑。但研究并未发现混合学校存在更多的偏见准备，而是发现少民学校存在更多偏见准备。少民学校的汉族、彝族、藏族、傈僳族、白族、傣族、哈尼族、苗族学生报告的偏见准备信息在三类学校中最多。需要将汉族学生的情况与其他少数民族学生进行区分。汉族学生在少民学校，是少数，而彝族、藏族、傈僳族、白族、傣族、哈尼

---

① Stevenson H. C., Cameron R., Herrero-Taylor T., Davis G. Y., "Development of The Teenager Experience of Racial Socialization Scale: Correlates of Race-Related Socialization Frequency from The Perspective of Black Youth", *Journal of Black Psychology*, Vol. 28, No. 2, 2002.

族、苗族学生在少民学校，是多数（比如，一所学校的绝大多数学生由彝族组成，即少民学校）。少民学校的汉族学生接受到的偏见准备信息是可以理解的，由于少数民族学生享有优惠政策，比如小升初和中考、高考等升学考试可以加分，但汉族学生没有。并且，在教学中，由于通用的官方教学语言为汉语，教师会考虑到少数民族学生不能使用母语学习，因而存在语言上的困难而给予一定的宽容。相比而言，汉族学生使用母语学习，不存在语言上的困难，因而教师对汉族学生的要求会更严格等，诸如此类的状况，可能是少民学校的汉族学生获得了更多偏见准备的原因。少民学校的少数民族学生为什么也接受到了更多的偏见准备信息呢？也许是因为缺乏与多种民族交往交流的机会而导致的？需要更多的研究才能做准确的解释。

本书发现，混合学校的汉族、彝族、傈僳族、傣族、壮族、苗族学生比汉族学校的这六种学生更可能获得父母的促进和睦信息，混合学校的汉族、彝族、佤族、傈僳族、傣族、哈尼族学生比少民学校、汉族学校的这六种学生获得的促使不信任信息少。促进和睦与促使不信任两个维度的结果说明，在多种学生组成的混合学校，民族间的和睦信息更多，不信任信息更少。民族接触理论认为，在民族接触与冲突之间存在着某种负相关，即个人接触越多，冲突就越少。如果接触双方在追求共同目标方面是合作群体而非竞争群体，在接触过程是平等的而非不平等的，在对群体间的接触给予支持方面存在着社会规范时，不同民族群体间的接触就会减少偏见和不信任，相反，会增加冲突。混合学校为多种民族学生提供了交往沟通的场所和机会，中国政府倡导的"平等、团结、和谐、互助"的民族关系为各族学生和睦相处提供了社会准则，各族学生并非利益竞争群体，因此，混合学校增加了不同民族学生之间的交往交流，减少了偏见和不信任。

第四，11种民族学生中有4/5的人报告父母有他族朋友，2/3以上报告父母曾参与他族人举行的各类活动，说明绝大多数学生的父母都与他族人有着或多或少的友好来往。另外，只有极少数学生报告父母曾因与民族有关的原因而遭遇到不公正待遇。

本节调查的民族间交往不仅包括少数民族与汉族的交往，也包括各少数民族与少数民族之间的交往。各族学生报告自己的父母或多或少与其他民族的人有来往，是现实中云南各族人民和睦相处、平等互助的主流民族关系的反映。中国自古以来就是多民族国家，民族间的交往交流比较多。新中国成立后，政府推行的民族团结政策为各民族的和睦相处创造了良好的社会条件。

在中国少数民族自治地方，少数民族享有一些优惠政策，比如，在计划生育和教育方面，规定夫妻双方均为少数民族、农村户口，就允许生两胎，全国统一高考中少数民族可以加 10 分，[①] 小升初、中考也同样可以加 5 分或更多分数。相比之下，汉族并无这些优惠待遇，因此，不难理解一些少数民族聚集地的汉族人也会报告因与民族有关原因而遭遇到不公正待遇。苗族、佤族学生相对多的报告父母因与民族有关原因而经历到不公正待遇，要解释这些现象，还需要进行更深入的研究。

（二）学校因素——学生参与的民族团结教育活动

表 6-13 的数据呈现了 2010 年 9 月至 2011 年 10 月这一期间各族学生参加民族团结教育活动的情况。三类活动中，以文体类活动居多，总体平均达到了 1.99 次，以观摩活动为少，平均为 1.22 次。参与知识活动最多的是苗族，其次是傈僳族学生；参与观摩活动最多的是傈僳族学生，其次是傣族和苗族学生；参与文体活动最多的是藏族学生，其次是纳西族和傈僳族学生。

表 6-13　各族学生参与的民族团结教育活动的平均次数及标准差

	知识活动	观摩活动	文体活动
汉族	1.52 ± 1.07	1.19 ± 1.08	1.80 ± 1.25
彝族	1.54 ± 1.12	1.21 ± 1.10	1.77 ± 1.19

---

① 刘正爱：《"民族"的边界与认同——以新宾满族自治县为例》，《民族研究》2010年第 4 期。

	知识活动	观摩活动	文体活动
藏族	1.43 ± 0.92	1.29 ± 1.00	2.53 ± 1.14
佤族	1.49 ± 0.99	1.16 ± 1.02	2.24 ± 1.26
傈僳族	1.77 ± 1.07	1.55 ± 1.17	2.41 ± 1.19
白族	1.41 ± 1.16	1.23 ± 1.20	2.01 ± 1.29
傣族	1.54 ± 1.04	1.32 ± 1.08	2.28 ± 1.27
壮族	1.55 ± 0.98	1.01 ± 0.93	1.45 ± 1.15
哈尼族	1.29 ± 1.03	0.82 ± 0.91	2.01 ± 1.21
苗族	1.87 ± 1.12	1.32 ± 1.02	1.86 ± 1.20
纳西族	1.41 ± 1.01	1.31 ± 1.17	2.41 ± 1.18
总体	1.52 ± 1.06	1.22 ± 1.09	1.99 ± 1.26

（三）小结

各族父母有时会向孩子传递促进和睦信息、接触他族信息，偶尔也会向孩子传递文化社会化、偏见准备和促使不信任信息。

各族女生比男生得到的促进和睦信息更多，而各族男生比女生得到的促使不信任信息更多。

少民学校的汉、彝、藏等族学生得到了更多偏见准备信息，而混合学校的汉族、彝族、傈僳族等族学生得到了更多的促进和睦信息和更少的促使不信任信息。

绝大多数学生的父母都与他族人有着或多或少的友好来往。只有极少数学生报告父母曾因与民族有关的原因而遭遇到不公正待遇。

各族学生一学年参加的三类民族团结教育活动的次数平均都在2次以下，按参与次数从多到少排列，分别是文体类活动、知识活动和观摩活动。

三　青少年民族团结心理及其影响因素之间的关系

为了全面把握影响青少年形成民族团结心理的因素，本书以青少年的民族团结知识记忆情况、民族认同、民族间交往等表征民族团结心理，以学校民族团结教育活动、父母对子女的民族社会化活动、父母的民族间交往情况等为预测因素，考察这些预测因素对民族团结心理的影响。

（一）学校开展的民族团结教育活动对青少年民族团结心理的影响

1. 民族团结教育活动对学生掌握的民族团结知识的影响

汉族、彝族、藏族、佤族、傈僳族、白族、傣族、壮族、哈尼族、苗族、纳西族11种民族学生参与的3类民族团结活动与其民族团结5类知识的得分之间的两两相关为0.20—0.36，达到显著水平。

共线性检查发现，分别以5类知识为效标变量时，3类活动无明显的多元共线性问题，容忍度为0.55—0.70，方差膨胀系数（VIF）为1.43—1.81。

表6-14　　11种民族学生民族团结活动对其民族团结知识记忆情况的多元回归分析结果

		截距	知识活动	观摩活动	文体活动	模型摘要
政策与理论	B	23.03	0.19	0.45	0.48	$R = 0.34$ 调整后 $R^2 = 0.12$ $F = 426.58$ ***
	标准误	0.21	0.02	0.04	0.03	
	Beta（β）	—	0.11	0.13	0.17	
	t	109.33 ***	8.53 ***	10.49 ***	14.51 ***	
各族人、事、节	B	7.92	0.06	0.08	0.20	$R = 0.27$ 调整后 $R^2 = 0.07$ $F = 246.83$ ***
	标准误	0.09	0.01	0.02	0.01	
	Beta（β）	—	0.09	0.06	0.17	
	t	91.35 ***	6.52 ***	4.34 ***	14.75 ***	
语言艺术经济	B	14.41	0.15	0.29	0.45	$R = 0.41$ 调整后 $R^2 = 0.17$ $F = 667.08$ ***
	标准误	0.14	0.01	0.03	0.02	
	Beta（β）	—	0.13	0.13	0.23	
	t	106.20 ***	10.52 ***	10.52 ***	20.92 ***	

		截距	知识活动	观摩活动	文体活动	模型摘要
宗教习俗	B	8.96	0.08	0.23	0.29	$R = 0.35$ 调整后 $R^2 = 0.12$ $F = 464.98$ ***
	标准误	0.11	0.01	0.02	0.02	
	$Beta$（β）	—	0.09	0.13	0.20	
	t	84.97 ***	6.24 ***	5.45 ***	9.79 ***	
本地人事节	B	7.74	0.08	− 0.00	0.21	$R = 0.32$ 调整后 $R^2 = 0.10$ $F = 375.68$ ***
	标准误	0.08	0.01	0.02	0.01	
	$Beta$（β）	—	0.12	0.03	0.22	
	t	101.03 ***	9.64 ***	2.62 **	18.94 ***	

表 6 − 14 结果表明，各族学生参与的知识、观摩与文体活动可解释其对民族团结政策与理论知识记忆的 12% 的变异量，可解释对各族语言、艺术和经济发展等知识的 17% 的变异量，可解释对各族宗教、习俗知识 12% 的变异量，可解释其对各族人物、事件、节日等知识记忆的 7% 的变异量，可解释其对当地主体少数民族人物、事件、节日等知识记忆的 10% 的变异量。

在回归模型中，按解释力从高到低排序，对政策与理论、语言艺术知识、宗教习俗知识有显著性影响的预测变量为：文体活动、观摩活动、知识活动；对各族人事节、本地人事节有显著影响的预测变量为：文体活动、知识活动和观摩活动。

2. 学校开展的民族团结教育对学生中华民族认同的路径分析

11 种民族学生的民族团结知识记忆得分与民族团结活动得分的相关为 0.41，学生民族团结知识记忆得分与中华民族文化认同、本族认同、他族交往得分的相关分别为 0.19、0.37、0.19；民族团结活动与中华民族文化认同、本族认同、他族交往的相关分别为 − 0.06、− 0.06、− 0.08；以上相关都达到了小于 0.001 的显著水平。学校开展的民族团结教育活动与民族认同的相关较低，但民族团结教育活动与民族团结知识之间的相关达到中等程度，民族团结知识与民族认同、他族交往的相关程度也较民族团结教育活动与这些变量的相关程度高，因此，本书假设，民族团结活动与学生的民族认同、他族交往之间可能存在着中介效应，学生掌握的知识在活动与认同、他族交往之间发挥了积极作用。研究拟采用结构方程建模，考察民族团结教育活动、民族团结教育知识的掌握对学生民族认同、他族交往的影响。

民族团结知识的记忆水平、民族团结活动类型、中华民族认同、本族认同及他族交往为5个潜变量。共有3个测量模型。

模型一考察活动类型、知识记忆与中华民族认同的关系。见图6-1。包括10个观察变量和3个潜变量，采用协方差结构模型的极大似然法对测量模型进行参数估计和检验，模型的拟合指数RMSEA小于0.07，NFI、CFI、GFI的值都大于0.90。检查模型的参数估计值得到，"民族团结活动→民族团结知识→中华民族文化认同"的路径系数显著，但模型中中华归属感对中华民族认同的路径系数不显著。因此，进一步采用混合路径模型考察民族团结活动类型、民族团结知识的记忆水平与中华文化认同的关系。模型的拟合指数如下：χ^2/df（1576.56/26）= 60.64，RMSEA = 0.07，NFI = 0.95，CFI = 0.95，GFI = 0.97。从整体来看，该测量模型达到了拟合良好模型的标准。

民族团结活动通过影响学生的民族团结知识对中华文化认同有间接效应，大小为（1.59）×（0.09）= 0.14。

模型二考察活动类型、知识记忆与本族认同的关系。包括10个观察变量和3个潜变量，采用协方差结构模型的极大似然法对测量模型进行参数估计和检验，得到拟合指数如下：χ^2/df（1577.56/24）= 42.17，RMSEA = 0.06，NFI = 0.96，CFI = 0.96，GFI = 0.97。从整体来看，该测量模型达到了拟合良好模型的标准，可进一步进行模型检验。模型的拟合指数RMSEA小于0.08，NFI、CFI、GFI的值都大于0.90。检查模型的参数估计值得到，"民族团结活动→民族团结知识→本族认同"的路径系数显著。见图6-2。

民族团结活动通过影响学生的民族团结知识对本族认同有间接效应，大小为（0.52）×（0.58）= 0.30。

模型三考察知识记忆、活动类型与他族交往的关系。包括9个观

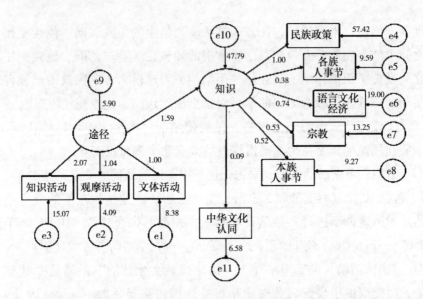

图6-1 民族团结教育活动（途径）、民族团结知识对中华文化
认同的间接效应模型

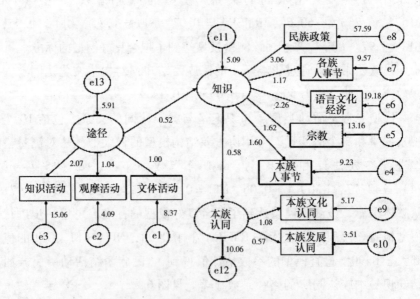

图6-2 民族团结教育活动（途径）、民族团结知识对本族
认同的间接效应模型

察变量和3个潜变量，采用协方差结构模型的极大似然法对测量模型进行参数估计和检验，得到拟合指数如下：χ^2/df（1577.56/24）= 42.17，RMSEA = 0.06，NFI = 0.96，CFI = 0.96，GFI = 0.97。从整体来看，该测量模型达到了拟合良好模型的标准，可进一步进行模型检验。模型的拟合指数 RMSEA 小于 0.08，NFI、CFI、GFI 的值都大于 0.90。检查模型的参数估计值得到，"民族团结活动→民族团结知识→他族认同"的路径系数显著。见图 6 – 3。

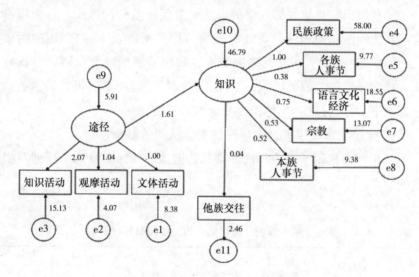

图 6 – 3　民族团结教育活动（途径）、民族团结知识对他族
交往的间接效应模型

民族团结活动通过影响学生的民族团结知识对他族交往有间接效应，大小为（1.61）×（0.04）= 0.06。

（二）学校、家庭因素对各族青少年的民族认同、民族间交往的影响

为了全面考察影响各族青少年民族认同的因素，根据研究目的，本书首先将学校因素——包括民族团结教育活动（知识、观摩、文体活动）、学生掌握的民族团结知识情况（政策与理论、各族人事节、宗教习俗、语言艺术经济、本地人事节）；家庭因素，包括父母向子女传递的民族社会化信息（包括促进和睦、促使不信任、文化社会化、接触他族和偏见准备）、父母的民族间交往情况（包括父母的他族朋友人数、参与他族活动次数）；人口学变量及生态因素（包括青少年的性别、年级与所在学校的民族组成情况）——统一起来，整体考察这三类预测因素与因变量，即学生的民族认同（中华文化认同、中华归属感、本族文化认同、本族发展认同）、民族间交往的关系。

考察预测变量与效标变量的方法是阶层回归分析方法。首先检查各因素之间的两两相关。与效标变量的相关系数未达到 0.10 的因素（即使达到了显著水平）都未被纳入回归模型。采取阶层回归分析方法，按学校因素、家庭因素的顺序，分别将与因变量的相关系数达到显著水平，并超过 0.10 的预测变量纳入模型。

1. 学校、家庭因素对中华民族文化认同的影响

表 6-15 呈现了对中华民族文化认同这一效标变量的阶层回归模型的结果。

表 6-15　　各族学生中华民族文化认同的分层回归分析结果

效标变量	阶层变量	阶层内预测变量	阶层一		阶层二	
			β	t	β	t
中华文化认同	学校因素	政策理论	0.18	13.45 ***	0.14	11.04 ***
		各族人事	0.18	13.92 ***	0.12	9.34 ***
		语言艺术	-0.08	-5.36 ***	-0.03	-2.10 *
		宗教习俗	-0.07	-4.79 ***	-0.03	-2.30 *
		本地人事	0.17	13.46 ***	0.11	9.41 ***
	家庭因素	和睦			0.14	13.98 ***
		不信任			-0.20	-17.39 ***
		偏见准备			-0.15	-13.52 ***
		他族朋友			0.06	6.12 ***
		他族活动			0.03	3.27 ***
	回归模型摘要	F 值	249.77 ***		284.14 ***	
		R^2	0.12		0.24	
		△F 值	249.77 ***		50.50 ***	
		△R^2	0.12		0.12	

表 6 - 15 结果说明，当未投入家庭因素时，学生对 5 类民族团结知识的记忆情况可解释中华文化认同这一因变量的 12% 的变异量，多元线性回归整体检验的 F 值为 249.77，达到了 0.001 的显著水平。语言艺术、宗教习俗的 β 值为负，政策理论及各族人事节、本地人事节的 β 值为正，都达到十分显著的水平。当投入家庭因素的 5 个变量时，整体解释率增加了 12%，显著性改变的 F 值等于 50.50，达到 0.001 的水平，说明父母向孩子传递的促进和睦、促使不信任（负向）、偏见准备（负向）、父母的他族朋友人数、父母参与他族活动的次数对中华民族文化认同也有显著性影响。10 个变量对中华文化认同有显著的解释率，其共同解释变异为 24%。10 个变量按 β 值的大小从高向低排列，影响力最大的前 5 位因素是：促使不信任（负向）、偏见准备（负向）、促进和睦、政策理论、各族人事节。

2. 家庭因素对中华民族归属感的影响

由于学校民族团结知识教育及活动与学生中华民族归属感得分的相关低于 0.10，未将学校因素纳入民族归属回归模型。表 6 - 16 结果说明，民族社会化的和睦、不信任、文化社会化、偏见准备 4 个预测变量能够解释中华归属感变异的 11%。

表 6 - 16　　各族学生中华民族归属感的多元回归分析结果

	B	标准误	Beta	t	回归模型摘要
截距	11.80	0.14		82.68 ***	
和睦	0.09	0.01	0.14	13.24 ***	$R = 0.33$
不信任	- 0.26	0.02	- 0.20	- 16.74 ***	调整后 $R^2 = 0.11$
文化社会化	- 0.04	0.01	- 0.04	- 3.37 **	$F = 300.08$ ***
偏见准备	- 0.14	0.01	- 0.14	- 11.20 ***	

3. 学校、家庭因素对本族文化认同的影响

表 6 - 17 说明，当未投入家庭因素时，学生对 5 类民族团结知识的记忆情况、参与民族团结文体活动的情况可解释本族文化认同这一

因变量的 14% 的变异量，多元线性回归整体检验的 F 值为 245.43，达到了 0.001 的显著水平。除语言艺术、文体活动两个因子对本族文化认同影响不显著之外，其余 4 个因子都达到十分显著水平。当投入家庭因素的 5 个变量时，整体解释率增加了 9%，显著性改变的 F 值等于 215.22，达到 0.001 的水平，说明父母向孩子传递的促进和睦、促使不信任（负向）、偏见准备（负向）、父母的他族朋友人数、父母参与他族活动的次数对本族文化认同也有显著性影响。11 个变量对本族文化认同有显著的解释率，其共同解释变异为 23%。9 个有显著性影响的预测变量按 β 值的大小从高向低排列，影响力最大的前 5 位因素是：促使不信任（负向）、促进和睦、本地人事节、偏见准备（负向）、各族人事节。

表 6-17　　　　各族学生本族发展认同的分层回归分析结果

效标变量	阶层变量	阶层内预测变量	阶层一		阶层二	
			β	t	β	t
本族文化认同	学校因素	政策理论	0.11	8.72 ***	0.08	6.20 ***
		各族人事	0.15	11.55 ***	0.09	7.47 ***
		语言艺术	-0.03	-1.73	0.01	0.70
		宗教习俗	0.06	4.50 ***	0.09	6.86 ***
		本地人事	0.17	13.40 ***	0.11	9.24 ***
		文体活动	-0.01	-0.79	0.01	0.79
	家庭因素	和睦	—	—	0.14	13.73 ***
		不信任	—	—	-0.20	-18.01 ***
		偏见准备	—	—	-0.10	-8.27 ***
		他族朋友	—	—	0.04	3.80 ***
		他族活动	—	—	0.02	2.45 *
	回归模型摘要	F 值	245.43 ***		247.48 ***	
		R^2	0.14		0.23	
		$\triangle F$ 值	245.43 ***		215.22	
		$\triangle R^2$	0.14		0.09	

4. 学校、家庭因素对本族发展认同的影响

表 6-18 说明，当未投入家庭因素时，学生对 5 类民族团结知识的记忆情况、参与民族团结文体活动的情况可解释本族发展认同这一因变量的 11% 的变异量，多元线性回归整体检验的 F 值为 195.09，达到了 0.001 的显著水平。除宗教习俗、文体活动两个因子对本族发展认同影响不显著之外，其余 4 个因子都达到十分显著水平。当投入家庭因素的 5 个变量时，整体解释率增加了 6%，显著性改变的 F 值等于 139.87，达到 0.001 的水平，父母向孩子传递的促进和睦、促使不信任（负向）、偏见准备（负向）、父母参与他族活动的次数对本族发展认同也有显著性影响。11 个变量对本族发展认同有显著的解释率，其共同解释变异为 18%。7 个有显著性影响的预测变量按 β 值的大小从高向低排列，影响力最大的前 5 位因素是：促进和睦、偏见准备（负向）、政策理论、促使不信任（负向）、各族人事节。

表 6-18　　　各族学生本族发展认同的分层回归分析结果

效标变量	阶层变量	阶层内预测变量	阶层一		阶层二	
			β	t	β	t
本族发展认同	学校因素	政策理论	0.16	11.96***	0.12	9.48***
		各族人事	0.16	12.14***	0.11	8.66***
		语言艺术	-0.03	-2.04*	-0.00	-0.13
		宗教习俗	-0.01	-0.41	0.02	1.29
		本地人事	0.13	10.05***	0.08	6.49***
		文体活动	-0.01	-0.72	0.00	-0.09
	家庭因素	和睦	—	—	0.15	13.98***
		不信任	—	—	-0.11	-9.42***
		偏见准备	—	—	-0.13	-10.56***
		他族朋友	—	—	0.02	1.93
		他族活动	—	—	0.05	4.53***
	回归模型摘要	F 值	195.09***		178.11***	
		R^2	0.11		0.18	
		$\triangle F$ 值	195.09***		139.87***	
		$\triangle R^2$	0.11		0.06	

5. 学校、家庭因素对不同民族学生之间交往的影响

表 6-19 说明，当未投入家庭因素时，学生对 5 类民族团结知识的记忆情况、参与民族团结文体活动的情况可解释学生与他族交往这一因变量的 4% 的变异量，多元线性回归整体检验的 F 值为 66.36，达到了 0.001 的显著水平。除宗教习俗、文体活动两个因子对本族发展认同影响不显著之外，其余 4 个因子都达到十分显著水平。当投入家庭因素的 5 个变量时，整体解释率增加了 14%，显著性改变的 F 值等于 265.17，达到 0.001 的水平，父母向孩子传递的促进和睦、促使不信任（负向）、偏见准备（负向）、父母的他族朋友人数、父母参与他族活动的次数对学生与他族人的交往有显著性影响。12 个变量对学生与他族学生的交往有显著的解释率，其共同解释变异为18%。7 个有显著性影响的预测变量按 β 值的大小从高向低排列：父母的他族朋友人数、父母参与他族活动的次数、偏见准备（负向）、促进和睦、政策理论、促使不信任（负向）、文体活动。

表 6-19　　　　各族学生民族间交往的分层回归分析结果

效标变量	阶层变量	阶层内预测变量	阶层一		阶层二	
			β	t	β	t
不同民族学生交往	学校因素	政策理论	0.12	8.49***	0.06	4.37***
		各族人事	0.05	3.77***	0.00	0.33
		语言艺术	-0.00	-0.28	0.03	1.91
		宗教习俗	0.00	0.15	0.01	0.61
		本地人事	0.06	4.20***	0.02	1.20
		文体活动	0.05	4.26***	0.03	3.14**
	家庭因素	和睦	—	—	0.07	6.13***
		不信任	—	—	-0.05	-4.48***
		接触他族	—	—	0.01	0.39
		偏见准备	—	—	-0.08	-6.72***
		他族朋友	—	—	0.24	23.06***
		他族活动	—	—	0.19	18.30***
	回归模型摘要	F 值	66.36***		171.56***	
		R^2	0.04		0.18	
		$\triangle F$ 值	66.36***		265.17***	
		$\triangle R^2$	0.04		0.14	

（三）讨论

采用分层回归方法，对学生的民族认同、他族交往的情况进行分析，结果发现，整体来看，学生的年龄、性别、所在学校学生的民族组成情况等这些变量对学生的民族认同、他族交往没有显著的预测作用。学校开展的民族团结教育教学活动、学生家长对孩子的民族社会化活动能够显著预测学生的民族认同、他族交往。

第一，学校开展的有关民族团结的文体活动、观摩活动、知识活动对学生掌握各类民族团结知识有显著的影响，并通过民族团结知识的掌握间接影响学生对中华民族文化的认同、对本族文化及发展的认同，间接影响学生与他族学生的交往。

《纲要》试行要求除课堂教学主渠道外，不同学校应根据自身的实际情况，因时因地制宜，灵活选择、使用多种形式、途径和方法开展学校民族团结教育。注意发挥各种民族团结教育方法和途径的综合作用，提高民族团结教育的效果。要充分利用班会、团队活动、升旗仪式、专题讲座、墙报、板报等方式，组织开展"民族知识、绘画与手工、演讲、民族歌舞"等丰富多彩生动活泼的竞赛活动；定期表彰民族团结先进校、班集体和个人；相关学科渗透，与学校艺术教育与素质教育紧密结合起来；组织师生参观互访，相互学习，积极开展各民族学生之间结对帮学等活动。[1]许多学校在实践民族团结教育的过程中，开发了多种民族团结教育途径，比如，开设民族知识类校本课程，参加校内外民族体育交流活动、举办民族知识竞赛、读书活动、参加民族节日活动等，这些活动的开展为营造具有民族特色的德育环境提供了丰富的途径，加强了学生的民族团结意识，促进了学生的和谐发展，[2]增强了学生对祖国的

---

[1] 教育部办公厅、国家民委办公厅：《关于印发〈学校民族团结教育指导纲要（试行）〉的通知》来源于教育部网站，2008年12月16日。

[2] 马毅鑫：《开展民族团结教育的若干探索》，《中国民族教育》2008年第1期。

认同感。①《纲要》提出除了课堂教学的主渠道之外，还应采取多种途径、开展多种活动对学生进行民族团结教育，尽管许多学校对所开展的民族团结教育活动的作用进行了总结，但描述性的总结仍然不能明确地证实学校开展的各类活动对促进学生掌握民族团结知识、养成民族团结态度发挥了何种作用。

本书通过对 11 种民族学生参与的民族团结活动对其民族团结知识记忆情况的多元回归分析，结果发现，学生参与的 3 类活动对 5 类知识的预测力在 7% 至 17% 之间。各族学生参与的民族团结有关的文体活动、观摩活动、知识活动越多，他们掌握的政策与理论、语言艺术经济、宗教习俗类知识会随之增多；参与的文体活动、知识活动、观摩活动越多，对当地主体少数民族及中华其他民族的人物、事件和节日等知识的掌握也会增多。这一结果说明，学生参与学校开展的各种民族团结教育活动与学生掌握民族团结知识具有正向相关关系。三类活动中，民族团结有关的文艺体育活动是最重要的，对 5 类知识的影响排列第一。

通过建立结构方程模型，研究发现，学生参与的民族团结教育活动对其民族认同的形成具有间接的影响，其影响需要通过民族团结知识发挥作用。比较民族团结教育活动对两种民族认同及他族交往的影响，发现活动对学生的本民族认同的影响效应为 0.30，而对中华文化认同的影响效应为 0.14，对学生他族交往的影响效应为 0.06，活动对中华归属感的影响路径不显著。这说明，学生参与的三类活动对本族认同的间接影响大于对中华文化认同的影响，也大于对他族交往的影响。这也许是因为学生所在地当地少数民族的文化是各校开办的文体活动、知识活动和观摩活动的丰富、生动、便利的资源，因此更易增进学生的本族认同。比如，大理州中小学民族团结教育活动中就有三月节民族知识问答、祭扫"杜文秀大元帅墓"等地方民族特色

---

① 王秀琴：《拓展民族团结教育活动的途径促进学生全面发展》，《中国民族教育》2006 年第 4 期。

的活动，① 楚雄州中小学开展"火把节""彝族年""花山节"等民族节日活动。②

第二，各族学生的父母向子女传递的民族社会化信息、父母与他族人交往的情况，以及学校向学生传授的民族团结知识共同对学生的民族认同、他族交往产生影响，并且父母所传递信息的影响大于学生在学校学习到的知识的影响。

首先，各族学生越少接受到父母传递的促使不信任、偏见准备信息，越多接受到促进和睦信息，学生父母的他族朋友越多，参与他族人的活动越多，以及学生掌握的民族团结政策理论知识、中华各族人事节知识、本地人事节知识越多，掌握的各族语言艺术知识、宗教习俗知识越少，他（她）们对中华文化认同程度将越高。

其次，各族孩子接受父母的促进和睦越多，促使不信任、文化社会化、偏见准备越少，他们的中华民族归属感将越高。

第三，各族学生越少接受到父母传递的促使不信任、偏见准备信息，越多接受到促进和睦信息，学生父母的他族朋友越多，参与他族人的活动越多，以及学生掌握的民族团结政策理论知识、中华各族人事节知识、本地人事节知识、宗教习俗知识越多，他（她）们对本族的文化认同程度将越高。

第四，各族学生越多接受到促进和睦信息，越少接受到父母传递的偏见准备信息、促使不信任信息，学生父母参与他族人的活动越多，以及学生掌握的民族团结政策理论知识、各族人事节知识、本地人事节知识，他（她）们对本族的发展认同程度将越高。

第五，各族学生的父母的他族朋友越多，学生父母参与他族人的活动越多，各族学生越多接受到促进和睦信息，越少接受到父母传递的偏见准备信息、促使不信任信息，以及学生掌握的民族团结政策理

① 龙肖毅、尹可丽、杨光：《大理青少年民族团结教育现状调查报告》，《大理学院学报》2010 年第 5 期。

② 尹绍清：《楚雄州青少年民族团结教育现状调查及对策思考》，《楚雄师范学院学报》2010 年第 2 期。

论知识、参与的文体活动越多，他（她）们与他族学生交往的可能性越大。

综上，对于学生的民族认同和他族交往而言，促进和睦、促使不信任、偏见准备是三种重要的信息，文化社会化信息仅对中华归属感有显著负向预测作用，接触他族信息对民族认同和他族交往都不存在显著预测作用。这一结果与 Huges 等人的研究有所不同。文化社会化和偏见准备被已有的研究认为是两个最重要的维度，[①] 而且已有多项研究证明，文化社会化与青少年民族认同关系密切。[②] 得到不同结果的原因有可能是所使用的民族认同问卷不同导致的，但也有可能是其他社会、文化的原因。

---

① 尹可丽、尹绍清、黄希庭：《民族与种族社会化的概念、预测因素及理论模型》，《心理科学进展》2010 年第 11 期。

② Juang L., Syed M., "Family Cultural Socialization Practices and Ethnic Identity in College-going Emerging Adults", *Journal of Adolescence*, Vol. 11, No. 8, 2009.

第七章

民族团结先进人物的人格特征及心理成长历程

——普洱民族团结碑事件人物的个案研究

民族团结先进人物指为融洽民族关系、增进民族感情，巩固和发展平等、团结、互助、和谐的社会主义民族关系，维护国家民族的统一做出了积极贡献的模范人物。这类人物对维护国家民族统一、增进民族之间的团结发挥着重要的引领作用。

本章旨在通过对民族团结先进人物的深入分析，揭示其心理成长历程、人格特征，以便以榜样的力量感召人、凝聚人、激励人，使先进人物的崇高精神发扬光大，以更充分地发挥其对社会所具有的巨大的示范带动效应，使青少年一代能用自己的实际行动维护民族团结，珍视民族团结，为实现社会主义跨越式发展和长治久安的目标努力奋斗。

普洱民族团结誓词碑被称为"新中国第一碑"，象征着中华人民共和国成立后，边疆各民族在中国共产党的领导下，一个崭新的社会主义民族关系的开始，其签字代表，毫无疑问便是新中国民族团结人物中，最为崇高的榜样，他们的民族团结精神已永远地物化到了碑里，不仅是云南边疆各民族团结进步的象征，也是全国各民族大团结的缩影，影响深远，意义重大。因此，本章拟通过对思普地区赴京观礼中的代表为个案，通过描述其中的民族团结先进人物的成长过程，描述他们在民族团结中所起的作用，他们对民族团结的理解，他们的人格特征及心理成长历程，以期对新一代青少年的民族团结意识与心理的成长起到借鉴及教育作用。

一 研究方法

研究方法：心理传记法、焦点小组访谈法

访谈时间：2010 年 1 月 30 日上午 10：00—11：30

访谈地点：宁洱县民宗局民族团结园会议室

访谈对象：主访对象：宁洱民族团结碑签字代表方有富老先生；参与人员：宁洱县民宗局局长、普洱市组织部部长；陪同人员：思茅师专主编辑林永、西南大学罗鸣春在读博士；课题组成员：尹可丽、龙肖毅、尹康平、尹绍清

二 社会历史脉络

（一）普洱民族发展情况

1949 年前的思普地区，涵盖了普洱专区，还包括临沧地区的一部分，沧源，西双版纳，思茅，有 15 个县，包括内七县外八县。与三个国家缅甸老挝越南接壤，思茅是一江（澜沧江）通五邻，民族众多，幅员辽阔，山河纵横。境内无一寸公路，行走全凭人挑肩扛及马帮运输，交通极为不便。20 世纪中期，普洱当时社会事业发展相对滞后，各少数民族不仅数量众多，社会性质也是多种多样，各民族的社会经济发展缓慢且不平衡：分布在国境线各县山区的傈僳族、佤族、景颇族、布朗族等民族，仍处在原始社会向阶级社会过渡阶段，其中以景洪基诺族的父系大家庭为代表；分布在边疆地区的傣族、拉祜族、哈尼族等处于封建领主经济阶段，其中以最具特点的傣族为代表；大部分地区的彝族、回族、白族等民族与汉族一样为半封建半殖民地社会，基本进入

了封建地主经济阶段。①

当前普洱市有 26 个少数民族，世居民族 14 个，主要是哈尼族、彝族、傣族、拉祜族、佤族、布朗族、瑶族等。少数民族人口 150 余万，占全市总人口的 60%；现在有 9 个自治县，13 个民族乡，民族自治地方国土面积占 92%；孟连、澜沧、西盟、江城四个自治县与缅甸、越南、老挝三国接壤，国境线长 486 公里，具有"一市连三国、一江通五邻"的特殊地理位置，有 9 个民族近 20 万人与境外同一民族相邻而居。特殊的市情决定了普洱民族工作的复杂性、重要性和长期性。1999 年中央和省民族工作会议以来，思茅市高度重视民族工作，以"三个代表"重要思想为指导，结合思茅民族地区实际，认真贯彻落实党的民族政策，以经济建设为中心，突出民族团结这个主题，狠抓培养民族干部这个关键，不断促进少数民族和民族地区政治、经济社会全面发展，使思茅这个多民族的边疆地区长期保持了民族团结、边疆稳定、经济发展、社会进步、人民生活日益改善的良好局面。这一时期成为改革开放以来思茅民族团结进步事业发展最好的时期之一。

（二）普洱民族团结誓词碑背景及事由

云南是内地解放最晚的地区，残存的国民党反动势力造谣惑众，再加上历史上统治阶级实行大汉族主义的压迫剥削政策所造成的影响，一些民族的上层人士对共产党和人民政府存有恐惧和戒备心理，一些人对共产党半信半疑。中华人民共和国成立初期，边疆工作有三项任务：清匪肃特、巩固边疆、民族工作，核心是民族工作。"国民党的残余部队统统集结在中缅边境处，随时来骚扰着，非常乱，那个时候，散发传单，送吃的，可以说边疆还是不稳定的，虽然全国已经解放了，特别是居住在边疆的少数民族，还是不能够完全了解党的政

---

① 云南省旅游局：《云南导游基础知识》，旅游教育出版社 2002 年版，第 89—90 页。

策，也不能够完全正确地了解共产党的好。"① 这对于巩固边疆是非常不利的。1950 年 2 月，中共思普地委改称中共宁洱地委；同年 6 月，接到中共西南局指示，要求中共宁洱地委组织民族上层人士参加西南区民族参观团，赴北京参加中华人民共和国成立后的第二次国庆庆典活动。中共宁洱地委召开会议，确定了各县赴京的民族代表名单，并及时传达到各县，要求认真研究、耐心动员，护送到宁洱。② 为了能让全国各族人民感受到中华民族大家庭的温暖，庆祝自己的国庆节，促进民族及边境的和谐与稳定，发展各民族平等、团结、互助、和谐的民族关系，中央人民政府组成了西南各民族代表团，其中，西康省 3 人，贵州省 7 人，云南省 18 人，四川省 2 人，云南省宁洱专署 35 人，保山专署 1 人。西南各省选派的代表具有广泛的地域性、民族性及代表性。傣、白、纳西、佤等 17 个民族派出了自己的代表。代表团中年龄最大的马伯安 66 岁，最小的刀述仁 14 岁。③ 云南省宁洱专署因其民族构成、边境形势最为复杂等特点，而派出代表人数最多，这次赴京观礼回来后，在思普地区所引起的反应及民族团结的后续效果是重大深远的，别具典型性和代表性。

当时的普洱境内外，未肃清的国民党残存部队，时有窜扰，出入时有危险。边疆各少数民族，对历史上汉官欺压记忆犹新，加之境内外反动势力的宣传，对人民军队和新建立的人民政权心存疑虑，使得新成立的人民政府的动员工作非常的艰苦。尽管如此，最后成行的 35 位代表，参观回来后的学习效果，超出了政府的预期，并由此趁势召开了"普洱区兄弟民族代表会议"，该会议及会上建立的《民族团结誓词碑》，已被载入《中华人民共和国民族工作大事记》史册，该碑被称为中华人民共和国民族团结第一碑。

---

① 引用资料来自 2010 年 2 月 30 日上午课题组在宁洱民族团结园对方世富等人的访谈记录。

② 中国人民政治协商会议普洱哈尼族彝族自治县委员会：《普洱文史资料》2004 年第 2 辑。

③ 卓人政：《由押人质到建民族团结碑——记 1950 年云南民族代表团国庆观礼》，《百年潮》2009 年第 12 期。

该碑立于 1951 年元旦，碑体高 42 厘米，宽 65 厘米，厚 12 厘米，白色石灰岩石碑身。普洱专区 26 种民族的土司、头人、代表和党政军领导曾在这里剽牛盟誓，立下此碑。碑上镌刻着 48 名代表铿锵的誓言："我们二十六种民族的代表，代表全普洱区各族同胞，慎重地于此举行了剽牛，喝了咒水，从此我们一心一德，团结到底，在中国共产党的领导下，誓为建设平等自由幸福的大家庭而奋斗！此誓。"并有参加会议的各族代表和宁洱专区党政军领导共 48 人（其中 9 人为赴京代表）用傣文、拉祜文、汉文的签名。这个碑的主旨是说明了在一个新的社会制度之下，各民族应该怎样团结起来，共同建立自己的家园。2006 年 6 月，民族团结园因此碑被国务院列为重点文物保护单位，同年 8 月 17 日，被国家民委命名为全国首批民族团结教育基地。该碑真实地记载了 1949 年宁洱贯彻党的民族政策和实行民族大团结的情况，是西南少数民族与汉民族互动交往的产物，是滇南各族人民拥护中国共产党的民族团结见证物，集中表现了西南地区与中原地区政治上的一体化、西南少数民族对于国家权力的归顺与认同。① "民族团结誓词碑"是普洱重要的历史文物，是云南民族团结的历史见证。经过努力建设，"民族团结园"已成为普洱一大亮点，成为宣传普洱的重要窗口。

（三）赴京国庆观礼代表、民族团结碑签字代表基本情况

中华人民共和国成立之初，尚未进行科学的民族识别，签名代表按自报族称登记，因此，《民族团结誓词碑》中有"二十六种民族"签名，其中一些属于今天的民族支系。根据有关资料考证，出席普洱区第一次兄弟民族代表会议的"二十六种民族"，按当年登记的称谓是：僰族、孟获、卡瓦、等各、香堂、倮黑、阿卡、卡堕、麻黑、回族、老伉、朴满、卡柄、切地、空格、布都、倮倮、碧约、西摩洛、

---

① 龙肖毅、尹可丽：《普洱民族团结教育修学旅游开发》，《思茅师范高等专科学校学报》2010 年第 4 期。

汉族、本人、蒙化子、三达、瑶人、布孔、尼梭。按现在的民族来划分，上述"二十六种民族"的情况是："夷族"即傣族，"卡瓦"即佤族，"孟获""等各""香堂""倮倮""蒙化子"为彝族，"倮黑"即拉祜族，"阿卡"僾尼人，"卡堕""麻黑""卡柄""切地""布都""碧约""西摩洛""布孔"为哈尼族的支系，"老伉"即景颇族，"朴满""空格"为布朗族，"本人""三达"为基诺族，"瑶人"即瑶族，"尼梭"即傈僳族，白族、回族与今族名相同。碑文中所称的"二十六种民族"，应是现在的十三个民族，即傣族、佤族、彝族、拉祜族、哈尼族、回族、白族、景颇族、布朗族、基诺族、瑶族、傈僳族、汉族。[①] 全国有 56 种民族，云南有其中的 24 种，而在普洱"民族团结誓词碑"上签名的就有 13 种，占全国民族总数的23.2%，占云南民族总数的54%，这种具有特殊历史见证的民族团结革命文物，在全国堪数唯一。当年在誓词碑上签名的代表目前健在的有 7 人，即召存信、刀卉芳、张翰臣、萧子生、马朝珍、方有富、张绍兴。在这些赴京观礼代表中，涌现出诸多民族团结先进人物，值得我们去分析、研究他们的成长心理及民族团结精神，以此为借鉴。

表 7 - 1 简要介绍了与民族团结碑有关的大事。

表 7 - 1　　　　　　　　　　民族团结碑大事记

时间	地点单位	事件
1950 年 9 月 29 日 至 10 月 28 日	北京	普洱少数民族代表 35 人参加北京国庆观礼活动
1950 年 12 月 26 日至 31 日	宁洱县	普洱第一届兄弟民族代表会议
1951 年 1 月 1 日	普洱红场	举行了"剽牛""喝咒水"、建碑及 48 名代表签名活动
1985 年 12 月	宁洱	普洱哈尼族彝族自治县成立，县委、政府将该碑移至县人民政府机关大院

---

① 黄桂枢:《民族团结誓词碑签名人考证》,《云南日报》2011 年 2 月 25 日第 11 版。

续表

时间	地点单位	事件
1986 年	普洱县	普洱县委和政府把"民族团结誓词碑"公布定为县级文物单位
1990 年 12 月 27 日至 1991 年元旦	思茅	思茅地委、思茅地区行政公署召开了"民族团结誓词碑"建碑 40 周年纪念大会。通过《民族团结进步倡议书》，并将每年元旦定为民族团结活动日
1993 年	云南省	云南省人民政府将该碑公布为省级文物保护单位
2006 年 6 月	民族团结园	民族团结园因此碑被国务院列为重点文物保护单位
2006 年 8 月 17 日	民族团结园	被国家民委命名为全国首批民族团结教育基地
2011 年 4 月 6 日	宁洱县	建碑 60 周年纪念大会

三 民族团结碑典型人物的成长历程

虽然个案研究在外部效度方面受到限制，但在研究民族团结先进人物的心理历程方面，其对人物的人格特征的解释是适合的。本书试图通过个案研究的设计，来探讨民族团结典型人物的精神与价值是否有着共同性，他们成长的背景、经历及表现是否有其相似或不同之处，更要了解心理因素在他们的发展过程中扮演了怎样的角色？有哪些是值得我们去宣扬并在新生代的青少年中教育传承？观察典型人物的心理发展状况以及心理过程的特征解释，对于确定民族团结典型人物的心理影响因素具有重要的参考价值。同时，也为研究建立具有普遍意义的实证调查提供了指导性的理论依据。

（一）目前仍健在的人物——方有富

表 7-2 描述了本书选择的典型性个案——目前仍然健在的民族团结碑誓盟签名的人物方有富的履历。

表 7－2　　　　　　　　　　　方有富履历表

序号	时间	事件
1	1950 年前	在地方上当民兵，当时属景谷县管辖
2	1951 年元旦	参加普洱区第一届兄弟民族代表会议，主席团成员，会后，在民族团结誓词碑上签字
3	1951 年 5 月	入伍，在勐腊复役。新兵期间当过文化辅导员，在部队教授文化识字课
4	1954 年 2 月 17 日	获得全国人民慰问人民解放军代表团赠纪念章一枚
5	1957 年 2 月 1 日	获得云南省人民委员会、昆明军区慰问边防部队代表团赠纪念章一枚
6	1957 年 6 月 24 日	提升为中尉排长
7	1957 年 7 月	加入中国共产党
8	1959 年 1 月	出席云南军区政治部召开的云南军区积极分子大会
9	1993 年至今	担任政协普洱哈尼族彝族自治县委员会委员

1. 案例描述

方有富，男，哈尼族布孔人。1949 年 7 月，方有富年方 18 岁，蚂蝗田村解放了，农民翻身当家作主，欢欣鼓舞，打心底里感谢共产党。因为读过小学三年级，在蚂蝗田算得上是个文化人，在当时中共宁洱地委派出的民工团团长杨慧的影响下，参加了民兵和农会，维持社会治安。我们来分析方有富与杨慧之间的对话：①

杨慧："我们了解到，你们家是穷人家，天下的穷人是一家，我们穷苦的大众兄弟姐妹要团结起来手拉手，才能够建设好我们的国家。眼下，反动势力并不甘心失败，他们还在到处煽风点火，妄图煽动反革命的叛乱，所以，我们想动员你参加我们民工团，不知道你愿不愿意？"

方有富："三姐，你们文工团都是些有本事的人，能说又能干，我进去了能够干什么呢？"

杨慧："是的，我们文工团成员都是些能办事的姑娘小伙，可是

---

① 存文学：《我们的太阳》，人民出版社 2008 年版，第 264—266 页。

你也是个有本事的人啊，你想想，你哥被抓去当兵后，你就担起了家里的重担，这难道不是本事吗？再说，你是蚂蝗田有文化的人，进入我们文工团以后，除了参加民兵站岗放哨以外，还可以教群众学习文化。"

方有富："你们这样看得上我，就加入吧。"

在 2010 年 1 月，方有富接受记者采访时说："那时我年纪轻，血气方刚，参加了民兵和农会，真想好好地干一下。当时，叫我组织一个识字班，本来我字识不多，才是初小，读过两年半的书，一个字不识的人可以教，以识字班为名，就能宣传党的政策。""那时，我家有一间吊脚楼，我拆掉其中的一些楼板和篱笆墙，用竹篾笆做成桌子，用木头和板子订成黑板，晚上用松明子火照明，大家欢欢喜喜地来上课。"

方有富通过革命歌曲积极宣传党的政策，"（我工作）比较积极负责……宣传党的政策就是唱些党的歌，主要有《没有共产党就没有新中国》《团结就是力量》《解放区的天》《慢三个娘》《韭菜吃头蒜吃根》《金凤花开》等，'金凤子开红花，一开开到我的家，穷人家要翻身，大家喜洋洋'，通过这些来认识党，知道党是怎么样的好"。夜晚在松明照亮的小屋里，传出了哈尼族群众的读书声与歌唱声。方有富担任识字班辅导任务，一方面宣传党的政策，另一方面教农民识字、教唱革命歌曲。当时，杨慧完成了谦岗一带 7 个村的建政工作后就走了，但之后的反革命叛乱并未影响到蚂蝗田村，这同方有富的宣传工作是分不开的。

在 2010 年 1 月 30 日的访谈中，方老说道："当时，解放初期，情况相当复杂，我们边境上面临着三个国家，缅甸、老挝、越南，本区内有二十六种民族，民族语言不通，党的民族政策宣传不下去，国内残匪帮逃出国境，又反过来把枪口对准我们。情况相当复杂，有许多民族还在过着部落社会，共产党的话他们不相信，各民族有自己的头人，头人说一句，他们就听，共产党说一百句，他们听不进去。党的政策没办法宣传，民族与民族之间有隔阂，不通婚，甚至互相有残杀，党中央为了正确贯彻党的民族政策，按照团结进步团结生产团结对敌的指导思想，1950 年 8 月，就千方百计动员蒙山倮族头人拉勐等 35 名民族头人代表，前往北京，参加 1950 年的国庆观礼会，会后参观了五个大城市，北京、南京、天津、上海、武汉，还有各种工厂，等等，返回到本区普洱县城时，刚好是 1950 年 12 月下旬，本区各级领导就此机会，发出通知，到本区各个角落邀请各个民族选出代表来参加各民族兄弟代表大会，本次会议来自全区各族人民的代表、党政军领导一共三百多人，共同商量民族团结的大事。"

当时国民党虽然被打败了，但是仍伺机反扑，480 名各民族代表通过剽牛，求得吉卦，喝了咒水而立碑。方有富说："我作为哈尼族布孔支系代表在碑上郑重地刻上了自己的名字，从此，也一直把民族团结的誓言刻在了心里。在誓词碑上签名，当时需要极大的勇气，随时都有生命危险。但我想，在旧社会，我们吃尽了苦头，要是共产党不来，谁看得起我们？我这个哈尼族穷人能被请到主席台上，这是对我多大的信任！既已经发过誓，喝了咒水，就要一心一德地跟着共产党走，决不反悔。"① 方老由衷地希望那块碑能永远屹立，让民族团结的精神永远发扬光大，代代相传。立碑之前，少数民族不嫁汉族，少数民族的小伙子不能与汉族的女子通婚。各民族不团结不来往，并相互械斗，少数民族也不佩服汉族，汉族也看不起少数民族。通过各方面的宣传教育，民族与民族之间开始通婚了，讲民族团结了，各民族之间是平等的，这些理念逐步为各少数民族所认可。立碑之后，民族团结的观念渐渐从上层头人深入到普通群众中，打仇家、械斗事件越来越少，大家都团结一致搞建设。方有富也参军到了边境，在部队上表现突出，得到领导好评。曾任班长、正排级和副连级，受过中尉军衔，荣立过二等功一次、三等功一次。13 年后，因家乡建设需要，且父母病重，复员回到家乡，成为一名普通的农民。他

---

① 《民族团结誓词碑的故事（红色之旅）》，2011 年 7 月 23 日，人民网（http：//www.people.com.cn/h/2011/0723/c25408 - 2928120999.html）。

走家串户游说动员，自己设计在水流湍急的谦岗河上建起了小水电站，又动员哈尼族群众，一起开办烧瓦场。哈尼山寨终于用上了电，村里人住上了瓦房。①

2. 方有富民族团结心理的发展过程

通过对事件的回溯研究，本书提出，方老的民族团结心理的发展可以分为三个阶段：

第一阶段为民族团结心理启蒙时期（1949 年前—1951 年立碑之前）。

在这一时期，方有富对新社会及共产党满怀热情与憧憬。村子解放了，农民翻身当家作主，大家欢欣鼓舞，打心底里感谢共产党。方有富认为文工团都是些有本事的人，对文工团抱着肯定与羡慕的心理，为其加入文工团打下心理基础。分析方老参加文工团的缘由，是因为被代表着新社会的杨慧"看得上"，表现了方有富朴素的交往心理动机。方老在初期的心理与行为意识中，更多的是宣传新社会与共产党的好。方老所在地为民族杂居地，民族意识没有召存信（傣族）、拉勐（佤族）等代表所在地浓厚，方老工作积极肯干，但在此阶段，他对民族团结的认知还停留在只是"穷人"阶级之间的团结。

第二阶段为民族团结心理形成时期（1951 年立碑期间）。

被选为代表之后方有富因积极主动、思想上进而被当选为民族团结大会代表，心中充满自豪感。他从贫穷、地位低到受到尊重与认可，怀抱满腔热情，造就了他敢为人先的胆略和坚忍不拔的性格。他还深受地方民族头人进步的意识感染。政府组织了北京观礼，接受国家领导人亲切的接见，参观回来以后，大家觉得共产党好，国家实力强大，信心十足，方老也深受感染，这个在思想上是很关键的。此外，求得吉卦，说明民族要团结是"神"的旨意。这体现了普洱少

① 白发德：《誓言铸就人生辉煌路——访在宁洱民族团结誓词碑上签字的方有富老人》，2010 年 1 月 5 日宁洱县民宗局采访记录（内部复印资料）。

数民族的普遍而影响深远的神灵信仰，对发誓者具有很强的约束力。这进一步表明了誓言在方老心中的神圣地位。他的思想里，开始有了国家—社会—民族等概念与意识，提高了其觉悟和人文素养，出现了社会责任感、为他人谋利、民族之间要团结等大局意识。

从中，我们看到了青年时代方有富走过的心路历程。当时在少数民族聚居区，人是不平等的，兄弟民族大会中，团结就意味着这三层意思：要自由，要平等，要追求幸福。方有富完成了他民族团结心理的升华与转折，迅速成长起来，他的思想走出了蚂蝗田村，走出了本民族。

第三阶段为民族团结心理发展、成熟并践行时期（1951年立碑以后）。

立碑之后，普洱区各民族人民从此告别了民族歧视，告别了陋习，这增强了他的民族团结意识，通过教育他人，方有富自己也跟着大家成长，建立起为建设平等、自由、幸福的大家庭而奋斗的思想。他回去以后，就在哈尼族之中广泛地进行宣传。他把民族团结意识践行到生活与工作之中，团结农民、维护治安、巩固胜利果实。无论在部队还是在地方，他表现出孝顺父母，勤于思考，好学上进，深爱军营，深爱家乡，爱岗敬业，开拓创新等高尚人格特征。他把民族团结的心理落实到一心为集体做事，改变家乡面貌，积极为群众办实事的行动之中。

（二）民族团结碑上其他已辞世人物中的典型代表

为了更清晰地描述民族团结先进人物的成长历程，另选择其他三名民族团结碑上的杰出代表进行进一步的分析。这三名人物中，李保和岩火龙为捍卫社会主义新中国献出了宝贵的生命，拉勐在民族团结誓盟"剽牛"祭典仪式中亲手剽牛，并为宣传党的民族政策、促进民族团结、保卫祖国边疆做出了杰出贡献。

1. 人物描述

李　保　拉祜族，西盟傈僳乡人。民国初年承袭父职，为傈僳乡角码（头人）。1933 年，任澜沧县傈僳乡乡长。1936 年，李保与其他爱国人士一起，组织 1 万人向入侵勐梭的英军示威，抗议其入侵，迫使英军退出西盟。1950 年，李保作为拉祜族代表赴京观礼；同年 12 月，回到普洱参加宁洱区第一届兄弟民族代表大会，会上，李保提议用佤族喝"咒水""剽牛"祭典仪式表示民族大团结，得到与会全体代表支持并实施。1951 年 1 月下旬，李保回到西盟，出席西盟各族团结保家卫国委员会，当选为常委。他积极宣传党的民族政策，以亲身感受四处传颂共产党和毛主席的伟大，颂扬社会主义，号召各族人民积极开展对敌斗争，帮助群众发展生产。同年 5 月，国民党残军反扑西盟，将李保绑架至境外。敌人对其拉拢诱惑不成，继施酷刑。李保毫不动摇，忠贞不屈，痛斥国民党残兵罪行。敌人无计可施，将其活埋于缅甸营盘街。李保至死不降，高呼"共产党万岁！毛主席万岁"，英勇献身。

岩火龙　佤族。小时家贫，被卖给中科头人岩顶为奴。因聪明诚实，被岩顶收为养子。1950 年，人民政府动员岩顶到北京观礼，岩顶疑惧，指派岩火龙代他赴京。出门时由于语言不通，很受挫折，因过于担心而产生了烦躁情绪，路经祥云县时哭泣一夜不肯前行。到北京见到毛主席后，彻底打消了顾虑，对一切充满了新鲜和好奇感，培养起深刻的民族团结及爱国主义情感与认知，这可以从两位代表的对话中看得出来：岩火龙说："啊呀，想不到我们离开阿佤山已经四个多月了。"黄克明说："岩火龙大哥，你想家了吗？"岩火龙说："我又想北京了，想毛主席了。"① 在这里，我们可以了解到：在岩火龙心中，"北京"与"毛主席"是国家的象征与标志，在他的心中，已经培养起爱国主义及与汉族之间和谐融洽的情感，已经有了强烈的归属感。他在回乡以后，把这种认知与情感付诸实践之中。

回乡后，岩火龙积极到周围寨子进行宣传，告诉群众毛主席和

---

① 存文学：《我们的太阳》，人民出版社 2008 年版，第 255 页。

中央各首长怎样热烈地欢迎和招待他们；告诉群众祖国的伟大，疆域的辽阔和在中国共产党领导下国力的强盛。1951 年 5 月，国民党李弥残部窜犯澜沧、沧源、耿马等县。当敌人得知岩火龙去北京等地参观过时，就想拉拢他，叫他去台湾参观，被严词拒绝。岩火龙的父亲惧怕敌人，逼他去参加土匪召开的会议。他规劝父亲说，强大的人民解放军一定会战胜帝国主义，消灭一切蒋匪特务，何必为他们殉葬？但一次次的劝告都无济于事。被长期禁锢的岩火龙，为避免被挟持到台湾，决心舍身成仁，用血来唤醒民众。9 月 2 日，他召集了寨子里的许多群众，悲痛地说："兄弟们，国民党土匪压迫我们兄弟民族，叫我们分裂仇视，而毛主席共产党叫我们团结成一家，亲爱成兄妹，我们不跟毛主席走还有什么路可走？但是，我父亲顽固地听信土匪的花言巧语，强迫我们跟土匪走向反动，我还有什么脸去见毛主席，去见那么多关心、爱护我的同志啊！"随后，岩火龙开枪自杀。他以死来表明："共产党好，死也不能背叛共产党、毛主席！"

拉勐　又名岩所，佤族，西盟嗨部落班箐大寨人。早期经商，被勐连土司封为"拉勐"，此后遂成其名。民国五年（1916），国民党普洱殖边统领沈兆兴率军队到西盟，以禁烟为名勒索群众。拉勐率领佤族群众奋力反抗，并亲手用箭射死沈兆兴，使国民党军队退出西盟，拉勐名声大振。1950 年，人民政府动员拉勐赴京观礼，拉勐心存疑惧。竹塘区区长极其耐心，一次又一次地反复劝说，宣传党的政策，尽量满足其提出的各种要求。在北京，拉勐四次见到毛主席和中央领导人。观礼和参观后，拉勐对共产党和社会主义认识加深，坚定了跟共产党走的决心。回到普洱，他参加了宁洱区第一届兄弟民族代表大会。他支持并补充了李保建誓词碑的提议，并在誓盟大会上亲手剽牛。1951 年 1 月和 3 月，拉勐被选为西盟民族团结保家卫国委员会常委、普洱专区民族联合政府委员。拉勐向佤族群众宣传说："毛主席的话，已当面告诉我了，他要我们卡瓦山的人民团结起来，肃清土匪特务，保护我们伟大的祖国边疆。"拉勐在家乡积极宣传党的各项方针政策，为民族团结奔走工作，1952 年病故。①

2. 国庆观礼过程中民族团结心理成长

对民族团结碑的建立做出杰出贡献的那一批民族团结先进人物，我们已经不能与其中的大部分人对话了，然而，我们亦可通过历史文献资料，体会当时那一事件对他们的民族团结心理的形成所产生的深刻影响。在对国庆观礼代表进行分析时，我们可以看到他们都是云南边疆地区的少数民族，思想相对原始、朴实而落后，他们在去观礼的过程中，表现出以下几个不同时期的心理特征：

（1）"怀疑、恐惧"期——动员

怀疑和不信任心理。动员初期，多数代表持有怀疑和不信任的态度。大部分少数民族代表不仅没有到过县驻地，也未到过专区驻地，更未到过省城，如今一听要到北京观礼，北京在哪里，有多远，每个代表都如坠云里雾中，除个别早就参加了革命队伍的少数民族上层人士之外，其他少数民族代表对赴京观礼都不表态或直接说不去。虽经各级政府领导做了大量思想政治工作，但他们仍顾虑重重：代表们都想见见伟大领袖毛主席，但都怀疑能否见着毛主席。傣族土司刀世勋说："我认为一定见不着毛主席，因为过去国民党时代见蒋介石是见不着的，最多是派秘书来见。"当动员澜沧县中佤族大头人岩顶、岩抢时，两人都不敢当代表。岩顶派了他的儿子岩火龙作为他的代表以做试探。当时在云南的 53 位代表中，少数民族上层人士自己不敢当代表，由子女或亲属顶替当代表的达 17 人。

害怕、恐惧和戒备心理。代表们处于敌意戒备期，自卑、封闭、没有安全感。一些代表有害怕心理。拉祜族代表撒腊扎耶、佤族代表拉勐等人害怕被杀。经竹塘区区长龚国清反复开导保证，班箐头人拉勐才松口说：要我去可以，但要答应三个条件：一是刘有兴（与之关系密切的一个商人）要陪同一起去；二是要龚国清用自己的一个儿子

① 中国人民政治协商会议普洱哈尼族彝族自治县委员会编：《普洱文史资料》，2004 年第 2 辑。

作为人质抵押；三是时间最多 4 个月，还要 1000 斤盐巴、土布 100
件。龚国清满足拉勐的所有条件，拉勐最后才成行。

缺少与汉人交往及相处的信心。边疆少数民族，对历史上的汉官
对他的欺压记忆犹新，对新旧社会的汉族官员形成刻板印象及心理定
势，加之境外蒋残军及境内反动地霸的反动宣传，对人民军队和新建
立的人民政权心存疑虑，影响到当时与汉人交往与相处的信心。

担心受到境内外势力的报复。当时，境内仍潜伏有国民党特务，
蒋残匪踞居境外，国民党军统海外部在边境活动，在乡的国民党兵也
都逃往境外，这些敌对势力经常回窜，不时地造谣生事，恐吓有意跟
随共产党的少数民族头人，人们害怕被国民党、土司盯上而遭到打击
与报复。

思想境界不高。长期寓于边疆落后偏远山区，大部分人观念落
后，谈不上有什么思想觉悟，认为汉人不怀好意，必有所图，认为观
礼容易遭遇欺骗、剥削和不信任，很是担心。

（2）"文化涵化"期——观礼

个体开始了解、接触汉族的风俗与价值观，使自己适应于其他民
族文化，开始体验到接触新事物、新环境的满足感，并开始欣赏这种
新的文化，同时处于兴奋中。对于在新的文化环境中生活并建立社会
关系有了更大的信心。此时的体验不断地从表面走向深入，学习汉族
的语言，甚至会用汉语开玩笑。通过观礼，大家深刻体验到祖国的伟
大与共产党的先进性，心中涌起了梦想，并要求新的体验。

（3）民族团结心理的萌动期——返乡

个体开始心理稳定，他们对外面的环境形成了比在家乡时更为积
极的态度。此时，各民族之间呈现如下特征：彼此的交往虽然是短暂
的和非重复性的，但是他们都有着相同的动机，就是要达到民族团结
的目的。

回程的"一路上，代表们有说有笑，短短的四个月，他们相互间
已经能够用汉话进行简单的交流了，有的完全可以听懂对方的民族
语，他们彼此友好，不再防范，亲密得像一家人，他们对明天充满无

限美好的憧憬".①

（4）民族团结心理的形成期——誓盟

赴京观礼者们一方面受到了党和国家领导人的亲切接见，向他们宣传了党的民族政策，受到了感染；另一方面，通过观礼以及对各地的考察参观，发现了国家的强大，同时他们也看到，只有跟着共产党，路才会越走越宽。这种文化互动，激发了他们对中华民族的认同感，形成了一种民族团结精神。所以这些头人们便坚定信心地从事民族团结的事业：盟誓、立碑，引导自己所属的民族群体一心跟共产党走。

个体在新环境中体验到不同的生活方式，增长了见识。回乡后观礼者的心理体验超出了预期，感觉获得了从未有过的尊重，得到了心理满足。整个观礼行程对他们来说，就是一场收获巨大的修学旅游，他们开阔了眼界、增长了见识，尝试去理解不同民族的风俗文化与价值观，带着一种新奇、独特、前所未有的心理体验与满足感回来，把对民族团结的认知与理解带了回来，并表现出把民族团结意识上升到整个地区整个民族等国家意识中来。这许多的感受，成为随后兄弟民族团结大会中，形成"各民族都是平等、自由的大家庭，大家必须像糯米粑粑一样粘在一起，切勿分开，一致打击各种恶势力，捍卫平等、自由生活的主权"② 共识的基础。

所以，他们把"誓言"刻在石碑上。代表们回到各地后，现身说法宣传党的民族政策，以实际行动支持、帮助各级人民政府工作。为了扩大影响，团结教育更多的民族上层人士和各族群众，中共宁洱地委、专署决定趁宁洱 35 位代表从北京回来的机会，举行全区兄弟民族代表会议，让代表们报告会见毛主席和在北京等地参观的情况，共商搞好民族团结、建设祖国边疆的大计。12 月 26 日代表们返抵普洱，地委即于 12 月 27 日至 1951 年 1 月 1 日召开了宁洱区第一次兄

---

① 存文学：《我们的太阳》，人民出版社 2008 年版，第 257 页。
② 同上书，第 281 页。

弟民族代表会议。会议的主要内容："强调加强各兄弟民族之间的亲密团结；反对大汉族主义和狭隘民族主义，消除民族隔阂；在共产党和毛主席的领导下，各民族团结起来，发展生产，多打粮食，改善生活，过好日子；提高警惕，严防美蒋间谍特务、残匪的破坏活动，保卫胜利果实，巩固国防。"会上，由观礼代表介绍了北京国庆盛典。在热烈欢谈中，佤族观礼代表李保建议，要用佤族"喝咒水"和"剽牛"祭典老习俗的方式，来表示宁洱区各民族的大团结。拉勐被李保的建议触动，补充道：还要把"咒语"刻在大石头上面。到会代表齐声叫好。中共宁洱地委当即研究同意，地委书记张均在会上提议："要拥护共产党和毛主席，要讲民族大团结，立块民族团结碑是可以的，但要大家自愿。"会议结束的最后一天，即 1951 年元旦，根据佤族代表的提议，召开了由 26 个少数民族支系的 3000 多名各族群众参加的民族团结誓盟大会。会上，与会代表按佤族重大祭典习俗，喝了鸡血酒。拉勐手持梭镖，在群众的欢呼声中，熟练地剽牛。他一剽刺中水牛的心脏，水牛倒下去了。他看到剽口朝上，牛头倒向南方，这都是吉兆。拉勐高兴得又舞又唱："共产党、毛主席领导定了，民族团结会搞好！"随后，地委领导和各族代表共 48 人在《民族团结誓词》上以汉文和傣文、拉祜文签上自己的名字，其中有观礼代表召存信、刀卉芳、刀承宗、刀焕真、扎丕、李光保、李保、窝梭、拉勐、肖子生、魏文成。[①]

（三）民族团结碑先进人物的民族团结心理成长阶段

通过对方有富的民族团结心理形成历程，以及民族团结碑中参加国庆观礼人物的民族团结心理的成长历程的分析，总结出以下心理成长阶段的情况。

---

① 卓人政：《由押人质到建民族团结碑——记 1950 年云南民族代表团国庆观礼》，《百年潮》2009 年第 12 期。

表7-3　　　　　民族团结碑典型人物的民族团结心理成长阶段

成长阶段	主要心理表现	心理需要	政府或个人的行为
懵懂时期	怀疑、恐惧、不信任或羡慕、新奇	安全需要、利益需要、尊重需要、交往需要	增加接触：增加民族间接触，增进对新社会、新政府的了解，消除疑惧心理与敌对心理
民族团结意识产生阶段	对自由、平等、幸福生活的向往	安全需要、利益需要、自尊需要、交往需要、了解环境变化的需要	动之以情：政府尽量满足代表们的各种要求，关心爱护，尊重信任，情感交流
民族团结意识形成阶段	产生对中华民族的新认识，对民族团结意义的认识上升到国家民族的统一、繁荣发展需要的层面	安全需要、尊重需要、民族习俗与信仰被认可的需要、把控环境的需要	晓之以理：国家领导人亲切接见民族代表，使之受到感染，觉得国家实力强大，跟共产党走，路会越来越宽
民族团结意识内化阶段	掌握民族团结政策与原则，形成自觉践行并带动群众实施民族团结行为的意识	成就需要、尊重需要、自我实现的需要、把控环境的需要	导之以行：个体在内心的民族团结信念引导下自觉遵守誓言，并自觉去实践、付诸行动

四　民族团结典型人物的人格特征分析

李保为傈僳族头人、拉勐为卡佤人头人。作为族人领袖，他们在人格上的首要特征为爱国、英勇，敢于保家卫国。李保曾率领族人抵抗英军入侵，拉勐曾率族人打击国民党边统领沈兆兴军队，在族人中威望很高，有很大的影响力。爱国主义是他们能够接受中国共产党领导的心理基础，而中国共产党加强民族团结、改善生活、巩固国防的政策方针，能够满足边疆少数民族爱国人士的心理需求。爱国，也是岩火龙、方有富的重要人格特质。作为当时少数民族中的进步青年，他们在成长的过程中形成了忠诚于党和国家的爱国主义信念。前者勇于献身，用生命来唤醒族人；后者甘于奉献，一生勤于学习、为民谋利。他们是少数民族中对族群具有极大感召力、影响力的爱国主义人士的杰出代表。

从表7-4可以看出，爱国、忠诚、奉献是这些人物所共有的典型人格特征。

表7-4　　　　　民族团结典型人物的人格特征构建分析

因素	李保 （傈僳族）	岩火龙 （佤族）	拉勐 （佤族）	方有富 （哈尼族）
背景识别	民国初年承袭父职，为傈僳乡角码（头人）。1933年，任澜沧县傈僳乡乡长。1936年，李保与其他爱国人士一起，组织1万人向入侵勐梭的英军示威，抗议其入侵，迫使英军退出西盟	小时家贫，岩顶养子。岩顶疑惧，派岩火龙代表他赴京。出行后一路紧张恐慌不安，路经祥云县时因此哭泣一夜不肯前行	曾率领佤族群众奋力反抗并亲手用箭射死国民党普洱殖边统领沈兆兴，名声大振。对赴京观礼心存疑惧，提出人质要求	解放农民翻身当家作主，欢欣鼓舞。读过小学三年级，在民工团团长杨慧的影响下，参加了民兵和农会
人格特征	爱国、英勇、忠贞、顽强、信念坚定	爱国、忠诚、坚定、情感丰富、勇于牺牲	爱国、英勇、胆识过人、威望高	勤于思考、好学上进、爱国、乐于奉献、孝顺、敬业、创新
心理及行为表现	有良好的民族团结及爱国主义情感。喝"咒水""剽牛"祭典仪式的提议者。面对敌人的拉拢诱惑毫不动摇，忠贞不屈，英勇献身	观礼过程中形成民族团结认知与情感。为避免被挟持到台湾，开枪自杀，舍身成仁，用死来唤醒民众	在誓盟大会上亲手剽牛。在家乡积极宣传党的各项方针政策，为民族团结奔走工作	通过识字班、唱歌的方式来宣传民族团结，在用革命歌曲教育民众之中得到成长
精神价值	立场坚定，堪称民族楷模	择善固执，民族团结的模范	亲手剽牛，影响深远	敢为人先，工作积极负责，心怀民众

五　民族团结典型人物对青少年民族团结心理成长的教育价值和意义

回顾历史，分析现在，经验告诉我们，维护民族团结，维护祖国统一，必须坚定不移搞好民族团结，反对民族分裂。当前面对境内外敌对势力加紧活动的新情况、新动向，我们必须充分认识到反对民族分裂斗争的长期性、复杂性、尖锐性，牢固树立"稳定压倒一切"的思想观念，自觉肩负起反对民族分裂，维护祖国统一，维护社会稳定，维护民族团结的神圣使命。通过对民族团结典型人物的心理历程及个性特征分析，我们认为他们身上有诸多的精神对当代青少年具有极强的教育意义与实践价值，发挥其对社会所具有的巨大的示范带动效应，对我们加强青少年民族团结教育与塑造青少年的民族团结心理具有重要意义。现在的条件下，青少年民族团结心理的成长又是怎样的情况呢？

（一）当前青少年民族团结心理成长的条件与情况的变化

当前，青少年的民族团结教育与发展的形势与过去截然不同，表7-5 把今天与过去的社会环境作一比较，以期从中找出在不同时代下，民族团结心理发展的一般性规律及将要面对的情况。

表7-5　　　　　　　民族团结心理形成特征及环境的今昔对比

对比因素		20 世纪 50 年代	21 世纪
心理形成特征		转变——从怀疑、畏惧等不认同的心理，转变到信任、建立共同目标与利益关系、认同新的国家及政治权利与制度的心理	养成——在长期的学校、家庭和社会的教育过程中，逐步产生、发展起来的对国家、民族及政治制度的认同
环境背景	时空因素	解放初期，云南是大陆解放最晚的地区，思普地区原始而落后，仍然存在诸多未定边界；残存的国民党反动势力造谣惑众，少数民族对于汉族不信任	中华人民共和国成立 62 周年，国家综合国力较强；思普地区一直是民族团结的典范；而全国存在"疆独""藏独"及"台独"势力；局部地区仍有民族间习俗或宗教等的纠纷；国外局部地区因民族、宗教、资源等问题引发的战争或恐怖事件从未停止过。国内民族问题极易引发国际关注和干预，国际敏感热点民族问题极易引起国内反响和回应
	文化与交流	许多民族仍处于原始社会，民族间隔阂械斗、互不通婚，交通信息传递困难	民族之间已不再相互歧视，平等解决民族问题的重点在于共同繁荣与发展。社会信息与交流极大发展，交通、信息网络媒介传播极为迅速
	政府工作重点	刚解放不久的思普地区，民族团结、发展生产、阻击残匪成为当时的三大任务，民族团结是一切工作的重点和前提	全党全国人民的主要任务是集中力量发展社会生产力，以经济建设为中心，实现国家工业化，满足人民的经济文化需要，而社会主义现代化经济建设需要安定团结的政治局面
	目标	各民族平等、自由、幸福	各民族共同繁荣与发展

当前，在以经济建设为中心的背景下，民族团结仍然是中国共产党解决中国民族问题的基本政策原则和价值取向，然而，在当前空前

激烈、复杂的国际竞争等情况下，恐怖势力、民族分裂势力、宗教极端势力等仍需要警惕，它们所制造的分裂与动乱只会给国家和人民带来灾难。为了祖国的稳定、发展和各民族的共同繁荣，加强青少年的民族团结意识，十分必要，势在必行。在当前条件下，青少年民族团结心理成长的条件、情况与60年前大为不同，通过对民族团结先进人物的心理历程分析，相应的我们又当如何关注青少年民族团结教育及心理成长呢？

（二）继续关注宁洱地区青少年民族团结教育及心理成长

当前，宁洱在利用民族团结碑开展青少年民族团结教育方面，已做了许多有益的尝试。比如，编写了《爱我家乡》乡土教材，专门成立民族团结园，建立了民族团结陈列室，开展了思想道德民主法制进万家活动。每五年一次，表彰在民族团结进步繁荣当中做出贡献的人物。举行民族团结碑周年庆典大型活动等，然而，在进一步促进民族进步与繁荣，加强对青少年的民族团结教育方面，还有深化的空间。为此，本书提出如下建议：

1. 开发宁洱民族团结修学旅游体验项目

古代的民族部落会盟碑，多为歌颂封建统治阶级的内容，谈不上什么真正的民族平等和民族团结。只有这块当代的普洱"民族团结誓词碑"，突出了中国共产党的领导，强调了建设平等、自由、幸福的民族大家庭，表达了边疆各族人民热爱祖国、热爱党，一心一德，团结到底跟党走的民族意志。誓词碑充满了民族激情和革命内容，提出了奋斗目标，又有各族首领代表的郑重签名。可以说，这块碑是各族会盟，一心向党的宣言；是一件民族团结的盟约；是一篇珍贵的革命文献；是一件流芳百世的民族团结革命文物，国务院公布它的所在地民族团结园为"国家级重点文物保护单位"，"全国民族团结进步教育基地"（国家民委），其重要历史价值就在于此。我们要整合并挖掘普洱市旅游资源中的民族团结因素，打造"一个中心、两个基本点、三个景观要素"的民族团结文化，即：以民族团结教育为中心，以普洱茶和民族团结碑为两个基本文化点，以普洱万亩茶园、茶马古道及民族团结园为三个景观要素。将三个景观点纳入普洱市整体旅游规划中，青少年民族团结修学体验游才可做大做强，做出品牌。①

2. 整理及挖掘民族团结典型人物资料，提供青少年民族团结教育素材，培养青少年爱国、忠诚、奉献的人格品质

宁洱是民族团结的典范，要让青少年了解过去，认识现在，对今后的发展充满信心，充分发挥民族团结先进人物对社会所具有的巨大示范带动效应，使青少年一代能用自己的实际行动维护民族团结，珍视民族团结，为实现社会主义跨越式发展和长治久安的目标努力奋斗。榜样适合学生模仿心理需要，而且作为教育的手段，它也符合学生认知的特点。民族团结典型人物榜样的树立，必须和说理教育结合进行。民族团结先进人物的事迹，形象鲜明、特点突出、事迹生动，特别是如岩火龙从观礼出行时的哭泣到最后视死如归的民族团结精神，拉勐出行时从要扣押人质为保障到回来要求把咒语刻在石头上，深刻表现了民族团结像一桩事业一样，让我们每个青少年都应该为之奋斗与努力，这样往往能产生教育者难以估量的效果。通过这些情感鲜明的故事，培养学生爱国、忠诚、勇于奉献的人格品质。

3. 编写民族团结教育专辑乡土教材

在编写民族团结教育专辑乡土教材的同时，建议把云南民族团结碑建碑史及民族团结典型人物写入中小学政治课本。从正反两方面整理及挖掘民族团结典型人物资料，为新一代青少年民族团结提供宝贵教育素材。从反面事例中，让青少年知道民族不团结的危害与后果，再以正面事例，让青少年理解由于历史、文化和宗教等方面的原因，民族之间曾有一定隔阂和矛盾，然而在爱家乡、爱国的思想情感和共同利益上是一致的。民族团结典型人物是最有说服力的、最有见证力量的宝贵的活的教科书。民族团结从学校教育抓起，维护祖国统一，

---

① 龙肖毅、尹可丽:《普洱民族团结教育修学旅游开发》,《思茅师范高等专科学校学报》2010 年第 4 期。

反对民族分裂，从小学到高等教育都应开设民族文化课，要求各民族学生从小了解本国各民族的文化艺术、宗教信仰、语言及社会风俗习惯等方面的基本情况及国家民族、宗教方面的法律和政策，培养各民族学生共同相处、交往的素质，并把各民族学生学会和睦相处作为培育爱国主义精神的基础。

4. 通过盟誓文化在青少年中开展诚信教育

刘伯承司令与彝族头领古基小叶丹的"彝海会盟"，是红军正确执行党的民族政策的光辉典范。普洱"民族团结誓词碑"，以佤族剽牛、喝咒水、喝鸡血酒的民族仪式来表示民族团结，得到了各民族的支持拥护，达到了民族团结的目的，这是当时普洱专区地方党政军正确执行党的民族政策的又一光辉典范。我们在实践教学中，可模拟民族的盟誓文化来让学生深刻体会遵守诺言、明确责任及义务的诚信教育，并同时了解尊重民族风俗习惯，就是尊重民族的道理。

5. 以项目的形式，加大对宁洱全国典范的教育基地的支持力度

宁洱民族团结教育基地是承载着中国民族团结教育的重任，它是新中国民族团结第一碑，也承载着全中国56个民族团结的重任，所以从国家到地方，可以以项目形式，加大对宁洱全国典范的教育基地的支持力度，使其能发挥更为深远的辐射教育作用。

6. 编写富有普洱地方特色，又适应当前形势的民歌

传承革命歌曲宣传传统与方式，深入研究当前民歌发展特点，编写富有普洱地方特色，又适应时代及青少年审美心理要求的民族知识、民族团结、民族精神等方面的歌曲，在青少年音乐教学、旅游宣传等各种公共活动中传唱。

7. 开展宁洱民族团结碑及相关民族团结先进人物的专项研究

从政治、经济、历史、旅游管理、民族学、人类学、社会学、教育学、心理学等全方位对宁洱民族团结碑的相关问题进行专项研究，并把研究成果推广物化，深入推进青少年民族团结教育。

第八章

青少年民族团结心理的发展
规律及教育建议

民族团结心理，是一个理论构念，本书用这一构念来表征在新中国倡导平等、团结、互助、和谐的民族关系之下，在长期的民族团结宣传教育之下，中国青少年产生和发展起来的对国家民族政策的认识，对民族特征、民族间关系的认识、态度和行为等。

中国民族团结心理的产生和发展，有其深厚历史渊源。中国传统文化中所蕴藏的"和""礼""善"等思想，是民族和谐交往的思想渊源。[①] 在清代以前，历代沿袭区分"华夷"的传统民族观念，施行朝贡制，施以"羁縻之策"，"以夷治夷"。清朝继承和发展了秦汉以来的"大一统"思想，以新的民族"大一统"观念为指导，较成功地解决了两千多年来困扰历代王朝的边疆"内患"问题，促进了国家的统一。尽管近代以来西方列强的野蛮侵略造成中国新的边疆危机，割地赔款，丧权辱国，但灾难深重的中华民族自强不息，中国并没有分裂，"大一统"的思想已深入人心，国家统一、民族团结的意识得以进一步增强。[②] 中华人民共和国成立之初，各族人民能够团结一心建立一个统一的、新的社会主义国家，与清代以来中华民族"大

---

① 王瑜卿、肖锐：《和谐民族交往的思想渊源及其现实意义》，《中央民族大学学报》（哲学社会科学版）2012 年第 2 期。
② 李治亭：《论清代边疆问题与国家"大一统"》，《云南师范大学学报》（哲学社会科学版）2011 年第 1 期。

一统"多民族国家中，边疆少数民族长期形成的对中国国家认同这一心理有着重要的关系。

民族团结很大程度上是一种心理认同，也是一种意识形态。[①] 中华人民共和国成立之始，各民族团结心理的形成，其核心在于形成一个对新的国家及政治权力与制度的认同，其间涉及人的思想（认知）、态度及行为的转变，是从怀疑、畏惧等不认同的心理，转变到信任、建立共同目标与利益关系的认同心理。当前中国青少年民族团结心理的形成，其核心同样是对国家及其政治制度的认同，但其形成并非是一种转变，而是一种养成，是在长期的学校、家庭和社会的教育过程中，逐步产生、发展起来的。

整合前面几章对各族青少年民族团结心理现状、影响因素等的考察，对学校民族团结教育教学的考察，比照民族团结先进人物的成长历程的个案研究结果，本章对当前青少年民族团结心理的形成规律进行一个深入的概括与分析，并根据调研结果提出教育建议。

一　青少年民族团结心理的发展规律

青少年民族团结心理的形成规律，是国家设计、实施青少年民族团结教育可参考的理论依据。本书将青少年的民族团结心理界定为民族团结认知、民族认同和民族间交往行为三个方面，采用实证研究的方法，对小学五年级至高中二年级学生（10 岁、11—16 岁、17 岁）的这三方面情况进行了调查。

本书的第四、五、六章对汉族、彝族、藏族、佤族、傈僳族、白族、傣族、壮族、哈尼族、苗族、纳西族 11 种民族学生的民族团结心理状况进行了单个的、详尽的分析，本节在这些单个民族研究结果的基础上，对多种民族学生的民族团结心理的表现规律、发展特征及影响因素进行以下总结及讨论。

---

① 徐畅江：《关于中国民族政策发展方向的思考》，《思想战线》2012 年第 5 期。

1. 各族青少年的民族团结认知发展规律

青少年对民族团结的认知特点，主要表现在学生的民族团结知识结构，以及学生掌握这些知识的年级特征两个方面。学校开展的民族团结教育活动、教师传递的民族团结知识，以及国家对小升初、中考有关民族团结知识考核的规定都对学生的民族团结认知产生了一定的影响。

（1）青少年民族团结知识结构的特征

青少年所掌握的民族团结知识分为 5 个类型，即民族团结理论与政策知识，当地主体少数民族的重要人物、历史事件与节日等知识，除当地主体少数民族之外的中华各民族的重要人物、历史事件与节日等知识，中华各族宗教与习俗知识，中华各族语言、艺术与经济发展知识。

个体对民族团结的认知，可能存在着自发水平、教育水平与政策运用水平三个层次。教育水平的民族团结认知是指学校根据党的民族教育方针，有目的地按规定内容以一定的实施方式明确地对学生进行民族团结教育，在此教育下，学生对国家民族团结的原则、方法、价值等有了较为明确的认识。[①]

本书考察的是教育水平层次的民族团结认知状况。学生头脑中 5 类民族团结知识的结构，是他们对民族团结知识的知晓情况的反映，也是学校的民族团结知识方面的教育教学结果的体现。

5 类知识中，除了民族团结政策与理论知识之外，其他 4 个类型的知识实际上都属于民族常识，即中华民族的历史、文化等。探索性因素分析与验证性因素分析的结果证明，民族常识在学生头脑中的结构，是将学生所居住地区的当地主体少数民族的重要人、事、节与其他民族的重要人、事、节进行区分的。但是，学生并未将宗教与习俗，以及语言、艺术及经济发展进行本地主体民族与其他地区的民族

---

① 尹可丽、尹绍清：《民族团结心理的研究内容与方法建构》，《云南民族大学学报》（哲学社会科学版）2008 年第 3 期。

的区分。根据因素分析的原理，这个情况说明，对于中小学生而言，当地主体少数民族与其他民族的重要人物、事件与节日的相关程度不高，因此当地主体少数民族的重要人、事、节与其他民族的重要人、事、节是两个不同的因子。相反，本地的主体民族和其他地区民族，在宗教与习俗上的相关性高，在语言、艺术及经济发展状况方面的相关程度也高，因此，在宗教与习俗、语言艺术经济发展方面，学生并未对本地民族和其他民族进行区分，即本地民族与其他地方的民族的宗教与习俗，语言艺术经济为同一因子。

为什么在学生的知识结构中，存在着把当地主体少数民族的重要人物、事件、节日与其他民族区分，而并不将当地主体少数民族与其他民族的宗教习俗、语言艺术经济进行区分的现象呢？这一现象，有可能预示着，重要历史人物、历史事件及节日这三种知识，对于学生来说，是表征某一少数民族特征的最重要标志，而对中华民族各族的宗教与习俗不加区分，对中华民族各族语言、艺术、经济不予区别，是因为长期以来，中国各民族之间在宗教习俗、语言艺术经济方面长期的、频繁的交流，导致各族人你中有我，我中有你，共生共存。另外，经济发展是我国当前民族关系处理的一个重要策略，"加快少数民族和民族地区经济社会发展，是解决现阶段民族问题的根本途径"①。学生对各族人民的经济发展不做区分，正是"共同团结奋斗，共同繁荣发展"这一 21 世纪中国共产党民族团结进步事业发展的主题在中小学生头脑中渗透的体现。②

（2）各民族学生民族团结知识的认知——知识记忆程度及年级特征

首先，各族学生对民族团结知识的记忆不多，学校教师向学生传

---

① 胡锦涛：《在中央民族工作会议暨国务院第四次全国民族团结进步表彰大会上的讲话》，2005 年 5 月 27 日，新华网（http：//news. xinhuanet. com/mrdx /2005 – 05 /28 / content_ 3013610. htm）。

② 林庭芳、郭永珍：《十六大以来党对民族理论的新发展》，《广西民族研究》2012 年第 1 期。

递的民族团结知识次数与学生对民族团结知识的记忆程度相符合。

本书考察的是 2010 年 9 月至 2011 年 11 月这一年之间，学生可能在学校学习到的内容，让学生选择自己对这些内容留下的印象，即记忆的程度。考察的得分点为 7 个段，由最低分 0 分至最高分 6 分。如果得分大于 1.5 分并小于 2.5 分，表示学生对此项内容的记忆偏向于"不清楚"；得分大于 2.5 分并小于 3.5 分，表示学生对此项内容的掌握偏向于"有点印象但不记得"；得分大于 3.5 分并小于 4.5 分，表示对此项内容的记忆偏向于"有点印象而且记得一些内容"。

从表 8-1 可以看到，11 个民族的学生在 5 类民族团结知识上的平均得分都没有超过 4 分。汉族、彝族、佤族、傈僳族、白族、傣族、壮族、哈尼族、苗族学生 5 类知识的记忆特点是"有点印象但不记得"；藏族、纳西族学生 5 类知识的记忆特点是"有点印象而且记得一些内容"。只有壮族学生在宗教与习俗这类知识的平均得分低于 2.5 分，为"不清楚"。

表 8-1　　　　　各民族学生 5 类民族团结知识的记忆情况
（平均数/标准差）

族别	政策与理论	各族人、事、节	语言艺术	宗教与习俗	本地人、事、节
汉族	3.41 ± 1.50	3.22 ± 1.25	3.25 ± 1.28	3.01 ± 1.41	3.32 ± 1.35
彝族	3.21 ± 1.23	3.17 ± 1.47	3.23 ± 1.30	2.94 ± 1.38	3.24 ± 1.32
藏族	3.50 ± 1.04	3.49 ± 1.32	3.57 ± 1.00	3.56 ± 1.25	3.70 ± 1.16
佤族	3.12 ± 1.11	3.06 ± 1.39	3.34 ± 1.16	3.18 ± 1.35	3.23 ± 1.31
傈僳	3.30 ± 1.26	3.54 ± 1.47	3.35 ± 1.17	3.11 ± 1.32	3.33 ± 1.25
白族	3.40 ± 1.25	3.35 ± 1.48	3.20 ± 1.22	3.09 ± 1.46	3.46 ± 1.36
傣族	3.21 ± 1.11	3.30 ± 1.36	3.37 ± 1.19	3.31 ± 1.33	3.36 ± 1.31
壮族	2.87 ± 1.26	2.56 ± 1.48	2.61 ± 1.30	2.27 ± 1.35	2.70 ± 1.51
哈尼	3.09 ± 1.22	3.22 ± 1.48	3.12 ± 1.25	2.77 ± 1.36	3.33 ± 1.34
苗族	3.12 ± 1.18	3.08 ± 1.49	3.31 ± 1.29	2.97 ± 1.45	3.07 ± 1.32
纳西	3.88 ± 0.95	3.62 ± 1.32	3.62 ± 1.05	3.50 ± 1.23	3.56 ± 1.40

这一调查结果与本书对教师民族团结教育教学调查获得的结果相吻合。教师在当地主体少数民族常识、中华各民族常识、民族政策与理论这三个内容上的平均得分都低于 4 分。教师报告在教育教学中涉及民族团结教育教学内容的次数少，学生报告在学校学习中对民族团结知识的印象少，教师与学生的报告是相互验证的。

其次，不同年级学生对 5 类知识的记忆存在着年级间的显著性差异，5 类知识的增长随着年级的增加至初三达到最高点。整体来看，2010 年 9 月至 2011 年 11 月这一期间，对民族政策与理论知识、宗教与习俗的学习，小学五年级至初二年级学生处于同一水平，初三年级至高二年级学生是同一水平。对民族常识中的各族的历史人物、事件、节日、语言、艺术、经济等知识的学习，小学五年级、初一年级学生的水平最低，初三年级学生水平最高，而小学六年级、初二、高一、高二年级学生处于同一水平。对本地人、事、节知识的学习，小学五年级水平最低，初三年级最高，小学六年级、初一、初二、高一、高二年级处于同一水平。见表 8 - 2。

表 8 - 2　　各民族学生 5 类民族团结知识的记忆的总体情况
（平均数/标准差）

	政策与理论	各族人、事、节	语言艺术	宗教与习俗	本地人、事、节
总体	3.26 ± 1.27	3.32 ± 1.47	3.26 ± 1.23	3.06 ± 1.40	3.32 ± 1.34
小学五年级	2.98 ± 1.24	3.16 ± 1.57	3.12 ± 1.35	2.77 ± 1.49	3.22 ± 1.44
小学六年级	3.19 ± 1.19	3.42 ± 1.48	3.32 ± 1.22	2.97 ± 1.40	3.39 ± 1.32
初一	3.09 ± 1.18	3.16 ± 1.44	3.20 ± 1.22	2.99 ± 1.39	3.26 ± 1.30
初二	3.30 ± 0.84	3.33 ± 1.43	3.26 ± 1.22	3.18 ± 1.32	3.32 ± 1.31
初三	3.82 ± 1.15	4.00 ± 1.26	3.69 ± 0.88	3.73 ± 1.10	3.80 ± 1.08
高一	3.71 ± 1.14	3.52 ± 1.37	3.36 ± 1.19	3.37 ± 1.31	3.41 ± 1.34
高二	3.73 ± 1.23	3.49 ± 1.39	3.40 ± 1.08	3.38 ± 1.29	3.36 ± 1.27
F	80.67 ***	21.84 ***	13.04 ***	43.09 ***	8.34 ***
ω^2	0.05	0.01	0.01	0.03	0.01
多重比较	①<②③④ ①②③④<⑤⑥⑦ ③<④	①②③④⑦<⑤ ①③<②④⑥⑦	①②③④⑤⑥⑦<⑤ ①③<②④⑥⑦	①②③④⑤⑥⑦<⑤ ①②③④<⑥⑦ ①②③<④	①②③④⑤⑥⑦<⑤ ①<②⑥

　　再次，各族不同年级的学生对民族团结知识的记忆表现多样，主要存在四种情况。一是随着年级的增加，学生对知识的掌握也有序地逐级增多，年级本身可用于解释这些学生民族团结知识增加；二是某些高年级学生对民族团结知识的掌握比某些低年级明显增多，但年级本身并不能解释这些学生该类知识的增加；三是各个年级对 5 类知识的记忆程度相同，并未随着年级的变化而发生改变；四是初三年级各类知识的得分显著高于其他年级，形成明显的高分点。

　　第一种情况主要表现在藏族、傈僳族、白族学生对民族政策与理论知识的掌握和藏族、壮族学生对宗教与习俗知识的掌握。高年级学生与低年级学生相比，两类知识的得分有显著增加，并且这种差异的效果量指标的值达到了中等关联强度，说明年级差异本身可能对知识记忆方面的差异造成一定影响。

　　民族政策与理论是中小学民族团结教育内容的核心。根据《学校民族团结教育指导纲要（试行）》，民族政策与理论这一内容主要是安排在初中七、八年级、高中十、十一年级；宗教与生活习俗方面的知识主要安排在小学中高年级。①

　　藏族、傈僳族、白族学生对民族政策与理论知识的掌握情况，比较契合《纲要（试行）》对民族政策与理论内容的年级安排。年级与藏族、傈僳族、白族、壮族学生的民族政策及理论的得分存在中等程度的关联，但这种关联表现出多种情况。藏族学生对民族政策与理论知识的记忆随着年级的增高显著增多，并且这种增多按小学、初中、高中清晰地分成三个阶段。傈僳族学生民族政策与理论知识的得分随着年级的增加逐级增高，这种增多按小学五年级，小学六年级与初一及初二，高一与高二分为三段。白族学生的民族政策与理论得分随着年级的增长而增加，从小学五年级到初二年级学生此项知识的得分没有明显增加，初三年级到高二年级有了明显增加。

---

　　①　教育部办公厅、国家民委办公厅：《关于印发〈全国中小学民族团结教育工作部署视频会议纪要〉的通知》。

　　年级与壮族学生在该项知识的得分也存在中等程度的关联，但是，与其他民族的情况相反，初一、初二年级壮族学生的得分反而低于小学生的得分，尤其是初一年级壮族学生政策与理论知识的得分显著低于小学五、六年级。

　　藏族、壮族学生对宗教与习俗知识的记忆情况，并不契合《纲要（试行）》对此内容的年级安排。年级与藏族、壮族学生宗教与习俗方面知识的得分存在中等程度的关联。藏族学生宗教与习俗方面的记忆随着年级的增高显著增多，并且这种增多按小学五年级，小学六年级，初一与初二，高一与高二分成四个阶段。壮族学生宗教与习俗方面的记忆也随年级增高显著增多，分为小学五年级，小学六年级与初一、初二年级两个阶段。

　　第二种情况在调查结果中居多。高年级学生对各类民族团结知识记忆程度与低年级学生相比有所增加，并且某些高年级学生的得分显著高于某些低年级，或者，某些低年级学生的得分显著高于某些高年级，只是年级间存在的差异的效果量指标的值低，不能说明这些年级间存在的差异具有实际意义，即年级本身可能不是导致学生出现这些差异的原因。

　　比如，彝族学生对5类知识的记忆都存在着年级差异，高一、高二的彝族学生民族政策与理论、宗教与习俗两类知识的得分显著大于小学五年级、小学六年级、初一与初二学生的得分；小学六年级、高一与高二年级学生各地人事节、语言与艺术两类知识的得分明显高于初一、初二年级学生。小学五年级、初二年级学生在本地人、事、节上的得分显著低于小学六年级、初一与高一年级。又如，除了语言艺术知识的得分不存在显著差异外，不同年级的佤族学生在其余4类知识的记忆上分别存在显著性差异，高一年级学生的得分显著高于其他年级学生。诸如此类统计上存在的年级差异还表现在傈僳族、藏族等各民族学生各类知识的得分情况上。

　　第三种情况主要表现在傣族、苗族、哈尼族、纳西族学生对5类知识的记忆情况上。

傣族、苗族各年级学生在 5 类知识的得分上都不存在显著性差异；哈尼族各年级学生除了民族政策与理论的得分存在差异外，其余 4 类知识的得分都不存在显著性差异。纳西族学生除了各族人事节的得分存在差异外，其余 4 类知识的得分都不存在显著性差异。

上述第二种情况、第三种情况也许是本书对教师调查结果在学生身上的体现。对教师民族团结教育教学情况的调查结果表明，整体上看，云南省中小学民族团结教育教学内容在现实中并未表现出按年级分阶段、分层次、有重点的内容特点。小学五年级到高中二年级，七个年级的教师在传授民族常识与民族政策、理论方面的情况是相似的，尽管涉及这些知识的次数少，但任何年级的教师都有可能向学生传递三个方面的知识。在教材的使用上，不同的年级有可能使用同一本教材，比如从少数教师的报告来看，存在着天津人民出版社的《民族常识》这本教材，小学五年级、小学六年级、初一、初二、高一、高二年级都有使用的情况。因此，没有年级差异，或者在年级差异上的不均衡，也许教育教学方面的安排是其中一个重要原因。

第四种情况从汉族学生、白族学生在各类知识的得分上表现出来。

汉族初三年级学生在 5 类知识上的得分接近 4 分，即"有印象并记得一些内容"，显著高于其他 6 个年级学生的得分。在民族政策与理论、宗教信仰与生活习俗这两方面的知识上，汉族学生的得分基本上是随着年级的增长而增加，到初三年级达到最高点，高一、高二年级学生的得分比初三有所下降，但仍然比其余年级学生的得分高。语言艺术经济类知识、本地人、事、节等这两类知识中，初三年级学生的得分不高于其他 6 个年级学生，而其余 6 个年级学生的得分不存在显著性差异。除了在民族政策与理论知识上白族初三年级学生与高二年级学生不存在显著性差异之外，初三年级白族学生其他四类知识记忆的得分高于其他年级的白族学生。

由于抽样受到的限制，初三学生的样本主要来自汉族、白族学生，因此，这一情况在其他未包含初三年级学生的民族中也很有可能存在。初三学生对民族团结知识的印象较其他年级多，可能与中考有很大关系，因为，目前国家已将民族团结教育纳入我国小学阶段考查和中、高考及中职毕业考试范畴，且试题分值不低于政治科目的15％。为了应对中考，初三学生可能比其他年级学生接触到了更多的民族团结知识。

学校开展的民族团结教育活动对学生的民族团结认知有着直接影响作用；国家对升学考试中民族团结知识所占比例的规定对小学六年级、初三年级学生掌握有关民族团结知识产生了影响。

对教师同一时间传递民族团结知识的情况调查结果说明，各年级教师整体上向学生传递民族团结知识的次数较少，在5类知识的传递上不存在年级的显著性差异。

这一结果证明，由于各年级教师传递民族团结知识的次数较少，学生记忆到的相关知识也就少。因为学校民族团结教育教学与其他学科知识的教学不同，其他学科如语文、数学等课时较多，教师传递给学生什么样的教学内容是有计划、有步骤地、集中地、专门地进行的，而教师，如班主任老师、历史、政治、语文课教师等对民族团结知识的传递有可能发生，也有可能长时间没有发生。因为，除非班会课内容、教学内容与民族知识、民族政策与理论有关系，教师的教学内容很少会涉及这些知识。各学校即使专门开设了民族团结教育课程的课堂教学，课时少，学生能够对几节课学习的知识所留下的印象不可能多。

不同年级的教师给学生传递的民族团结知识不存在显著性差异，而不同年级的学生对民族团结知识的记忆却存在着显著性差异。这一情况可能说明，学生对民族团结知识的掌握受到多种因素的影响，教师的影响可能不是一个直接的因素。受到学生心理发展特征的影响，低年级学生理解抽象问题的能力比高年级学生差，这可能导致低年级的教师认为自己已向学生传递了某种知识，但学生还未能领悟和关注到教师提供的信息。

本书第四章结果发现，整体上看，年级、性别、学校学生的民族组成等变量对学生的民族团结知识并没有显著预测作用，但学生参与的民族团结教育活动对他们掌握的民族团结知识有显著的正向预测作用，学生参与的文体活动、观摩活动、知识活动可以解释他们对 5 类民族团结知识的 7%—17% 的变异。

当前民族团结教育已被纳入我国小学阶段考查和中、高考及中职毕业考试范畴，且试题分值不低于政治科目的 15%。初三年级学生对 5 类知识的掌握都多于其他年级的学生，以及小学六年级学生对各族人事节、本地人事节、语言艺术 3 类知识的掌握程度与初二、高一、高二相似的情况，更可能是初三、小学六年级学生应对中考、小升初考试的结果，而不是参与民族团结教育活动的结果。

2. 民族认同的发展规律

各族学生民族认同的发展，表现在民族认同的结构、年级特征两个方面。家庭的民族社会化及学校民族团结教育等因素对学生的民族认同发展共同发挥作用。

第一，各族学生的民族认同由中华民族认同与本族认同组成，两种认同的关系是正向、积极的关系。各族青少年的本族文化认同、本族发展认同与中华民族文化的认同没有冲突；各族青少年的本族发展认同与本族文化的认同也没有冲突。

为了更好地对中华民族认同与本族认同进行区分研究，本书在探讨学生的民族认同结构时，采取了将中华民族认同与本族认同分为两个分问卷，分开进行因素分析的策略来进行数据的处理。研究者也发现，如果不将问卷条目人为地分为两个分问卷，预设问卷中的中华民族认同与本族认同的条目会出现交叉包容的现象。这一现象说明，也许中华各族原本就是中华民族中的各个组成成员，学生在心理上对中华民族的理解与对本族的理解并不具有严格区分的意义。

以费孝通的中华民族多元一体格局理论为基础，有研究指出，民族认同与国家认同存在价值共识和功能上的相互依赖关系，在社会实践中可以和谐共存。作为国家认同的中华民族相对于社会成员的民族认同而言，是高一个层次的民族认同意识。在民族成员的认同层次结构中，民族认同与国家认同是可以同时存在的。高层次的认同并不一定取代或排斥低层次的认同，不同层次可以并存不悖，甚至在不同层次的认同基础上可以各自发展原有的特点，形成多语言、多文化的整体。①

对中国大学生的双重民族认同的研究结果发现，大学生的本族认同与中华民族认同存在着中等程度的正相关，二者并不存在矛盾，个体可以既做到爱自己的民族，同时也热爱中华民族，反之亦然。②11—20 岁的青少年对自己民族的认同和对中华民族认同之间是呈中等程度的正相关。③ 本书研究再次证明了青少年的本族认同与中华民族认同存在着显著的正相关，并且进一步了解到，青少年的本族文化认同与中华文化认同存在正向的强相关，本族发展认同与中华文化认同也存在正向强相关。④ 青少年的本族发展认同与中华文化认同，本族文化认同与本族发展认同也存在正向强相关。这一结果表明，各族青少年对本族文化的认同、本族发展认同与中华文化的认同没有冲突；各族青少年对本族发展认同与本族文化的认同也没有冲突。青少年并不会因为对中华民族文化的认同程度高，而排斥自己本族的文化，否认自己本族的发展。中华民族认同得分与本族认同得分的相关为 0.49，为中等程度的正相关。

---

① 高永久、朱军：《论多民族国家中的民族认同与国家认同》，《民族研究》2010 年第 2 期。

② 史慧颖、张庆林、范丰慧：《西南地区少数民族大学生民族认同心理研究》，《民族教育研究》2007 年第 2 期。

③ 秦向荣、佐斌：《民族认同的心理学实证研究——11～20 岁青少年民族认同的结构和状况》，《湖北民族学院学报》（哲学社会科学版）2007 年第 6 期。

④ 注：相关系数为 0，表示两个因素没有相关；相关系数为 0.01—0.25，表示弱相关；相关系数为 0.26—0.50，表示中度相关；相关系数为 0.51—0.75，表示强相关；相关系数为 0.76—0.99，表示很强的相关。资料来源于［美］约翰·W. 桑特罗克《心理学导论》，吴思为、岳盈盈、赵敏、陶塑等译，上海社会科学院出版社 2011 年版，第 17 页。

表 8 - 3　　　　　　　　各族学生民族认同各维度之间的相关

	中华文化认同	中华归属感	本族发展认同	本族文化认同
中华文化认同	1			
中华归属感	0. 25 **	1		
本族发展认同	0. 54 **	0. 18 **	1	
本族文化认同	0. 61 **	0. 15 **	0. 62 **	1

注: ** 代表显著相关。

即使采取了将中华民族认同分问卷与本族分问卷区别分析的策略, 本书仍然发现, 各族学生本族认同与中华民族认同存在着正向强相关, 学生对本族的认同与中华民族的认同并非是一种矛盾关系。各族青少年对本族文化的认同、本族发展认同越高, 对中华文化的认同就越高, 各族学生并不因为认同自己本族文化、本族发展而否认中华民族文化。由于少数民族传统文化与现代社会的科技、政治文明存在着差异, 可能存在着学生学习现代社会文化之后, 对自己本族传统文化产生否定心态, 从而怀疑本族的发展。但本书并未发现这一现象, 各族青少年对本族发展认同与本族文化的认同之间是不存在冲突的, 本族文化与本族发展之间的相关是正向强相关。

学生对本族认同、中华民族认同的程度都处于较高水平。在本书区分的两种文化认同中, 除了佤族学生对本族文化的认同显著高于对中华文化认同, 藏族、傣族、纳西族学生对本族文化认同与中华文化认同没有显著性差异之外, 其他各族学生对中华文化的认同程度高于他们对本族文化的认同程度。

第二, 各族学生的民族认同程度都比较高。各族学生对本族文化认同程度高于对本族发展的认同; 对中华文化认同的程度高于对中华民族的归属感。各族学生的中华民族文化认同与本族文化认同相比, 存在着中华文化认同程度高于、等于和低于本族文化认同三种不同的情况。

评估学生民族认同的量表是 5 点量表, 以 3 分为中界点。低于 3

分，说明认同程度低，高于 3 分；说明认同程度高。得分越高，说明认同程度越高。

表 8 - 4 呈现了 11 种民族学生民族认同得分的总体情况。11 种民族学生的本族文化认同的得分为 3.83—4.33，本族发展认同的得分为 3.68—4.12，中华文化认同的得分为 3.97—4.35，中华民族归属感得分为 3.35—3.82。

表 8 - 4　　　　各族学生的民族认同情况（平均数/标准差）

族别	本族文化认同	本族发展认同	中华民族归属感	中华文化认同
汉族	4.11 ± 0.82	3.98 ± 0.93	3.64 ± 1.12	4.26 ± 0.87
彝族	3.96 ± 0.81	3.84 ± 0.87	3.62 ± 1.13	4.25 ± 0.83
藏族	4.33 ± 0.73	4.12 ± 0.81	3.66 ± 1.10	4.34 ± 0.76
佤族	4.04 ± 0.87	3.82 ± 0.91	3.35 ± 1.13	3.97 ± 0.98
傈僳族	3.83 ± 0.93	3.68 ± 0.96	3.57 ± 1.03	3.98 ± 0.98
白族	4.07 ± 0.82	3.92 ± 0.90	3.55 ± 1.17	4.22 ± 0.86
傣族	4.07 ± 0.87	3.85 ± 0.92	3.50 ± 1.10	4.05 ± 0.98
壮族	3.85 ± 0.96	3.77 ± 1.10	3.76 ± 1.09	4.07 ± 1.08
哈尼族	4.08 ± 0.78	3.87 ± 0.86	3.82 ± 0.98	4.35 ± 0.75
苗族	4.05 ± 0.86	3.84 ± 0.93	3.53 ± 1.12	4.27 ± 0.83
纳西族	4.28 ± 0.70	4.12 ± 0.77	3.76 ± 1.14	4.35 ± 0.82

对 11 种民族学生的本族文化认同与本族发展认同、中华民族文化认同与中华民族归属感、中华民族文化认同与本族文化认同分别进行的配对 t 检验，结果发现了几个一致的情况：11 种民族学生对本族文化的认同程度明显高于对本族发展认同的程度，11 种民族学生对中华文化认同的程度明显高于对中华民族的归属感。

汉族、彝族、傈僳族、白族、壮族、哈尼族、苗族 7 种民族学生对中华民族文化的认同程度显著高于对其本族文化的认同程度。藏族、傣族、纳西族这三种民族的学生对中华民族文化的认同程度与对其本族文化的认同程度相同，没有显著性差异。佤族学生对其本族文化的认同明显高于对中华文化的认同。

本书对 11 种民族学生的民族认同的考察得到的结果，与一些已有的研究获得的结果有一致之处。对壮族、彝族、苗族等西南多种民族大学生的研究发现，少数民族大学生的中华民族认同高于对本民族认同。[①] 对 11—20 岁的汉族、壮族等的研究表明，青少年对自身民族和中华民族都有较强的认同；中华民族认同得分要高于本民族认同得分。[②] 藏族大学生具有良好的国家意识，能够积极地肯定和认同由 56 个民族组成的中华民族统一体。[③] 而对佤族学生民族认同的一项研究发现，佤族中学生对本民族的认同要稍微强于对中华民族的认同，且在中华民族情感维度上的得分偏低。[④]

值得提出的是，汉族学生对中华民族文化的认同显著高于对其本族文化的认同，这一结果说明，作为中华民族核心成员的汉民族，[⑤] 汉族学生并未想当然地将中华民族文化等同于汉文化，对二者是有所区分的。

藏族、傣族、纳西族学生的本族文化认同与中华文化认同的程度之间没有显著性差异，可能是这三种民族的本族文化具有的特征所致。藏族信仰藏传佛教，傣族信仰南传上座部佛教，而纳西族信仰东巴教外，还信仰藏传佛教、中原佛教和道教。三种民族所信仰的宗教在现代社会中虽然经历变迁与挑战，但仍有较多的继承与发展。三种民族不仅有自己的语言，还有自己本族的文字，历史文化积淀较深等，但这些解释尚不能深入地说明藏、傣、纳西族学生与其他民族学生的不同，还需要进一步的研究。另外，本书的研究与甘开鹏等人对

① 史慧颖、张庆林、范丰慧：《西南地区少数民族大学生民族认同心理研究》，《民族教育研究》2007 年第 2 期。

② 秦向荣、佐斌：《民族认同的心理学实证研究——11～20 岁青少年民族认同的结构和状况》，《湖北民族学院学报》（哲学社会科学版）2007 年第 6 期。

③ 万明钢、王亚鹏：《藏族大学生的民族认同》，《心理学报》2004 年第 1 期。

④ 甘开鹏、王秋：《少数民族中学生的民族认同心理研究——以云南佤族为例》，《贵州民族研究》2012 年第 3 期。

⑤ 费孝通：《论人类学与文化自觉》，华夏出版社 2004 年版，第 14 页。

佤族学生的研究有一致的发现，佤族学生的本族认同高于中华民族认同，其原因是什么？有研究认为是因为佤族学生是边境的跨境民族，与跨境而居不同国籍的佤族人的交往多于本国其他民族，因而削弱了佤族学生的中华民族认同。[①] 由于这项研究仅只是猜测性解释，是否如此，也需要数据证实。另外，傣族、藏族等也是跨境民族，但并未表现出与佤族学生本民族认同相似的情况。因此，为什么存在这些不同，需要更深入的探讨。

第三，各族学生的民族认同程度在小学五、六年级就已达到较高水平，但初一年级学生的本族认同程度比小学有所下降，初二至高二年级学生的本族认同、中华民族认同程度或者与小学生相似，或者稍高于小学生的情况。

各族学生的民族认同发展虽然存在着一些统计学上的年级差异，但从学生的得分情况来看，小学五、六年级学生的民族认同程度已经处于一个较高的水平，各个年级之间存在的差异并未普遍体现出从低到高发展的趋势。比如，小学五年级学生对本族认同的程度与高二年级学生并不存在显著性差异，但初一年级学生的本族认同反而显著低于小学五、六年级学生。效果量指标 ω^2 的值微乎其微也说明，年龄并不是影响各族学生民族认同发展的具有实际效应的因素。见表 8-5。

表 8-5　11 种民族学生的民族认同的年级比较（平均数/标准差）

年级	本族文化认同	本族发展认同	中华民族归属感	中华文化认同
总体	4.07 ± 0.84	3.92 ± 0.92	3.60 ± 1.11	4.20 ± 0.89
小学五年级	4.06 ± 0.85	3.93 ± 0.94	3.62 ± 1.16	4.14 ± 0.93
小学六年级	4.07 ± 0.83	3.94 ± 0.93	3.56 ± 1.13	4.18 ± 0.89
初一	3.98 ± 0.86	3.83 ± 0.93	3.61 ± 1.06	4.16 ± 0.92
初二	4.06 ± 0.87	3.90 ± 0.92	3.56 ± 1.08	4.21 ± 0.87
初三	4.29 ± 0.65	4.07 ± 0.78	3.61 ± 1.08	4.34 ± 0.73

① 甘开鹏、王秋：《少数民族中学生的民族认同心理研究——以云南佤族为例》，《贵州民族研究》2012 年第 3 期。

续表

年级	本族文化认同	本族发展认同	中华民族归属感	中华文化认同
高一	4.25±0.75	4.03±0.86	3.75±1.10	4.34±0.82
高二	4.11±0.83	3.93±0.89	3.59±1.18	4.27±0.87
ω^2	0.01	0.00	0.00	0.01
多重比较	③<①②⑤⑥⑦ ①②④<⑤⑥	③<①②⑤⑥ ①④<⑥	①②③④⑥⑦<⑤	①<⑤⑥⑦ ②③④<⑥ ③<⑤

第四，学校民族团结教育与家庭民族社会化共同对各族学生的民族认同产生影响，并且家庭民族社会化经历对学生的影响作用比学校更为突出。

首先，学校民族团结教育活动对学生民族认同的影响是通过影响学生的民族团结认知而间接发生作用的。本书对学生民族认同的分层回归分析结果发现，学生在学校获得的民族团结知识对其民族认同有预测作用，但学校开展的民族团结教育活动与学生的民族认同相关程度较低，不能纳入回归模型，或者在回归模型中不显著。对民族团结知识的记忆与民族团结教育活动的相关分析发现，二者具有中等程度的相关，可以建立民族团结教育活动、民族团结知识的记忆、民族认同之间的间接路径模型。通过路径分析，本书发现，学校开展的民族团结知识活动、观摩活动和体验活动对学生民族认同的作用是间接的，这些活动通过影响学生对5类民族团结知识的掌握而对民族认同产生影响。研究考察的3类民族团结教育活动对学生中华民族认同的影响效应值为0.14，对本族认同的影响效应值为0.30。这一结果说明，学校开展的民族团结教育活动对学生本族认同的影响效应大于对中华民族认同的影响。

其次，学生在学校获得的民族团结知识与其民族社会化经历共同对民族认同产生影响，并且从整体情况来看，民族社会化经历的影响相较更大。本书第六章对民族认同回归分析的结果说明，按影响力从大到小的顺序排列，对于学生的中华文化认同有显著影响的前5位因素是促使不信任（负向）、偏见准备（负向）、促进和睦、民族政策与理论、各族人事节。对学生中华归属感有显著影响的因素仅有促使不信任（负向）、促进和睦、偏见准备（负向）和文化社会化（负向）。对学生的本族文化认同有显著影响的前5位因素是促使不信任（负向）、促进和睦、本地人事节、偏见准备（负向）、各族人事节。对学生的本族发展认同有显著影响的前5位因素是促进和睦（负向）、偏见准备（负向）、民族政策与理论、促使不信任（负向）、各族人事节。

值得注意的是，学生对宗教与习俗、语言艺术经济这两类知识的掌握情况，在中华文化认同模型中作用显著，但却是负向的，即学生掌握的宗教与习俗、语言艺术经济越多，可能反而会起到削弱中华文化认同的作用。学生对宗教与习俗知识的掌握，对其本族文化认同有正向的显著影响，但语言艺术经济类知识对本族文化认同的影响作用不显著。另外，父母与他族人的交往、参与他族人的活动对中华文化认同、本族文化认同有显著影响，父母参与他族人的活动对孩子的本族发展认同也有显著影响。

上述研究结果说明，青少年民族认同的发展的影响因素是复杂的。学校教育与家庭教育能够共同解释青少年民族认同的发展的一部分原因。

3. 青少年民族间交往的规律

青少年民族间交往的规律，表现在学生与本民族学生、其他民族学生之间交往的情况、年级特征两个方面。父母与他族人交往的情况、父母对子女的民族社会化及学校教育都共同对孩子与他族人的交往产生了影响。

首先，各族学生与本族人交往情况良好，与他族人交往的情况比较好。与他族交往相比，各民族的学生具有更喜欢与本族人在一起、与本族同学关系更好、有更多本族朋友的一致倾向。但是，各族学生也都表现出对他族学生的接纳和喜欢。

评估学生与民族间交往行为倾向的量表是4点评分量表，1分至

2 分，表示与本族或他族人的关系不好，不喜欢与本族或他族人在一起，也表示自己的亲密朋友中没有本族或他族人。得分在 3—4 分，表示的情况与 1—2 分相反。得分越高，表示与本族或他族人的关系好，越喜欢本族或他族人，朋友越多。

表 8 - 6 呈现了 11 种民族学生本族、他族交往的情况。11 种民族的学生与本族交往的得分为 3.22—3.36，都超过了 3 分。11 种民族的学生与他族交往的得分为 2.99—3.20，除了壮族学生与他族人交往的平均得分接近 3 分以外，汉族学生达到 3 分之外，其他 9 种民族学生与他族交往的平均得分都超过了 3 分。说明各族学生与本族人交往情况良好，与他族人交往的情况比较好。

表 8 - 6　　各族学生本族交往和他族交往得分的配对差异性检验结果（平均数/标准差）

族别	人数	本族交往	他族交往	t
汉族	4388	3.31 ± 0.55	3.00 ± 0.54	33.77***
彝族	880	3.24 ± 0.50	3.13 ± 0.54	5.41***
藏族	823	3.35 ± 0.47	3.07 ± 0.49	14.40***
佤族	829	3.24 ± 0.53	3.06 ± 0.51	8.77***
傈僳族	764	3.22 ± 0.53	3.02 ± 0.51	10.02***
白族	761	3.26 ± 0.58	3.07 ± 0.54	7.41***
傣族	639	3.24 ± 0.60	3.06 ± 0.55	7.10***
壮族	376	3.32 ± 0.53	2.99 ± 0.56	11.88***
哈尼族	332	3.27 ± 0.46	3.20 ± 0.49	2.36*
苗族	241	3.29 ± 0.57	3.15 ± 0.60	3.68***
纳西族	156	3.36 ± 0.48	3.17 ± 0.48	4.27***

注：* $p < 0.05$，** $p < 0.01$，*** $p < 0.001$。

各族学生本族交往与他族交往的配对差异性检验结果发现，各族学生与本族交往的得分显著高于他族交往的得分。因此，出现了与他族交往相比，11 种民族的学生更喜欢与本族人在一起、与本族同学关系更好、有更多本族朋友的一致倾向。但是，各族学生并不排斥他族学生，他们也都表现出对他族学生的接纳和喜欢。

这种偏好本族群体成员但不排斥他族成员的情况，和我国研究者之前的研究结果相同。尹可丽对傣汉学生同伴交往的研究发现，两种民族的学生都有选择同族人作为自己同伴，但并不排斥他族学生的倾向。[①] 秦向荣与佐斌的研究发现，中国青少年对自己民族身份认同并不会对其他55个民族有排斥，同样对中华民族认同不会对外国民族有排斥。[②] 本书的研究结果证实了社会认同理论提出的内群体偏好，但却不能证明外群体歧视的存在。社会认同理论认为人有分类的需求，倾向于认同我们所归属的团体，容易把自己与自己的团体紧密地结合起来，用这种联系获得自尊、感到骄傲。内群体偏向就是指这种将自己归属于某一团体的分类让我们主观上知觉到自己与他人共属一个团体，从而引起的给内群体较多资源以及正向的评价，而外群体歧视就是指对外群体成员分配较少资源并给予负向的评价的现象。[③]

本书对中国11种不同民族青少年学生对本族、他族交往的行为倾向的结果也许预示着中国各民族学生具有较为开放和成熟的民族认同。与本民族关系的好坏、对本民族的喜爱程度以及本民族亲密朋友的数量，是常用于考察民族认同的项目。[④] 国外对民族认同的研究发现，成熟的民族认同与积极的民族间态度具有正相关的关系。[⑤] 成熟的民族认同被认为是与更开放和积极群体间态度有关。[⑥] Phinney 等人认为在青少年时期发展更成熟的民族认同会使青少年产生对自己群体

① 尹可丽：《傣汉学生同伴交往的比较研究》，《西南教育论丛》2000 年第 5 期。

② 秦向荣、佐斌：《民族认同的心理学实证研究——11～20 岁青少年民族认同的结构和状况》，《湖北民族学院学报》（哲学社会科学版）2007 年第 6 期。

③ Otten S., Mummendey A., "To Our Benefit or at Your Expense? Justice Considerations in Intergroup Allocations of Positive and Negative Resources", *Social Justice Research*, Vol. 12, No. 1, 1999.

④ Hughes D., Johnson D. J., "Correlates in Children's Experiences of Parents' Racial Socialization Behaviors", *Journal of Marriage and the Family*, Vol. 63, No. 4, 2001.

⑤ 张莹瑞、徐海波、阳毅：《民族认同在民族间态度中的积极作用》，《心理科学进展》2009 年第 6 期。

⑥ Newman D., "Ego Development and Ethnic Identity Formation in Rural American Indian Adolescents", *Child Development*, Vol. 76, No. 3, 2005.

成员的信任和对其他群体更大的开放性。[1]

通过降低威胁感，强烈的民族认同可以激发人对新鲜刺激的兴趣，从而与自己不同的人相接触，[2] 因此，给青少年提供同其他民族相接触和获取其他民族理解的机会跟多了解自己民族一样重要。[3][4]

由于聚居地的各族学生在同一地区生活，学校中，尤其是多民族混合学校中，不同民族学生每天都发生着交往与接触，也许学校开展的民族团结教育课程与活动也给他们提供了一些理解他族文化的机会。这些都有可能是 11 种民族青少年有内群体偏好，但不排斥外群体，或者说无外群体歧视的原因。

其次，各族学生整体上与本族人的交往并未随着年级的增加发生显著的变化，但与他族的交往到高中发生了显著的变化，高中学生与他族学生的交往明显比小学、初中学生多，高一年级可能是一个民族间交往增多的关键时期。

表 8 - 7 考察了 11 种民族学生与本族、他族学生的交往情况。结果得知，七个年级的学生与本族同学的交往得分为 3.27—3.32，与他族学生的交往得分为 2.96—3.14。不同年级学生本族交往与他族交往存在的差异，其效果量指标的值都很低，说明年级与学生的民族间交往的关系是低关联强度。虽然不同年级学生与本族人的交往存在着显著差异（达到 0.05 的显著水平），但是多重比较的结果却没有出现年级之间的差异，更说明了学生本族交往的这种年级间的差异并没有太多的可比性。各族学生与他族学生的交往在高一年级发生了一个

---

① Phinney J. S., Cantu C., Kurtz D., "Ethnic and American Identity as Predictors of Self-Esteem among African American, Latino, and White Adolescents", *Journal of Youth and Adolescence*, Vol. 26, No. 2, 1997.

② Phinney J. S., Anthony D. O., "Conceptualization and Measurement of Ethnic Identity: Current Status and Future Directions", *Journal of Counseling Psychology*, Vol. 54, No. 3, 2007.

③ Brown R., Eller A., Leeds S., Stace K., "Intergroup Contact and Intergroup Attitudes: A Longitudinal Study", *European Journal of Social Psychology*, Vol. 37, No. 4, 2007.

④ Falomir-Pichastor J. M., Munoz-Rojas D. Invernizzi F., "Perceived In-Group Threat as a Factor Moderating the Influence of In-Group Norms on Discrimination against Foreigners", *European Journal of Social Psychology*, Vol. 34, No. 2, 2004.

明显的增多。说明，高一年级可能是一个不同民族学生交往的关键时期。

表8-7　　　　　11种民族学生的民族交往情况的年级对比
（平均数/标准差）

	小学五年级	小学六年级	初一	初二	初三	高一	高二	F
本族	3.29 (0.57)	3.30 (0.54)	3.27 (0.54)	3.27 (0.53)	3.32 (0.47)	3.32 (0.49)	3.28 (0.55)	2.31*
他族	3.01 (0.57)	3.07 (0.55)	3.02 (0.53)	3.03 (0.52)	2.96 (0.46)	3.14 (0.49)	3.10 (0.51)	10.15***

注：他族交往的多重比较结果：①③④⑤＜⑥⑦，②＜⑦，①＜②；括号内数据为标准差。

除了傣族、哈尼族学生的本族交往、他族交往不存在年级间的差异之外，其他9个民族的学生或者在本族交往方面存在年级差异，比如彝族、藏族、白族、壮族；或者在他族交往上存在年级差异，比如汉族、苗族、纳西族；或者本族交往、他族交往二者都存在年级差异，比如佤族、傈僳族。由于这些年级间存在差异的效果量指标的值很低，因此，年级本身与这些差异的关系很小。

再次，父母对子女与他族学生的交往产生了很大的影响，学校的民族团结政策与理论知识的教育、学校开展的民族团结文体活动也对学生与他族人的交往有明显的促进作用。

考察影响学生与他族人交往的因素发现，7个有显著性影响的预测变量按β值的大小从高向低排列：父母的他族朋友人数、父母参与他族活动的次数、偏见准备（负向）、促进和睦、政策理论、促使不信任（负向）、文体活动。

父母的他族交往行为能够预测孩子的他族交往行为。父母是孩子的榜样，他们与他族人的交往对孩子有着潜移默化的影响。学生父母的他族朋友、熟人越多，父母参与他族人活动的次数越多，学生在态度和行为上越倾向于和他族学生来往。子女对父母的模仿行为是可以解释这一结果的可能原因之一，父母对待他族人的友好相处、互相来往的态度和行为可以为孩子提供榜样。更重要的原因可能是因为父母与他族人的交往、参与他族人的活动，都给孩子提供了更多能够接触到他族人的机会，一般来说，带小孩的父母与其他有孩子的父母交往时，他们的孩子就有了在一起玩耍的机会。

父母对孩子与他族学生交往的影响，还表现在父母给孩子传递的信息上。父母给孩子偏见准备的信息越少，促使不信任的信息越少，促进和睦的信息越多，孩子与他族学生的交往就会增多。这一结果说明，父母对孩子进行的民族社会化信息传递是十分重要的。如果父母经常向孩子讲本族人会被他族人看不起，本族人需要格外努力才能获得与他族人同等的待遇，父母经常有意无意中让孩子接受到他族人对本族人有偏见、有不正确的看法这类信息，那么，孩子将更少地发生与他族人的交往。

学校向学生传递的民族政策与理论知识、开展的文体活动能够促进学生与他族学生的交往，而其他知识，比如各族的历史人物、事件、节日，宗教习俗、语言艺术以及经济发展等知识并不能发生显著作用，这一结果说明，在知识的传递上，由于民族团结政策与理论宣扬"中国各民族平等、团结、互助、和谐的关系"，讲授"促进民族团结、维护国家统一、反对民族分裂的必要性"，介绍"中国民族政策的基本内容"，讲解"中华民族的历史演变、现状及特点""党和国家民族政策的优越性"等，这些知识对促进学生产生中华民族认同，形成团结和睦的意识发挥了积极的作用，而这些将不同民族学生团结在一起的观念是促使学生与他族交往的重要原因。在进行年级间比较时发现，总体上看，高一年级与他族人的交往有明显的增多，这种增多也许与高一学生对民族政策与理论知识的理解增强有关，尽管初三学生在民族政策与理论知识上得分最高，但有可能初三年级学生主要是以考试为目的来记忆知识，而高中学生对这类知识的理解有了增加。

民族团结知识类活动、观摩活动对学生的他族交往未产生显著影响，而文体活动的影响显著，这一结果说明，跳民族健身操、参加民族节日、参加民族歌舞文娱活动等这些需要身心参与的活动，比重视看、听、思考等方式来学习、观摩知识的民族团结活动，更能发挥促进不同民族学生交往的作用。

4. 11 种民族学生民族间冲突行为表现

由于本书在统计民族间冲突行为时未采取等级评分方式来测量结果，仅考察了是否存在因与民族有关的原因而发生了冲突，因此，研究结果只体现出民族间冲突行为在类型上、人数上以及不同学校发生的情况。

第一，总体来看，11 种民族的学生因与民族有关的原因而与他人发生的 5 种冲突行为的人数百分比在 5.5% 至 10.3% 之间，按从低到高排列，依次是被辱骂、与人吵架或打架、被排斥、遭受不公正待遇、被取笑。说明虽然与民族有关的原因而发生冲突行为的人数百分比很低，但各民族学生之间，各民族学生与其他民族的成人（比如教师）之间有一些冲突存在。

被取笑这一冲突行为在 5 种冲突行为中程度最为轻微，也被 11 种民族学生最多地报告。各族学生报告因为与民族有关的原因而被人取笑的人数百分比都超过了 5%，其中，苗族、哈尼族、佤族、壮族、傣族、彝族学生此项行为的人数百分比在 10% 以上，汉族学生、藏族学生报告此项行为的人数百分比也接近 10%。

汉族虽然是中国人数最多的民族，但在少数民族聚集地，汉族学生也可能被其他民族的学生或成人取笑、辱骂、感到被人排斥、感到遭遇到不公正待遇等。

表 8 - 8　　11 种民族学生中报告因与民族有关的原因而导致的

5 种冲突行为的人数百分比

族别	人数	取笑	辱骂	吵架、打架	排斥	不公正
汉族	4419	9.6	5.5	6.2	6.2	7.4
彝族	884	11.2	8.3	9.0	7.9	11.0
藏族	824	9.5	1.9	2.2	3.2	4.0
佤族	830	13.5	10.7	10.2	11.3	12.5

族别	人数	取笑	辱骂	吵架、打架	排斥	不公正
傈僳族	772	5.4	0.9	2.6	2.8	4.0
白族	765	8.6	5.5	5.5	9.3	9.2
傣族	646	12.7	6.5	4.8	9.4	9.9
壮族	377	13.3	2.7	1.9	5.8	5.8
哈尼族	342	14.0	2.9	4.1	5.8	10.2
苗族	243	16.5	11.9	12.3	15.2	15.6
纳西族	157	7.0	1.9	2.5	5.1	3.8
合计	10259	10.3	5.5	5.9	6.9	8.0

佤族学生与苗族学生报告因与民族有关原因而与其他民族的人发生五类冲突行为的人数百分比都分别超过了10%。说明相比其他民族的学生来说，这两种民族的学生更容易体验到与其他民族的冲突。

除被人取笑这一行为之外，傈僳族、藏族学生报告因与民族有关原因而与其他民族的人发生其他四类冲突行为的人数百分比都分别低于5%。说明相比其他民族的学生来说，这两种民族的学生更少地体验到与其他民族这四类冲突。纳西族、壮族学生也相对少地体验到与其他民族发生的被辱骂、被排斥、与人吵打、遭受不公正待遇等这四类冲突。

第二，汉族学校、少民学校与混合学校这三类学校中，无论是哪一类学校都有学生报告因与民族有关的原因而与其他民族的学生发生冲突行为，但各族学生所报告发生最多的冲突行为类型是有区别的。

表8-9数据说明，在一所学校中，如果汉族、彝族、哈尼族学生所占比例很少，那么，相较其他类型学校的同族学生，该三种民族的学生更可能报告因与民族有关原因而经历到与他族的冲突行为。混合学校的佤族、傈僳族、白族学生报告的因与民族有关原因而经历到的与他族的冲突行为比其他类型学校的同族学生报告的多。少民学校的傣族、哈尼族、白族学生报告的因与民族有关原因而经历到的与他族的冲突行为比其他类型学校的同族学生报告的多。三类学校的苗

族、纳西族学生所报告的与民族有关的冲突行为没有显著性差异,少民与混合学校的藏族学生报告的与民族有关的冲突行为没有显著性差异。各族学生报告的发生最多的冲突行为类型是有区别的。

表8-9 11种民族学生民族间冲突行为相较多的学校类型及冲突类型摘要

族别	学校类型	冲突行为类型
汉族	少民学校	被人取笑、被人排斥、遭到不公正待遇
彝族	汉族学校	被人辱骂、与人吵架或打架、被人排斥
哈尼族	汉族学校	与人吵架或打架、受到不公正待遇
	少民学校	被人取笑
佤族	混合学校	被人辱骂
傈僳族	混合学校	不公正待遇
白族	混合学校	被人取笑
	少民学校	被人排斥
傣族	少民学校	不公正待遇
苗族		三类学校无显著差异
纳西族		三类学校无显著差异
藏族		少民学校与混合学校无显著差异

第三,各族不同年级学生报告的民族间冲突行为对比说明,虽然不同年级的各个民族的学生在冲突行为类型、发生冲突相较多的年级各异,但也体现出一些可辨的相同倾向:第一,两头多、中间少的情况。表8-10总结了各族学生报告的存在着显著性年级差异的民族间冲突行为的结果。汉族、藏族、傈僳族、白族的小学五年级和(或)小学六年级、高一和(或)高二年级学生比初中学生相较多的报告了与他族学生发生冲突行为。第二,彝族和苗族学生的此类行为在高中相对小学、初中更多。第三,傣族、佤族学生报告的被人辱骂或被人排斥相对多地发生在小学五年级、初二或初一年级。第四,各年级的壮族、哈尼族学生对此类行为的报告不存在年级间的差异。

表 8 - 10　　各族学生报告民族间冲突行为相较多的年级及冲突

行为类型摘要

族别	年级	冲突行为类型
汉族	小学五年级、小学六年级；高一、高二	被人辱骂、与人吵架或打架、被人排斥、遭到不公正待遇
彝族	高一、高二	被人辱骂、与人吵架或打架、被人排斥
藏族	小学五年级、小学六年级；高一	被人取笑（小学五年级、6）；被人辱骂、与人吵架或打架（高一）
佤族	小学五年级、初一、初二	被人辱骂（小学五年级、初一、初二）、被人排斥（小学五年级）
傈僳族	高二、小学六年级	不公正待遇
白族	小学五年级、高二	被人取笑（小学五年级）、被人辱骂（小学五年级、高二）、与人吵架或打架（小学五年级、高二）、遭到不公正待遇（小学五年级、高二）
傣族	初二、小学五年级	被人辱骂
壮族	无年级差异	
哈尼族	无年级差异	
苗族	高一、高二、初一	被人辱骂（高一、高二）、被人排斥（初一、高一、高二）、遭到不公正待遇（高一、高二）
纳西族	被试人数较少，未比较年级差异	

第四，各族学生间发生冲突的原因可能与民族认同、语言等有关。

本课题组于 2013 年 5 月至德宏傣族景颇族自治州某初级中学进行调查，要求学生写出"一件有损民族团结的事例"。一名初一学生写道："开学了，宿舍里有两个汉族男生与宿舍人打架。因为这个宿舍的其他男生都是傣族，傣族人叫两个汉族搬走，汉族不搬，所以就打了起来。"还有一名女孩写道："宿舍里除了我一个人是景颇族，其他人都是傣族。她们平时对我很冷淡，几乎不理我，有时候她们在宿舍里嘀嘀咕咕，好像在说我取笑我，我听不懂她们在讲什么，这样很有损团结。"通过类似的事例，各族学生间发生冲突和矛盾的可能原因是：

当不同民族的学生聚集在同一所学校生活、学习的时候，是否同族会成为学生群体归属感的重要来源之一，因群体归属感而产生的本族认同会导致他们在言行上有意或无意排斥其他民族的学生，进而引发他族学生的被取笑、被排斥、遇到不公正待遇等感受。对美国大学生的研究发现对本民族认同高的大学生更多表现出外群体歧视，[①] 而大学生民族身份的意识会增加民族认同感，进而增加民族间偏见以及民族群体间矛盾的知觉。[②] 本书对汉、彝、藏等11种民族学生调查结果发现，各族学生都存在着更喜欢与本族交往，次喜欢与他族交往的现象。这一现象说明，当不同民族的学生发生交往时，同族人更让学生感到安全和放松，对他族人的言行则更为敏感和紧张。

语言在不同民族的交往中也产生了重要作用。语言的使用本身就可能增加某种语言使用者的群体认同，并将不懂这种语言的人排除在外。因此，一旦学生间发生使用不同语言来表达不满、负性情绪时，不同族学生之间的冲突感受就会被放大，进而可能导致不同族学生间的语言攻击，甚至打架行为。

对学生的实际调查以及经验提示，也许在同一时空下，学生中的民族种类、人数的多寡也对不同族学生间的冲突发生了影响。少民学校的汉族学生，比混合学校、汉族学校的汉族学生更多地感到被他族人取笑、被人排斥、遭到不公正待遇。汉族学校的彝族、哈尼族学生更多地感到被他族人辱骂、与人吵架或打架、被人排斥、遭到不公正待遇等。这些情况都说明，同一时空下，汉族、彝族、哈尼族这三种民族的学生在本民族人数少的时候，对民族间冲突行为更敏感。而多民族混合的学校中的佤族、傈僳族、白族学生等对被人辱骂、取笑、遭到不公正待遇报告更多。不同民族学生因本族人、他族人的人数多少而引起何种冲突的情况较为多样，不能随意下结论。

---

① Negy C., Shreve T. L., Jensen B., Uddin N., "Ethnic Identity, Self-Esteem, and Ethnocentrism: A Study of Social Identity Versus Multicultural Theory of Development", Vol. 9, No. 4, 2003.

② Sidanius J., Laar C. V., Levin S., Sinclair S., "Ethnic Enclaves and the Dynamics of Social Identity on the College Campus: The Good, the Bad, and the Ugly", *Journal of Personality Social Psychology*, Vol. 87, No. 1, 2004.

二 培养青少年民族团结心理的教育建议

本书根据对云南省 11 个地州、市的 86 所中小学的 1271 名有关教师开展的民族团结教育教学情况，以及小学五年级至高中二年级共七个年级的 10967 名学生的民族团结心理状况的调查，提出以下建议：

1. 规范中小学民族团结教育教材的使用，确保学生学习的连续性和系统性。

2010 年经国家教育部中小学教材审定委员会审查通过的 4 本民族团结教育教材已投入使用，即小学的《中华大家庭》和《民族常识》，初中的《民族政策常识》和高中的《民族理论常识》。这 4 本教材的设计是根据学生的年龄特征，分阶段、分层次、有重点、有针对性设置的。教材使用的不规范，会影响学生学习的连续性，难以在头脑中形成系统的、完整的民族团结知识结构。

本课题组调查了 2010 年 9 月至 2011 年 11 月 86 所中小学使用教材的情况，结果发现这一期间，中小学对民族团结教育教材的使用还未规范化。主要表现，一是未按符合内容标准的年级规定使用教材。《民族常识》，使用年级有小学五年级、小学六年级、初一、初二、高一、高二年级。《中华大家庭》和《民族常识》这两本教材被参与调查的教师提及，但《民族政策常识》和《民族理论常识》未被参与调查的教师提及。二是各校使用的教材有多种版本，比如，有的学校使用《云南省民族团结教育教材》，使用年级是小学五年级、初二、初三。人民教育出版社的《我们的民族小学》，使用年级有小学五年级、小学六年级。云南教育出版社的《奇山异水云之南》，使用年级有小学五年级、小学六年级。江苏教育出版社的《爱我中华》，使用年级是小学五年级。三是将政治课教材等同于民族团结教育教材。比如有教师提出，粤教版的《思想政治》，使用年级为初二、初三。人民教育出版社的《思想品德》，使用年级为初三。人民教育出版社的《政治生活》，使用年级为高二、高一。

本调查结果证明，在这种尚未规范使用教材的情况下，即使学生的年龄增加、年级增高，也可能会出现知识无增的情况。总体上看，学生对民族政策与理论知识、宗教与习俗的记忆，小学五年级至初二年级学生处于同一水平，初三至高二年级学生是同一水平。对民族常识中的各族的历史人物、事件、节日、语言、艺术、经济等知识的学习，小学五年级、初一年级学生的水平最低，初三年级学生水平最高，而小学六年级、初二、高一、高二学生处于同一水平等。各族学生对民族团结知识的学习程度表现出不均衡的、多样的状况：藏族、傈僳族、白族学生对民族政策与理论知识的掌握随着年级的增高分段、有序地递增。傣族、苗族、哈尼族、纳西族学生对民族政策与理论知识、民族常识的掌握没有年级间的差异，各个年级学生的情况没有显著不同等。

规范使用教材，是解决民族团结教育的不连续性、分散性和随意性的一个重要方法。云南省曾采取政府拨款购置民族团结教育教材免费发放给中小学生使用的办法解决教材问题。免费教材发放遇到的通常问题是，由于经费不足，有的地方采取让学生重复使用教材的方法，但不能在教材上进行勾画使第一批使用教材的学生感到不快，而后一轮学生也不喜欢使用旧教材，这些情况使得重复使用教材成为困难。因此，靠地方政府完全拨款和重复使用教材来解决民族团结教材的规范使用，不能够很好地解决民族团结教材使用的问题。

规范使用教材的具体措施是：引导地方政府和学校认识到规范使用教材的重要性，明确不同年级需要使用不同的教材，将民族团结教育教材纳入到国家义务教育两免一补政策的免费教科书中，确保小学、初中生使用到符合国家内容标准的教材；对少数民族聚居地、贫困地区的高中生的民族团结教育教材可采取地方政府拨款的方式，纳入地方免费教材，免费向学生发放。

2. 采取歌曲、歌谣等艺术宣传教育手段，加深学生对民族团结知识的知晓程度。

学校开设的民族团结教育课程一般课时较少，以小学和初中每学年 10—12 学时为计，每学期仅有 5—6 个学时，并且这些学时中还有可能包括专题讲座、活动的时间。除了专门的课程之外，学校教师因由自己所教的学科教学内容、课堂教学情境、学生学习生活中发生的事情、社会环境、时事变化等，都可能生发对学生的民族团结教育。因此，这些条件都决定了学校民族团结教育具有情境性和分散性。即教育教学的时间和内容因情境生发，教学时间分散、内容分散、教师责任分散。这一特点，决定了学生民族团结知识的获得带有较强的零散性，也使得学生对民族团结知识的掌握很难做到深入、准确。

本调查结果证明了民族团结知识教育的零散性。从小学五年级到高中二年级，七个年级的教师向学生谈到民族常识、民族政策与理论知识的次数少，而且没有显著的差异。七个年级的学生总体上对民族常识与民族政策与理论知识"有点印象但记忆并不清晰"。

本书对民族团结先进人物方有富先生的访谈发现，歌曲是传播民族团结的有力形式。中国人因一首《56 个民族 56 朵花》这首歌而了解到中华民族的基本常识，这首歌激发各族人民团结为"一家"，"爱我中华"的爱国热情。

为了解决青少年难以准确记忆国家民族政策与一些基本的民族常识的现象，建议组织优秀文艺工作者、文学工作者、教育工作者从各地、各民族的歌曲中精选或撰写一些与民族团结有关的、旋律优美动听、歌词健康有时代感的歌曲、歌谣；将中国最为重要的民族政策与民族常识编制成朗朗上口的歌谣、诗歌等；精选、撰写一些生动感人的民族团结故事；甚至可以制作一些相声、小品。在这些歌曲、诗歌、歌谣中精选有重要价值的编进教材中，使学生有机会诵读、歌唱。将有助于学生记忆民族团结知识的歌曲、歌谣、诗歌、相声、小品等录制成音像资源，在中小学推广使用，供学校有计划地在课间播放、供学校开展民族团结教育活动使用。

3. 不以学校是否开展民族团结活动作为学校民族团结教育教学的主要的、唯一的衡量指标，而将民族团结课程内容的学习，即民族团结知识的传授与学习，尤其是民族政策与理论知识的学习作为评价学校开展民族团结教育的核心指标。

本书研究发现，根据《学校民族团结教育纲要试行》的规定和以往中小学开展民族团结教育的经验，各中小学开展的民族团结活动多种多样，具体可分为知识学习、运动、歌舞艺术、文化交流、人际交往、纪念活动、公益活动 7 条途径、40 多项活动。对学生回答的 12 项活动的情况问卷进行因素分析的结果表明，这些类别的活动分为知识学习、观摩体验与文体活动三类。进一步分析这些活动与学生掌握民族团结知识的关系、分析这些活动与学生民族认同、民族间交往的关系，结果发现，学生参与的三类民族团结教育活动对掌握民族团结知识有正向的促进作用，但是，这些活动并不能直接对学生的民族认同产生影响，而是需要通过民族团结知识才能发挥作用。而且，本书研究发现，目前学生参与的活动通过民族团结知识而促进他们的本民族认同的效应大于中华民族认同。虽然本族认同与中华民族认同之间的关系是正向的、不冲突的关系，但是，这一研究结果可能预示着，目前学校开展的民族团结活动除了促进学生对民族政策与理论的理解之外，还明显地增加了学生对本族文化和发展情况的认识，进而增强了学生的本族认同；而这些活动能够通过增加学生对中华民族文化的认识而促进中华文化认同，但却未能对促进学生的中华民族归属感发挥作用。另外，分层回归分析也发现，除了文体活动能够对学生与他族的交往发挥积极作用之外，三类活动都不是学生的民族认同的显著预测因素。由于本书将中华民族归属感界定为"中华民族的命运与我无关"；"我感到不同民族的人很难相处"，"我感到与不同民族的人难以相处"。综合考虑这些结果，知识学习类活动、观摩活动并未能对促进不同民族学生之间的交往起到积极作用。

值得重视的是，教师讲授民族常识时，需要慎重选择教育教学的内容。本书研究发现，民族政策与理论知识、各民族的著名历史人物、重大历史事件、节日等知识的学习对学生的本族文化认同、本族发展认同、中华民族文化认同、不同民族间的交往有正向的促进作用，但是宗教与习俗、语言文字、文化艺术科技成就、社会经济文化发展这类知识却对中华民族文化认同有负面的影响作用。

开展民族团结教育活动的措施：引导学校在开展民族团结教育活动时，要有意识地考虑活动可能涉及的知识和价值观念，不能简单地认为开展了某种活动就能对学生的民族团结意识、国家观念和行为起到增强作用，也不能简单地认为增加了学生对其本民族文化、历史等知识的认识，提高了学生的本族认同就是增强了中华民族认同。要重视对民族政策与理论知识的宣传教育，加强对祖国统一、民族兴旺发达有贡献的著名历史人物和重要历史事件、民族节日的宣传教育，不重点强调和突出宗教与习俗、语言文字、文化艺术科技成就、社会经济文化发展这类知识。引导学校在开展某种民族团结教育活动期间，有意识地安排对应的主题班会、队会、讨论会等，由教师指导、学生主动反思参与活动的所得、所想，真正建立起学生的本族认同与中华民族认同、国家认同的统一。考核方式多样，采用期末笔试、口头回答的方式考核学生对相关知识的学习效果；采用问卷调查的方法考核学生对相关课程或活动的态度；将学生在生活中尊重其他民族同学的生活习惯、宗教信仰的行为纳入学校对班级的年终量化考核；将学生在生活中尊重其他民族同学的生活习惯、宗教信仰情况纳入班级对学生的操行考核；将各族学生是否团结友爱、互帮互助纳入班级对学生的操行考核。

4. 引导学校不仅重视显性民族团结教育的落实，如课程、活动的安排，也重视隐性民族团结教育的实施，并做好不同民族学生间交往的心理辅导工作。

本书认为，各族学生间存在着因与民族有关的原因而发生的冲突行为。为了使这些冲突行为减少到最小限度，或者在这些冲突行为发生之前能够得到预防，发生之后能够得到较好的处理，学校可采取的具体措施是：重视各族学生的心理需要，在分班、安排座位和宿舍时，考虑不同民族学生间的合理搭配，给学生提供和睦、健康、良好沟通的心理空间。不定期地开展学生民族间交往行为的团结心理辅导和教育。妥善利用不同民族学生之间发生的行为冲突，及时对学生进行民族间和睦交往、共同进步的心理辅导，增进不同学生之间的理解、交流和互助。

5. 制定多民族聚居地学生家长民族团结宣传教育政策，让各族学生家长有机会学习党和国家的民族政策与相关民族常识。

对学生民族认同与他族交往相关因素的分层回归分析结果发现，父母传递的促进和睦信息、父母的他族朋友数目、参与他族人的活动次数等对孩子的中华文化认同、本族文化认同、本族发展认同、孩子与他族学生的交往有显著的积极影响。父母向学生传递的偏见准备、促使不信任信息对孩子的中华文化认同、本族文化认同、本族发展认同、孩子与他族学生的交往有显著的负面影响。父母传递的促进和睦对孩子的中华民族归属感有积极影响，而偏见准备、促使不信任和文化社会化信息有负面影响。整体来看，在回归模型中，父母传递上述信息的情况，父母他族交往的情况对孩子的影响力多数排在学生在校学习到的民族团结知识的影响力之前。因此，对于青少年的民族团结教育来说，家庭的作用是不容忽视的。

将多民族聚居地各族学生父母接受民族团结宣传教育制度化、规范化。规定学生家长有义务接受国家的民族团结宣传教育。采取教育行政部门统一管理、学校具体执行的方式，分初一新入学和高一新入学两个阶段对学生父母进行一次至两次培训。统一制作家长民族团结教育培训课件。紧紧围绕解读党和国家的民族政策，并结合多民族地区学生在学校学习时，可能会遇到的与民族关系处理有关典型问题进行解答，制作出适合初中、高中家长使用的、生动、简明，有音像图片、实例故事支持的多媒体培训短片，供学校在初一、高一新生入学时，对家长进行集中培训使用。

6. 加强对民族团结教育的研究，不仅研究课程内容、实施措施、教育教学途径、方法，也需要研究这些内容、实施途径对青少年的心理和行为发展的影响，进一步完善学校民族团结教育的价值和功能的定位；研究对民族团结教育教师的培训内容、培训方式等。

民族团结教育是一项民族团结教育是一项长期的系统工程。这也是一项政治性强、政策性强、涉及知识面广的教育工作。如果不深入研究这项工作的开展，对青少年的心理、行为产生了什么影响，仅只从教育单方面考虑课程内容、实施途径、措施，事实上是无法知道这些内容、途径、措施对人产生的影响。本研究得到的一些结果发现，学校教师向学生传递的一些信息，表面上看是有利于民族团结进步的，而实际上，有些信息恐怕并非如同想象的那样发挥了正面作用，弄不好会起到反作用。只有加强研究，掌握学校民族团结教育教学规律、明确学生民族团结心理的形成与发展规律，才能确保民族团结教育师资培训、教师队伍建设的质量。

另外，目前民族团结教育被界定为一门政治性、政策性强的教育工作，人们往往只看到其维护国家安全、民族统一的政治价值和功能，但并未看到该项教育对各族青少年个体的发展价值。目前一些学者对如何在中国的民族教育中移植国外的多元文化教育模式比较感兴趣，进行了很多探讨，却很少注意到具有中国本土特色的学校民族团结教育，可能提供了一种值得其他国家借鉴的塑造良好民族关系、培养民族认同、国家认同的教育模式。通过接受教育，发展起符合社会和国家要求的民族认同感、民族自尊心和自信心，懂得各族是平等互助，共同发展的关系，对个人的价值观、情感、态度和群体归属感等心理成长和未来的生活是富有积极意义的。因此，通过深入研究民族团结教育对个体心理发展的价值，可以对未来进一步完善学校民族团结教育的价值和功能的定位，在强调民族团结教育的国家政治、国家安全需要的价值的同时，补充该项教育对个体发展及生命意义的价值。

加强研究的措施：建立民族团结教育研究专家库，专家库成员由高校政治学、民族学、心理学、教育学、历史学等专家，各级教研部门相关研究人员，中小学校民族团结教育教学优秀教师组成。定期组织专家库成员开展教研、学术讨论会议，总结民族团结教育先进经验，指导学校开展教育教学活动，培训中小学民族团结教育师资，尤其是开展针对教育教学内容的选择及教育活动开展的培训，促进中国民族团结教育作为一门具有独特价值和地位的学科专业的发展。

7. 发挥多媒体教育优势,在全国范围内深入挖掘民族团结典型人物事迹和故事,制作成优良的多媒体教育视频,包括人物采访录、讲故事、纪录片,故事短片等。这些丰富的教育资源,不仅可以在民族团结教育基地播放,也可以在国家优秀教育网络资源平台上共享,让担任民族团结教育的教师、学习者能够方便下载,以提升教师的教学效果,促进学生自主学习。

从学习者中心的角度而言,多媒体是指学习者使用了两种或两种以上的感觉系统,它强调学习者在接受外界材料所使用到的感觉器官及其信息加工的方式。比如,眼睛和耳朵上的视觉加工和听觉加工。如果学生能够自行在网络平台上接受到有关民族团结教育的多媒体信息,这种非正式学习方式将能够补充学生在学校内的正式学习所不能获得的信息,并且产生深刻的影响。因为有效的多媒体学习是学习者多种感觉通道被激活的认知过程。在多媒体学习中,学习者不再主要依靠视觉获取纸质媒体上的信息,或者主要依靠听觉听取语音信息来获取教师讲授的信息;他们同时打开多种感觉通道,同时加工文字、图像、声音等多种材料。因此,从某种程度上来说,在多媒体学习中,学习者的心理资源被利用得更多,更有可能提高学习的速度和效率。多媒体能够引导学生有效地加工学习信息,帮助学生理解所呈现材料中的那些重要的内容,并使其与自己的原有经验建立联系。教师可作为学生学习活动的促进者,将网络资源信息提供给学生自行学习。在学生没有条件上网自行学习的地方,教师可将这些资源在多媒体教室播放给学生。

三 研究的局限性与未来的研究方向

青少年民族团结心理的产生和发展是中国长期坚持民族团结宣传教育的结果。本书将民族团结心理界定为民族团结认知、民族认同与民族间较多的友好交往行为、较少的冲突行为,这一界定是否能够全面、正确地反映了民族团结心理的本质，可能需要更多实证研究的支持。

　　云南省是中国多民族聚居地的一个典型，云南近 20 年来持续开展的学校民族团结教育，使之作为学校民族团结教育极具有代表性的一个省份。本书选取的云南省 11 个地州、市，覆盖了全省所有的少数民族自治州、市，有效学生被试人数达到 1 万多名，其中 11 个民族的学生人数在 100 名以上，分布于小学五年级至高中二年级共 7 个年级。教师有效人数超过 1000 名。被试采取的分层随机抽样方式保证了取样的科学性，所获得的结果具有一定的普适性。另外，本书反映的是 2011 年 10 月以前的情况，未来的研究应该在继续跟进云南省民族团结教育的情况，追踪研究青少年民族团结心理的发展状况，还应该扩大研究取样范围，在中国其他地方，比如新疆、西藏等地开展更广泛、深入的研究。

　　本书对影响学生民族团结知识记忆、民族认同、民族间交往的因素进行了探索，未能探索民族团结教育是否与各族学生的自尊、自信、心理健康、学习兴趣、学习效能感等心理发展有关系。研究设计中，考察了学生对民族团结知识的记忆、参与民族团结教育活动的情况，尚未涉及学生对学校民族团结教育的显性、隐性措施、考核等问题的经历，尚未涉及教师向学生传递的民族关系处理信息等经历，以及这些经历与其民族团结心理的关系。未来的研究可以继续考察这些问题。

参考文献

[1] 巴玉玺:《不断深化对和谐民族关系价值的认识》,《光明日报》2008年6月4日理论版。

[2] 陈春莲:《临沧市青少年民族团结教育现状调查报告》,《临沧师范高等专科学校学报》2010年第3期。

[3] 存文学:《我们的太阳》,人民出版社2008年版。

[4] 樊洁、李恋:《红河州青少年民族团结教育现状的调查与分析》,《红河学院学报》2010年第2期。

[5] 傅金芝:《云南省农村四种少数民族家庭教育的分析与对策研究》,《云南师范大学学报》(哲学社会科学版)1998年第2期。

[6] 费孝通:《简述我的民族研究经历和思考》,《北京大学学报》(哲学社会科学版)1997年第2期。

[7] 费孝通:《论人类学与文化自觉》,华夏出版社2004年版。

[8] 甘开鹏、王秋:《少数民族中学生的民族认同心理研究——以云南佤族为例》,《贵州民族研究》2012年第3期。

[9] 高承海、安洁、万明钢:《多民族大学生的民族认同、文化适应与心理健康的关系》,《当代教育与文化》2011年第3期。

[10] 高永久、朱军:《论多民族国家中的民族认同与国家认同》,《民族研究》2010年第2期。

[11] 高长生:《民族团结教育在中小学教育阶段的重要性》,《学校党建与思想教育》2009年第1期。

［12］何叔涛：《汉语"民族"概念的特点与中国民族研究的话语权——兼谈"中华民族""中华各民族"与当前流行的"族群"概念》，《民族研究》2009 年第 2 期。

［13］黄桂枢：《民族团结誓词碑签名人考证》，《云南日报》2011 年 2 月 25 日第 11 版。

［14］黄旗萍：《浅谈民族团结教育校本课程的开发——以"回族"单元的设计与实施为例》，《中国民族教育》2012 年第 5 期。

［15］黄希庭：《心理学基础》，华东师范大学出版社 2008 年版。

［16］居来提·多来提：《民族团结教育的方法》，《和田师范专科学校学报》（汉文综合版）2004 年第 3 期。

［17］李善凯：《民族的群体心理》，载张世富《民族心理学》，山东教育出版社 1996 年版。

［18］李世明：《如何开发民族团结综合实践活动校本课程》，《中国民族教育》2003 年第 2 期。

［19］李先猷：《统一思想 扎实工作推进中小学民族团结教育工作》，《中国民族教育》2001 年第 5 期。

［20］李治亭：《论清代边疆问题与国家"大一统"》，《云南师范大学学报》（哲学社会科学版）2011 年第 1 期。

［21］梁进龙、高承海、万明钢：《回族、汉族高中生的民族认同和国家认同对自尊的影响》，《当代教育与文化》2010 年第 6 期。

［22］廖业扬：《中国特色社会主义民族关系内涵之论说》，《贵州社会科学》2012 年第 1 期。

［23］林庭芳、郭永珍：《十六大以来党对民族理论的新发展》，《广西民族研究》2012 年第 1 期。

［24］刘毅：《化解民族冲突的策略——民族接触与相互依存》，《心理科学进展》2007 年第 1 期。

［25］刘正爱：《"民族"的边界与认同——以新宾满族自治县为例》，《民族研究》2010 年第 4 期。

［26］刘志轩、周文胜：《当代青少年民族团结意识培养的思考》，

《民族大家庭》2010 年第 2 期。

[27] 龙肖毅、尹可丽：《普洱民族团结教育修学旅游开发》，《思茅师范高等专科学校学报》2010 年第 4 期。

[28] 龙肖毅、尹可丽、杨光：《大理青少年民族团结教育现状调查报告》，《大理学院学报》2010 年第 5 期。

[29] 卢贵子、金炳镐：《改革开放以来我国社会主义民族关系基本特征理论的丰富和发展》，《中国民族教育》2008 年第 7—8 期。

[30] 卢守亭：《新世纪我国民族团结教育研究：回顾与展望——基于 87 篇学术论文的文献分析》，《西北民族大学学报》（哲学社会科学版）2012 年第 1 期。

[31] 罗嘉福：《认真做好中小学民族团结教育工作》，《中国民族教育》2009 年第 3 期。

[32] 马毅鑫：《开展民族团结教育的若干探索》，《中国民族教育》2008 年第 1 期。

[33] 钱雪梅：《从认同的基本特性看族群认同与国家认同的关系》，《民族研究》2006 年第 6 期。

[34] 秦向荣、佐斌：《民族认同的心理学实证研究——11～20 岁青少年民族认同的结构和状况》，《湖北民族学院学报》（哲学社会科学版）2007 年第 6 期。

[35] 权朝鲁：《效果量的意义及测定方法》，《心理学探新》2003 年第 2 期。

[36] 荣泰生：《AMOS 与研究方法》，重庆大学出版社 2009 年版。

[37] 史慧颖：《中国西南民族地区少数民族民族认同心理与行为适应研究》，博士学位论文，西南大学，2007 年。

[38] 史慧颖、张庆林、范丰慧：《西南地区少数民族大学生民族认同心理研究》，《民族教育研究》2007 年第 2 期。

[39] 滕星、张俊豪：《试论民族学校的民族认同与国家认同》，《中南民族学院学报》（哲学社会科学版）1997 年第 4 期。

[40] 天津市教育委员会：《结合实际突出特色推进民族团结教育活动的广泛开展》，《中国民族教育》2005 年第 1 期。

[41] 土登、康晓卓玛、邓晓茂、李仲良：《民族团结教育实践与创新》，《民族学刊》2011 年第 6 期。

[42] 万明钢、高承海、安洁：《西方关于青少年族群认同研究的现状和进展》，《民族教育研究》2010 年第 6 期。

[43] 万明钢、高承海、吕超、侯玲：《近年来国内民族认同研究述评》，《心理科学进展》2012 年第 8 期。

[44] 万明钢、王亚鹏：《藏族大学生的民族认同》，《心理学报》2004 年第 1 期。

[45] 王嘉毅、常宝宁：《新疆南疆地区维吾尔族青少年国家认同与民族认同比较研究》，《当代教育与文化》2009 年第 3 期。

[46] 王希恩：《发展和谐的民族关系与完善民族政策的和谐取向》，《民族研究》2008 年第 5 期。

[47] 王秀琴：《拓展民族团结教育活动的途径促进学生全面发展》，《中国民族教育》2006 年第 4 期。

[48] 王亚鹏：《少数民族认同研究的现状》，《心理科学进展》2002 年第 1 期。

[49] 王瑜卿、肖锐：《和谐民族交往的思想渊源及其现实意义》，《中央民族大学学报》（哲学社会科学版）2012 年第 2 期。

[50] 吴明隆：《问卷统计分析实务——SPSS 操作与应用》，重庆大学出版社 2010 年版。

[51] 吴明隆：《结构方程模型——AMOS 的操作与应用》，重庆大学出版社 2009 年版。

[52] 肖宪：《从民族团结走向民族融合——对云南建设"民族团结进步示范区"的几点思考》，《思想战线》2012 年第 4 期。

[53] 徐畅江：《关于中国民族政策发展方向的思考》，《思想战线》2012 年第 5 期。

[54] 徐杰舜：《社会科学视野中的民族团结概念》，《中国民族》

2004 年第 6 期。

[55] 徐杰舜:《民族团结论》,《中国民族报》2005 年 8 月 12 日第 6
版。

[56] 徐杰舜、韦小鹏:《"中华民族多元一体格局"理论研究述评》,
《民族研究》2008 年第 2 期。

[57] 严庆、青觉:《我国中小学民族团结教育工作回顾及展望》,
《民族教育研究》2007 年第 1 期。

[58] 尹康平、尚兴民、田国伟:《保山市青少年民族团结教育现状
调查报告》,《保山师专学报》2009 年第 6 期。

[59] 尹可丽:《傣族的心理与行为研究》,云南民族出版社 2005
年版。

[60] 尹可丽:《傣汉学生同伴交往的比较研究》,《西南教育论丛》
2000 年第 5 期。

[61] 尹可丽、尹绍清:《民族团结心理的研究内容与方法建构》,
《云南民族大学学报》(哲学社会科学版) 2008 年第 3 期。

[62] 尹可丽、尹绍清、黄希庭:《民族与种族社会化的概念、预测
因素及理论模型》,《心理科学进展》2010 年第 11 期。

[63] 尹绍清:《楚雄州青少年民族团结教育现状调查及对策思考》,
《楚雄师范学院学报》2010 年第 2 期。

[64] [美] 约翰·W. 桑特罗克:《心理学导论》,吴思为、岳盈盈、
赵敏、陶塑等译,上海社会科学院出版社 2011 年版。

[65] 尹绍清、尹可丽:《云南中小学民族团结教育现状调查研究》,
《大理学院学报》2011 年第 7 期。

[66] 云南省旅游局:《云南导游基础知识》,旅游教育出版社 2002
年版。

[67] 云南省教育厅:《三个到位是开展中小学民族团结教育活动的
重要保证》,《中国民族教育》2005 年第 1 期。

[68] 中国人民政治协商会议普洱哈尼族彝族自治县委员会:《普洱
文史资料》2004 年第 2 辑。

［69］ 张庆林、史慧颖、范丰慧、张劲梅：《西南地区少数民族大学生民族认同内隐维度的调查》，《西南大学学报》（人文社会科学版）2007 年第 1 期。

［70］ 张世富：《民族心理学》，山东教育出版社 1996 年版。

［71］ 张艳红、佐斌：《民族认同的概念、测量及研究述评》，《心理科学》2012 年第 2 期。

［72］ 张莹瑞、徐海波、阳毅：《民族认同在民族间态度中的积极作用》，《心理科学进展》2009 年第 6 期。

［73］ 赵科、尹可丽、吕静、杨发达：《德宏州青少年民族团结教育现状调查报告》，《德宏师范高等专科学校学报》2010 年第 2 期。

［74］ 卓人政：《由押人质到建民族团结碑——记 1950 年云南民族代表团国庆观礼》，《百年潮》2009 年第 12 期。

［75］ 赵学先：《我国社会主义民族关系本质特征新解》，《西南民族大学学报》（人文社科版）2007 年第 9 期。

［76］ 赵野春、马太江：《论民族关系和谐发展的实现条件》，《中央民族大学学报》（哲学社会科学版）2008 年第 3 期。

［77］ 佐斌、秦向荣：《中华民族认同的心理成分和形成机制》，《上海师范大学学报》（哲学社会科学版）2011 年第 4 期。

［78］ Berry J. W., Phinney J. S., Sam D. L., and Vedder P., "Immigrant Youth：Acculturation, Identity, and Adaptation", *Applied Psychology*, Vol. 55, No. 3, May 2006.

［79］ Boddy C., "Projective Techniques in Market Research：Valueless Subjectivity or Insightful Reality?" *International Journal of Market Research*, Vol. 47, No. 3, Jan. 2005.

［80］ Brown R., Eller A., Leeds S., and Stace K., "Intergroup Contact and Intergroup Attitudes：A Longitudinal Study", *European Journal of Social Psychology*, Vol. 37, No. 4, July 2007.

［81］ Brown T. L., Krishnakumar A., "Development and Validation of the Adolescent Racial and Ethnic Socialization Scale (ARESS) in African American Families", *Journal of Youth and Adolescence*, Vol. 36, No. 8, July 2007.

[82] Bynum M. S., Burton E. T., and Best C., "Racism Experiences and Psychological Functioning in African American College Freshmen: Is Racial Socialization a Buffer? " *Cultural Diversity and Ethnic Minority Psychology*, Vol. 13, No. 1, Feb. 2007.

[83] Caldwell. C. H., Zimmerman M. A., Bernat D. H., Sellers R. M., and Notaro P. C., "Racial Identity, Maternal Support, and Psychological Distress among African American Adolescents", *Child Development*, Vol. 73, No. 4, July 2002.

[84] Charles C. Z., Dinwiddie G., and Massey D. S., "The Continuing Consequences of Segregation: Family Stress and College Academic Performance", *Social Science Quarterly*, Vol. 85, No. 5, Dec. 2004.

[85] Chavous T. M., Bernat D. H., Schmeelk-Cone K., Caldwell C. H., Kohn-Wood L., and Zimmerman M. A., "Racial Identity and Academic Attaiment Among African American", *Child Development*, Vol. 74, No. 4, July 2003.

[86] Davis G. Y., and Stevenson H. C., "Racial Socialization Experiences and Symptoms of Depression among Black Youth", *Journal of Child and Family Studies*, Vol. 15, No. 3, June 2006.

[87] Donoghue S., "Projective Techniques in Consumer Research", *Journal of Family Ecology and Consumer Sciences*, Vol. 28, No. 3, Dec. 2000.

[88] Falomir-Pichastor M., Muñoz-Rojas D., Invernizzi F., and Mugny G., "Perceived In-Group Threat as a Factor Moderating the Influence of In-Group Norms on Discrimination Against Foreigners", *European Journal of Social Psychology*, Vol. 34, No. 2, Mar. 2004.

[89] Hughes D. , Hagelskamp C. , Way N. and Foust M. D. , "The Role of Mothers' and Adolescents' Perceptions of Ethnic-racial Socialization in Shaping Ethnic-racial Identity among Early Adolescent Boys and Girls ", *Jounal of Youth Adolescence*, Vol. 38, No. 5, May 2009.

[90] Hughes D. and Johnson D. , "Correlates in Children's Experiences of Parents' Racial Socialization Behaviors", *Journal of Marriage and the Family*, Vol. 63, No. 4, Nov. 2001.

[91] Hughes D. , Witherspoon D. , Rivas-Drake D. , and West-Bey N. , "Received Ethnic-Racial Socialization Messages and Youths' Academic and Behavioral Outcomes: Examining the Mediating Role of Ethnic Identity and Self-Esteem", *Cultural Diversity and Ethnic Minority Psychology*, Vol. 15, No. 2, Apr. 2009.

[92] Hughes D. , Rodriguez J. , Smith E. P. , Johnson D. J. , Stevenson H. C. , and Spicer P. , "Parents' Ethnic-Racial Socialization Practices: A Review of Research and Directions for Future Study", *Developmental Psychology* , Vol. 42, No. 5, May 2006.

[93] Huynh V. , and Fuligni A. , "Ethnic Socialization and the Academic Adjustment of Adolescents From Mexican, Chinese, and European Backgrounds", *Developmental Psychology*, Vol. 44, No. 4, Jan. 2008.

[94] Juang L. , and Syed M. , "Family Cultural Socialization Practices and Ethnic Identity in College-Going Emerging Adults", *Journal of Adolescence*, Vol. 33, No. 3, June 2010.

[95] Kerstin P. , and Niobe W. , "Longitudinal Trajectories of Ethnic Identity among Urban Black And Latino Adolescents", *Child Development*, Vol. 77, No. 5, Sep. -Oct. 2006.

[96] Kwan K. , Kwong L. , and Gargi R. S. , "Internal and External Ethnic Identity and their Correlates: A Study of Chinese American Immi-

grants", *Journal of Multicultural Counseling and Development*, Vol. 25, No. 1, Jan. 1997.

[97] Laroche M., Kim C., Hui M. K., and Tomiuk M. A., "A Test of Nonlinear Relationship between Linguistic Acculturation and Ethnic Identification", *Journal of Cross Cultural Psychology*, Vol. 29, No. 3, May 1998.

[98] Levin S., Federico C. M., Sidanius J., and Rabinowitz J. L., "Social Dominance Orientation and Intergroup Bias: The Legitimation of Favoritism for High-Status Groups", *Personality and Social Psychology bulletin*, Vol. 28, No. 2, Feb. 2002.

[99] Mark B., EvanthiaL., Fabio S. and Martyn B., "Children's Subjective Identification with the Group and Ingroup Favoritism", *Developmental Psychology*, Vol. 34, No. 5, Sep. 1998.

[100] McHale S. M., Crouter A. C., Kim J. Y., Burton L. M., Davis K. D., Dotterer A. M., and Swanson D. P., "Mothers' and Fathers' Racial Socialization in African American Families: Implications for Youth", *Child Development*, Vol. 77, No. 5, Sep. 2006.

[101] Mendoza-Denton R., Downey G., Purdie V. J., Davis A., and Pietrzak J., "Sensitivity to Status-Based Rejection: Implications for African American Students' College Experience", *Journal of Personality and Social Psychology*, Vol. 83, No. 4, Nov. 2002.

[102] Michael C., Dena P. S., Beale S. M., and Davido D., "The Association of Physical Maturation with Family Hassles Among African American Adolescent Males", *Cultural Diversity and Ethnic Minority Psychology*, Vol. 9, No. 3, Aug. 2003.

[103] Negy C., Shreve T. L., Bernard J. J., and Uddin N., "Ethnic Identity, Self-Esteem, and Ethnocentrism: A Study of Social Identity Versus Multicultural Theory of Development", *Cultural Diversity & Ethnic Minority Psychology*, Vol. 9, No. 4, Nov. 2003.

[104] Newman D. L. , "Ego Development and Ethnic Identity Formation in Rural American Indian Adolescents", *Child Development*, Vol. 76, No. 3, May 2005.

[105] Otten S. , and Mummendey A. , "To our Benefit or at Your Expense? Justice Considerations in Intergroup Allocations of Positiveand Negative Resources", *Social Justice Research*, Vol. 12, No. 1, Mar. 1999.

[106] Oyserman D. , Harrison K. , and Bybee D. , "Can Racial Identity be Promotive of Academic Efficacy?" *International Journal of Behavioral Development*, Vol. 25, No. 4, July 2001.

[107] Phinney J. S. , "The Multigroup Ethnic Identity Measure: A New Scale for Use with Diverse Groups", *Journal of Adolescent Research*, Vol. 7, No. 2, Apr. 1992.

[108] Phinney J. S. , Cindy Lou Cantu and Dawn A. Kurtz, "Ethnic and American Identity as Predictors of Self-Esteem among African American, Latino, and White Adolescents", *Journal of Youth and Adolescence*, Vol. 26, No. 2, Apr. 1997.

[109] Phinney J. S. , and Anthony O. D. , "Conceptualization and Measurement of Ethnic Identity: Current Status and Future Directions", *Journal of Counseling Psychology*, Vol. 54, No. 3, Jul. 2007.

[110] Phinney J. S. , and Line Alipuria L. , " Ethnic Identity in College Students from Four Ethnic Groups ", *Journal of Adolescence*, Vol. 13, No. 2, June 1990.

[111] Reginald A. J. and Carla M. J. , "Racial Identity, African Self-Consciousness, and Career Decision Making in African American College Women", *Journal of Multicultural Counseling and Development*, Vol. 26, No. 1, Jan. 1998.

[112] Roberts R. E. , Phinney J. S. , Masse L. C. , Chen Y. R. , and Romero A. , "The Structure of Ethnic Identity of Young Adolescents from Diverse Ethnocultural Groups", *Journal of Early Adolescence*,

Vol. 19, No. 3, Aug. 1999.

[113] Sidanius J. , Laar C. V. , Levin S. , and Sinclair S. , "Ethnic En-claves and the Dynamics of Social Identity on the College Campus: The Good, the Bad, and the Ugly", *Journal of Personality Social Psychology*, Vol. 87, No. 1, Jan. 2004.

[114] Stevenson H. C. , "Managing anger: Protective, Proactive, or A-daptive Racial Socialization Identity Profiles and African-American Manhood Development", *Journal of Prevention & Intervention in the Community*, Vol. 16, No. 1 – 2, Oct. 1998.

[115] Stevenson H. C. , and Arrington E. G. , "Racial/Ethnic Socializa-tion Mediates Perceived Racism and the Racial Identity of African A-merican Adolescents", *Cultural Diversity and Ethnic Minority Psy-chology*, Vol. 15, No. 2, Apr. 2009.

[116] Stevenson H. C. , Jocelyn R. , Preston B. , and Angela B. , "Ra-cism Stress Management Racial Socialization Beliefs and the Experi-ence of Depression and Anger in African American Youth", *Youth & Society*, Vol. 29, No. 2, Dec. 1997.

[117] Stevenson H. C. , Rick C. , Herrero-Taylor T. , and Davis G. Y. , "Development of the Teenager Experience of Racial Socialization Scale: Correlates of Race-Related Socialization Frequency from the Perspective of Black Youth", *Journal of Black Psychology*, Vol. 28, No. 2, May 2002.

[118] Swanson D. P. , Cunningham M. , and Spencer M. B. , "Black Males' Structural Conditions, Achievement Patterns, Normative needs, and Opportunities", *Urban Education*, Vol. 38, No. 5, Sep. 2003.

[119] Syed M. , and Azmitia M. , "Longitudinal Trajectories of Ethnic I-dentity During the College Years", *Journal of Research on Adoles-cence*, Vol. 19, No. 4, Nov. 2009.

[120] Tran A. G. T. and Lee R. M. , "Perceived Ethnic-Racial Sociali-
zation, Ethnic Identity, and Social Competence Among Asian Ameri-
can Late Adolescents", *Cultural Diversity and Ethnic Minority Psy-
chology* , Vol. 16, No. 2, Apr. 2010.

[121] Umana-Taylor A. J. and Fine M. A. , "Examining Ethnic Identity
among Mexican-Origin Adolescents Living in the United States",
Hispanic Journal of Behavioral Sciences, Vol. 26, No. 1, Feb. 2004.

[122] Umana-Taylor A. J. , Ruchi B. , and Shin N. , "Ethnic Identity
Formation During Adolescence: the Critical Role of Families", *Jour-
nal of Family Issues*, Vol. 27, No. 3, Mar. 2006.

[123] Umaña-Taylor A. J. , and Updegraff K. A. , "Latino Adolescents'
Mental Health: Exploring the Interrelations among Discrimination,
Ethnic Identity, Cultural Orientation, Self-Esteem, and Depressive
Symptoms", *Journal of Adolescence*, Vol. 30, No. 4, Aug. 2007.

[124] Umaña-Taylor A. J. , Yazedjian A. , and Bámaca-Gómez M. ,
"Developing the Ethnic Identity Scale Using Eriksonian and Social I-
dentity Perspectives", *Identity*, Vol. 4, No. 1, Nov. 2004.

[125] Valrie A. , Cecelia R. , Kurtz-Costes B. and Rowley S. J. , "Per-
ceived Racial Discrimination and Self-Esteem in African American
Youth: Racial Socialization as a Protective Factor", *Journal of Re-
search on Adolescence*, Vol. 17, No. 4, Dec. 2007.

[126] Whaley A. L. and McQueen J. P. , "Evaluating Cohort and Inter-
vention Effects on Black Adolescents' Ethnic-Racial Identity: A Cog-
nitive-Cultural Approach ", *Evaluation and Program Planning*,
Vol. 33, No. 4, Nov. 2010.

[127] Wigfield A. , and Eccles J. S. , "Children's Competence Beliefs,
Achievement Values, and General Self-Esteem: Change Across Ele-
mentary and Middle School", *Journal of Early Adolescence*, Vol. 14,
No. 2, May 1994.

后 记

　　本书的主要内容来自我主持完成的国家社科基金项目《中国社会主义民族关系的巩固与发展研究：以青少年民族团结心理与教育为视点》（09BM2006）。民族团结心理，是我在进行此项研究时所使用的一个构念。为什么采用了这样一个非心理学术语的"民族团结心理"构念，原因之一是"民族认同""中华民族认同""国家认同"这类概念仅只是我想要探讨问题的部分而非全部；原因之二是我认为"民族团结"这个词语在中国各族群众中广泛使用，家喻户晓，经过长期的宣传教育，民族团结心理已经成为各族群众所共同具有的一种心理现象。2009 年我和几位同事到盈江县槟榔江景颇族山寨做调查。我们一行人小心翼翼晃过江上的铁索桥，再经由弯弯曲曲的羊肠小道爬上对岸的景颇族小山村。走到半道，遇到前来迎接我们的董萨（景颇族祭师），他开口就说："民族大团结，经济大发展。"我们不解他为何口出此言，他指着我们说："傣族、景颇族、汉族……"听后大家都笑了。的确，我们的队伍里，有三个傣族教师，一个景颇族老师和一个景颇族司机；汉族人我和我 8 岁的小孩。

　　一个研究者所感兴趣的领域，必然与其成长的环境和经历分不开。回想我小学、中学时代的傣族、景颇族小伙伴；我的第一位班主任傣族方老师；给我讲阿公打鬼这类民间故事的景颇族邻居大哥……我深刻地体会到民族团结虽然是国家政治要求，但其本身就是真实生活的一种。在当今中国这样一个统一的多民族国家中，尽管各种利益诉求、文化差异等可能会导致民族关系复杂，甚至有不和谐音，但那毕竟不是主流。本书的另外两名主要作者，尹绍清来自楚雄彝族自治州，龙肖毅为大理白族自治地区州人氏，都是土生土长的当地人，与我也有着类似的经验。但体验也好，经历也罢，毕竟不是研究，当我们将"民族团结心理"作为学术问题来看待时，发现要研究它并非易事，十分艰难。艰难在于理论的建构是否有水准，对策措施的提出是否有实际意义，研究结果是否能够被学界、社会接纳等。我认为，本书最终还是落到了描述现状大于理论思考的毛病。现在自己提出这一点来批判自己，虽然未必就能在将来的研究中很好地解决这个问题，但至少已经知道了方向。

2010 年至 2014 年，课题组成员一起努力，完成了庞大的数据收集、分析工作。由我负责了全书的策划、统稿等。以下是各章作者的情况。

各章作者列表

章节	题目	作者
第一章	绪论	尹可丽（云南师范大学）
第二章	云南省青少年民族团结教育的整体状况	尹绍清（楚雄师范学院）、尹可丽（云南师范大学）、李光裕（云南师范大学）
第三章	青少年民族团结心理状况的评估工具	尹可丽　赵科（德宏师范高等专科学校）
第四章	青少年的民族团结认知及情感	尹可丽、吕静（德宏师范高等专科学校）
第五章	青少年的民族认同及族际交往	尹可丽、尹康平（保山学院）、陈春莲（滇西科技师范学院）、尹绍清
第六章	青少年民族团结心理的影响因素	尹可丽、樊洁（红河学院）、龙肖毅
第七章	民族团结先进人物的人格特征及心理成长历程	龙肖毅（大理大学）、尹可丽
第八章	青少年民族团结心理的发展规律及教育建议	尹可丽、尹绍清、龙肖毅

想要说明的是，此书在 2014 年就准备出版，但因各种原因，拖至 2018 年才面世。书中所引用的部分材料可能已经出现了滞后性。

但从现在得到的这个东西来看，还是能够展示出我当初的基本期望：做出两个数据库。一个数据库展现近年来云南省中小学开展民族团结教育的基本状况，包括中小学对此项教育的需求、实施情况，教育教学内容，活动内容与方式、考核方式等。另一个数据库以呈现云南多个民族青少年对民族团结知识的认知水平、民族团结情感、民族认同状况、民族间友好交往、民族间冲突行为表现等现状，让有需要的教育工作者能够清楚地查阅到某一种民族学生的情况。因此，本书并未采用跨文化研究的径路进行多民族之间各心理变量的差异性比较。另有一原因是，我不满意在差异性比较之后，对诸多显著性差异进行自圆其说、东扯西拉的描述性解释，而非实证性解释。苦于对这类结果的解释还找不到更好的方法，因此，我采用了单独分析，综合讨论的方式去呈现、总结各民族学生的民族团结心理规律。本书还讨论了影响学生民族团结心理的学校教育及家庭民族社会化的这两个因素，结果发现家庭民族社会化的影响力超过学校教育，这是一个值得关注和需要进一步考察的结论。这一结果实际上与本书第二章对学生及教师民族团结教育的教与学的调查是有关系的——尽管学校民族团结教育在中小学不同年级都有开展，其内容、开展形式虽丰富多样，但实效性还需提高。因此，本书对民族团结典型人物的人格分析，其目的也正是为丰富民族团结教育资源，提高民族团结教育质量。

此书能够出版，和两位老师对我的帮助与指导分不开。首先，衷心感谢我的导师，中国著名心理学家黄希庭教授。申报到此项目时，我正在西南大学心理学院跟随黄老师攻读博士学位。黄老师指点我要善用心理学的前沿理论和方法来解决此课题的研究，教育我要做出对国家社会有益的研究成果。几年之后，当本书等来可以刊印之际，我去信请黄老师为此书作序，老师欣然答应，在序中高瞻远瞩地提出了民族心理学研究的方向。这不仅是给我，也对那些想要从事民族心理学研究的学人指出了一条必由之路。

云南民族大学民族研究所的韩忠太教授是民族心理学研究的权威专家。一直以来，他对我从事民族心理学研究给予了很多支持和鼓励。韩老师在中国民族研究方面的造诣，对我进行研究给予的指点，让我获得了启发和进步。他答应为本书作序，让我倍感荣幸。谨在此对韩老师表示诚挚的谢意。感谢本书责任编辑刘芳老师的辛勤工作，感谢责任校对张依婧老师的细致严谨，使本书的质量得到很好保障。

但愿有兴趣的读者，能够从本书得到点想看到的，想到点之前没有想到的。如果读者朋友有问题能够和我们交流，为改进该方面的心理学研究给我们提点意见，欢迎联系我：yayasles@163.com。

尹可丽

2016 年 9 月 28 日于昆明